Mosaik bei
GOLDMANN

Frauen sind wunderbar! Ihre Freundinnen sind wunderbar, und Sie sind es auch! Und Sie sollten sich nicht mit dem Erstbesten zufriedengeben, der Sie »haben« will. Cerina Vincent und Jodi Lipper erinnern Sie in diesem Buch daran, dass Sie etwas ganz Besonderes sind, auch wenn Sie das manchmal im Single-Alltag vergessen haben. Und Sie haben es verdient, besonders behandelt zu werden, von sich selbst und von den Männern. Wie das geht, und wie Sie herausfinden, was Sie eigentlich genau von den Männern wollen, wie Sie es bekommen und warum Sie sich nicht mit weniger zufriedengeben sollten, zeigen Ihnen die Autorinnen mit viel Charme und Humor. Damit Sie den tollsten Männern den Kopf verdrehen können und sich dabei stark und sexy fühlen.

Autorinnen

Jodi Lipper studierte an der Columbia University in New York. Nach ihrem Abschluss arbeitete sie als Autorin und Redakteurin für verschiedene Filmproduktionsfirmen und Verlage. Heute lebt und arbeitet sie in Manhattan.
Cerina Vincent ist Schriftstellerin und Schauspielerin und lebt in Los Angeles. Bekannt wurde sie durch ihre Rolle in der Filmparodie »Nicht noch ein Teenie-Film«. Als ehemalige Schönheitskönigin kennt sie die besten Tricks, die jede Frau großartig aussehen lassen.

Jodi Lipper & Cerina Vincent

Wie Sie den tollsten Männern den Kopf verdrehen

Werden Sie stark, sexy und selbstbewusst

Aus dem Amerikanischen
von Wibke Kuhn

Mosaik bei
GOLDMANN

Für Dan & Ben

in Liebe (wie sonst?)

FSC

Mix

Produktgruppe aus vorbildlich
bewirtschafteten Wäldern und
anderen kontrollierten Herkünften

Zert.-Nr. SGS-COC-001940
www.fsc.org
© 1996 Forest Stewardship Council

Verlagsgruppe Random House FSC-DEU-0100
Das für dieses Buch verwendete FSC-zertifizierte
Papier *Classic 95* liefert Stora Enso, Finnland.

1. Auflage
Deutsche Erstausgabe September 2010
© 2010 der deutschsprachigen Ausgabe
Wilhelm Goldmann Verlag, München,
in der Verlagsgruppe Random House GmbH
© 2009 der Originalausgabe by Jodi Lipper und Cerina Vincent
Originaltitel: How to Love Like a Hot Chick
Originalverlag: Harper Collins Publisher, New York
Umschlaggestaltung: Uno Werbeagentur, München
Umschlagmotiv: Al Moore/Timetunnel.com
Redaktion: Dunja Reulein
Satz: Buch-Werkstatt GmbH, Bad Aibling
Druck und Bindung: GGP Media GmbH, Pößneck
FK · Herstellung: IH
Printed in Germany
ISBN 978-3-442-17178-1

www.mosaik-goldmann.de

Inhalt

♥♥ *Traumfrau (Definition):* Eine selbstbewusste Frau. Sie weiß, was sie will, und bekommt es auch. Sie ist sich ihrer Schwächen bewusst, hängt sich aber auch nicht daran auf. Vielmehr glaubt sie, dass der eine oder andere Fehler vielleicht (nur vielleicht) zu ihrer einzigartigen Schönheit beiträgt. Sie ist leidenschaftlich. Sie liebt das Leben. Sie fühlt sich wohl in ihrer Haut und lebt eine selbstbewusste Sexualität, die sie aber nur zum Guten einsetzt. Sie betrachtet andere Frauen nicht als Rivalinnen und wetteifert nur mit sich selbst – nämlich darum, jederzeit ihr Bestes zu geben. Sie ist offen, aufrichtig und auf eine entwaffnende Art ganz sie selbst. Sie ist sexy und vergnügt, und man ist gerne mit ihr zusammen, um etwas von dieser guten Laune abzubekommen. Sie ist nicht perfekt, aber das ist ihr egal. Sie ist genau wie Sie.

Ein paar »Fachbegriffe«

Bevor es richtig losgeht, sollten Sie sich die folgenden Begriffe ansehen. Wir werden sie im gesamten Buch verwenden. Natürlich können Sie diesen Teil auch überspringen und später auf die Definitionen zurückkommen, aber vertrauen Sie uns – all das hat damit zu tun, wie eine wahre Traumfrau liebt!

Alarmglocken

Das sind Warnsignale: Manchmal sind sie riesengroß und manchmal sehr subtil. Beispiele: Ein Mann, mit dem Sie ausgehen, sagt zu Ihnen: »Ich würde dir ja gern ein Kompliment wegen deiner Schönheit machen, aber das hörst du sicher ständig.« In diesem Fall sollte eine kleine *Alarmglocke* bimmeln. Dieser Typ leidet wahrscheinlich an *BMS*♥. Oder ein Vorgesetzter lädt Sie zum Kaffee ein, um über zukünftige Projekte zu sprechen, und dann entpuppt sich der »Kaffee« auf mysteriöse Weise als romantisches Abendessen, bei dem er teuren Wein bestellt und Ihnen eine Rose kauft. Hier sollten ohrenbetäubende *Alarmglocken* schrillen, die Ihnen sagen, dass er Sie keineswegs an seinen geschäftlichen Plänen beteiligen, sondern Sie nackt in seinem Bett haben will.

11

BMS

Das steht für das **B**ill-**M**errit-**S**yndrom. Bill Merrit ist ein unmöglicher Typ, mit dem wir einmal ausgegangen sind. Er teilt ein Leiden mit vielen Männern, die ebenfalls von *BMS* betroffen sind. Das Hauptsymptom besteht darin, dass ein Mann seine Arbeit als Vorwand dafür nimmt, die Möglichkeit der Liebe oder einer Beziehung oder sogar eines verrückten sexuellen Abenteuers auszuschließen. Zu den untergeordneten Symptomen gehört ein absolutes *GSG*♥ in Bezug auf Sex sowie ein Geizen mit Komplimenten. Männer, die an diesem Syndrom leiden, tragen ihre Männlichkeit in der Aktentasche herum oder bewahren sie in der Schreibtischschublade auf und nutzen sie nur im Büro. Traumfrauen gehen nicht mit Männern aus, die an *BMS* leiden.

Goldene Regel

»Was du nicht willst, das man dir tu, das füg auch keinem andern zu.« Oder: »Liebe deinen Nächsten wie dich selbst.« Es gibt viele Formulierungen dieser *goldenen Regel*, aber sie sagen alle das Gleiche aus: Behandeln Sie andere Leute so, wie Sie selbst in dieser Situation von ihnen behandelt werden wollen. Die Beachtung der *goldenen Regel* gehört zu den wichtigsten Kennzeichen einer Traumfrau, denn es bedeutet, dass Sie in all Ihren Beziehungen aufrichtig, rücksichtsvoll und mitfühlend handeln.

GSG

Steht für **g**eringes **S**elbstwert**g**efühl. Es ist eine Krankheit, die jeden von Zeit zu Zeit überfällt, aber Traumfrauen versuchen wirklich alles, um sich von dieser Plage zu befreien. *GSG* kann ganz unerwartet durchbrechen. *GSG* ist nichts für umwerfende Frauen, und die Überwindung dieser tödlichen Infektion ist der erste und größte Schritt zur echten Traumfrau. Beispiele für die Verwendung: Sie können sich *GSG* fühlen, jemand kann *GSG* sein oder ganz plötzlich macht Ihnen Ihr *GSG* zu schaffen.

Hin und weg
Aufgeregt und überglücklich und so überwältigt von Liebe, dass Sie jedes Mal, wenn Ihr neuer Schwarm in der Nähe ist, völlig dahinschmelzen. Beispiele für die Verwendung in einem Satz: »Ich weiß, dass er der Richtige ist, weil wir schon eineinhalb Jahre zusammen sind und ich immer noch völlig *hin und weg* bin.« Oder: »Ich hatte eigentlich nicht vor, schon beim ersten Mal mit ihm ins Bett zu gehen, aber dann konnte ich nicht anders – ich war völlig *hin und weg.*«

In Stimmung
Unser Code für den Zustand, in dem wir uns nach etwas Liebe sehnen. Traumfrauen verwenden nicht das Wort »geil«, und viele andere gute Möglichkeiten zur Beschreibung gibt es nicht. Wir sind *in Stimmung,* wenn wir uns wirklich danach sehnen, mit einem großen, starken Mann auszugehen und uns anschließend mit ihm im Bett zu wälzen. Beispiele für die Verwendung im Satz: »Ich bin nur deshalb mit zu ihm gegangen, weil ich *in Stimmung* war.« Oder: »Ich gehe heute Abend nicht aus, weil ich *in Stimmung* bin und etwas Dummes tun könnte.«

Kate Moss

Wir wollen nicht unsensibel erscheinen, aber wir haben angefangen, diesen Namen als Synonym für Frauen zu verwenden, die ein wenig magersüchtig oder einfach *verkorkst*♥ in Bezug auf Essen sind. Es ist nicht sehr attraktiv, *Kate Moss* zu sein, aber uns gefällt, dass man diesen Begriff auf viele Arten verwenden kann. Beispiele für die Verwendung im Satz: »Du hast nur zwei Bissen von deinem Abendessen genommen – machst du auf *Kate Moss*?« oder: »Hast du gesehen, wie klapperdürr dieses Mädchen war? Sie ist absolut *Kate Moss.*«

KÜHE-Syndrom

Steht für **K**risenhaft **Ü**berwältigend **H**ereinbrechende **E**reignisse. Das *KÜHE-Syndrom* kann auftreten, wenn zu viele Dinge gleichzeitig passieren oder wenn etwas völlig Unerwartetes (Positives oder Negatives) geschieht, das einen völlig aus der Bahn wirft. Beispiel: Das *KÜHE-Syndrom* macht sich bemerkbar, wenn Ihre Chefin einen dicken Ordner voller Mist auf Ihren Schreibtisch legt, den Sie bis 18.00 Uhr durchgearbeitet haben sollen, Sie eine böse passiv-aggressive Mail von Ihrer Mutter bekommen und dann der süße Typ, den Sie beim Chatten kennengelernt haben, anruft, um sich für 19.00 Uhr mit Ihnen zu verabreden.

Langes Gesicht

Mädchen mit einem *langen Gesicht* tun sich ständig grundlos leid und laufen permanent mit einer mürrischen Miene durch die Gegend. Wir möchten alle Traumfrauen ermuntern, ein Lächeln aufzusetzen, denn Sie wissen doch, Sie können durch bewusst steuerbare Funktionen (wie zum Beispiel Ihren Gesichtsausdruck) tatsächlich Ihre unbewusste Stimmung ändern.

NBZ

Steht für **n**iedrigen **B**lutzucker. *NBZ* ist ein sehr ernster Zustand, auch für Menschen, die keine medizinischen Probleme haben. Die Symptome sind fast identisch mit denen eines anderen Zustands, unter dem wir Traumfrauen zuweilen leiden, PMS. Wenn wir zu lange nichts zu essen bekommen, werden wir schnippisch, unglücklich und einfach untröstlich. Denken Sie immer daran, alle paar Stunden etwas zu essen, sonst werden die Streitereien, die Sie mit Ihrer giftigen *NBZ*-Stimmung verursachen, höchstwahrscheinlich verheerende Auswirkungen auf Ihre Beziehung haben.

Po-Kurs

Ob Sie es glauben oder nicht – wir hatten früher einen flachen, langweiligen Po, bis wir ins Fitnessstudio gegangen sind und jede Menge *Po-Kurse* belegt haben. *Po-Kurse* werden auch mit langweiligen Begriffen wie Body-Sculpting oder Gewichtstraining bezeichnet, aber wir halten unseren Begriff für aussagekräftiger. So wie es Workshops gibt, in denen man seinen eigenen Teddybär gestaltet, ist ein *Po-Kurs* ein Workshop zur Gestaltung seines eigenen Hinterns. (Und dann gibt es freilich noch die Workshops, in denen man sich seinen eigenen Traummann gestalten kann!) *Po-Kurse* beinhalten jede Menge Kniebeugen, Ausfallschritte und Kreuzhebeübungen, und wir empfehlen, sie zweimal pro Woche zu belegen, um maximal davon zu profitieren.

Selbstzerstörerische Fantasie
Das ist die negative, gemeine Version der *Wunschfantasie*♥. Ihr Unterbewusstsein beschäftigt sich mit etwas Schrecklichem, Beunruhigendem, und Ihre Fantasie malt es in den dunkelsten Farben aus. *Selbstzerstörerische Fantasien* werden meistens durch Ängste oder einen schweren Fall von *GSG*♥ ausgelöst. Beispiel: Wenn Ihr Ex-Mann ein pathologischer Lügner war und ein Doppelleben mit einer anderen Frau geführt hat, ist es sehr wahrscheinlich, dass Sie *selbstzerstörerische Fantasien* in Bezug auf Ihren neuen Partner haben. Vielleicht stellen Sie sich vor, dass er in seiner Firma auf der Toilette einen geblasen bekommt oder dass er allen Frauen in seinem Adressbuch schmutzige Mails schickt. Eine Traumfrau sollte sich derart negativen Gedanken nicht hingeben. Lassen Sie nicht zu, dass *selbstzerstörerische Fantasien* von Ihnen Besitz ergreifen. Sie vergeuden nur kostbare Zeit und Energie, die Sie für Ihre *Traumzeit*♥ einsetzen könnten.

Sich kleinmachen
Dieser Begriff stammt ursprünglich aus einem Zitat von Nelson Mandela: »Indem ihr euch kleinmacht, erweist ihr der Welt keinen Dienst. Zu schrumpfen, damit andere sich in eurer Nähe sicher fühlen, bringt niemanden weiter.« Wir hätten es nicht besser ausdrücken können. Tolle Frauen *machen sich* nicht *klein,* entschuldigen sich nicht dafür, wer sie sind, und zeigen auch kein *GSG*♥, damit andere sich besser fühlen.

Damit aufzuhören, *sich kleinzumachen,* ist ein großer Schritt in Richtung Traumfrau.

Traumhaft

Das ist unser Wort für etwas oder jemanden, das oder der absolut gute Laune macht und einem das Gefühl gibt, die glücklichste Frau der Welt zu sein. Beispiele für die Verwendung im Satz: »Ich trage heute meine *traumhafte* Hose«, »War deine Verabredung *traumhaft?«,* oder: »Irgendwas ist passiert – unsere Reise war *traumhaft.«*

Traumzeit

Die beste, *traumhafteste*♥, wunderbarste Zeit Ihres Lebens, egal, wie alt Sie sind, ob Sie verheiratet, Single, lesbisch oder hetero sind. Ihre *Traumzeit* beginnt, wenn Sie aufhören, sich selbst zu bemitleiden, und beschließen, dass Sie attraktiv sind und alles Schöne auf der Welt verdient haben. Eines Tages werden Sie zurückblicken und kichernd den Kopf schütteln, wenn Sie sich an all die genussvollen, verrückten, lächerlichen Dinge erinnern, die Sie während Ihrer *Traumzeit* erlebt haben. Und es wird eine schöne Erinnerung sein.

Universum

Das *Universum* steht für Gott oder das Schicksal oder woran immer Sie glauben. Wir Traumfrauen glauben fest daran, dass das *Universum* uns liebt und für uns sorgt und uns genau im richtigen Augenblick das gibt, was wir brauchen. Aber unsere Beziehung zum *Universum* basiert auf Geben und Nehmen – wir müssen ihm sagen, was wir wollen, und uns darauf vorbereiten, es zu bekommen. Es ist auch wichtig, nichts Schlechtes ins *Universum* hinauszusenden. Beispiele für die Verwendung im Satz: »Ich werde ständig von perversen Typen angemacht. Wahrscheinlich sende ich kranke Vibes aus und verwirre das *Universum.*« Oder: »Ich habe bei diesem Vorstellungsgespräch ein gutes Gefühl. Ich habe mein Bestes getan – jetzt liegt es beim *Universum.*«

Verkorkst

In unserem letzten Buch haben wir bestimmte Lebensmittel als *verkorkst* bezeichnet, aber hier steht dieser Ausdruck für etwas in Ihrem Liebesleben, das Sie *GSG*♥, ängstlich, unglücklich, extrem eifersüchtig, leidenschaftslos, misstrauisch oder wütend macht. Ich, Sie, wir können etwas *verkorksen,* etwas in Ihrer Beziehung kann *verkorkst* sein, aber auf jeden Fall sollten Sie sich mit Ihren *Verkorkstheiten* auseinandersetzen, denn nur dann bekommen Sie die Liebe, die Sie verdienen.

Wunschfantasie

Ein Tagtraum, den Sie absichtlich erschaffen oder der sich einfach ereignet, wenn Ihnen etwas oder jemand im Kopf herumspukt – Ihre Fantasie geht mit Ihnen durch und lässt etwas entstehen, das großen Spaß macht. Beispielsweise könnten Sie sich den *Wunschfantasien* hingeben, dass Sie endlich dieser lästigen Tussi bei der Arbeit, die über Ihre Schulter hinweg Ihre Mails liest, die Meinung sagen, mitten in einer langweiligen Besprechung mit Ihrem Freund rumknutschen oder einfach nur absolut unwiderstehlich aussehen, während Sie gerade mit einem attraktiven Barkeeper flirten.

Einleitung:
Was bedeutet es, wie eine
Traumfrau zu lieben?

Zuallererst wollen wir Ihnen eines klarmachen: Sie sind eine umwerfende Frau. Das haben Sie einfach nur vergessen – irgendwann in der Zeit zwischen diesem Vollidioten, der Sie nach dem wunderbaren ersten Date nicht mehr angerufen hat, und Ihrem Ex-Freund, der sich den Hals nach jeder vorübergehenden Blondine verrenkt hat. Oder vielleicht wussten Sie auch nie, dass Sie umwerfend sind. Macht nichts. Eine Zeit lang hatten wir es auch vergessen. Wir haben viel zu viel Zeit mit den falschen Typen verbracht und uns in unserem GSG♥*gesuhlt, sind mit den Falschen ausgegangen und dachten, dass wir nicht verdient haben, was wir wirklich wollten. Um ehrlich zu sein, wir waren uns eigentlich gar nicht so sicher, was wir wirklich wollten! Wir hatten so viel damit zu tun, ständig perfekt zu sein, dass wir völlig aus den Augen verloren

---

* Wenn Sie dieses Zeichen sehen, blättern Sie zurück zu den »Fachbegriffen«.

hatten, wer wir eigentlich waren. Beim Versuch, dem Schönheitsideal von anderen gerecht zu werden, haben wir viel zu viel Zeit im Fitnessstudio verbracht und gesellige Abende sausen gelassen, um sicher zu sein, dass wir auch ja unsere acht Stunden Schönheitsschlaf bekommen. Und wenn wir dann doch mal ein Date hatten, haben wir innerlich die ganze Zeit mit uns gehadert, ob wir uns ganz tollkühn ein Dessert erlauben sollten, und jedes unserer Worte zensiert, um ja das Richtige zu sagen. Und wissen Sie was? Das war nicht traumhaft♥, und wir waren es auch nicht!

Eines Tages sind wir aufgewacht und fanden, dass es reicht. Wir stellten ein kleines Experiment an, indem wir uns einfach sagten, dass wir Traumfrauen sind und einen wundervollen Mann verdient haben, der uns Crêpes spendiert, uns leidenschaftlich aufs Bett wirft (wenn auch nicht unbedingt in dieser Reihenfolge) und was man sonst noch so alles machen kann. Und das Abgefahrene daran: Unser Leben hat sich buchstäblich über Nacht verändert. In dem Moment, in dem wir selbst beschlossen hatten, dass wir tolle Frauen sind, haben uns auch die anderen so behandelt! Und aus jedem Winkel kamen die Jungs hervor – die Sorte Kerle, die wir uns schon immer gewünscht hatten, von denen wir aber immer gedacht haben, dass es sie sowieso nicht gibt.

Seitdem sind wir oft Single gewesen, sind oft mit Männern ausgegangen und waren (Gott sei Dank!) oft verliebt. Und sollen wir Ihnen mal was verraten? Alle drei Varianten bedeuten jede Menge Stress und Tränen und Chaos. Viele von uns glauben ja, dass der ganze Quark endlich überstanden ist, sobald wir den berühmten Märchenprinzen endlich gefunden haben. Aber die traurige Wahrheit ist die, dass sogar der Mann Ihrer Träume Sie noch reichlich verwirren und ärgern wird. Aber keine Sorge. Wir können Ihnen zwar keinen Mann liefern und auch den nicht ändern, mit dem Sie vielleicht gerade zusammen sind, aber wir möchten Ihnen etwas ganz Wichtiges in Erinnerung rufen, und das wird Ihr Leben für immer verändern: Sie sind eine umwerfende Frau.

Wir werden Sie aus Ihrem GSG♥-Trott herausholen und Ihnen beibringen, wie Sie die selbstbewusste, sexy Diva herauslocken, die irgendwo tief in Ihnen schlummert. Ob Sie nun Single sind, auf der Suche, verheiratet oder in festen Händen (oder so verwirrt, dass Sie gar nicht recht sagen könnten, welche dieser Bezeichnungen gerade auf Sie zutrifft) – wir werden Ihnen helfen, lächelnd all die Hindernisse zu überwinden, die sich Ihnen in Ihrem Liebesleben entgegenstellen. Und wir werden Ihnen zeigen, wie eine tolle, sexy Frau damit umgeht – nämlich die tolle, sexy Frau, die auch Sie endlich werden sollen!

1. Kapitel:
Lieben Sie sich selbst

Bevor wir uns den Grundzügen der Liebe und Beziehungen zuwenden, wollen wir uns noch einmal speziell an die jungen Singledamen wenden. Wir sind der Meinung, dass die Zeit, die eine Frau als Single verbringt, zu den wichtigsten Phasen ihres Lebens gehört. Wir alle sollten mit voller Absicht auch mal eine Weile ohne Beziehung leben. Natürlich ist uns klar, dass das Singledasein seine Kehrseiten hat, wie alles im Leben. Wir wissen auch, dass viele von Ihnen das Singleleben einsam und deprimierend finden. Sie laufen durch die Gegend und zermartern sich den Kopf, wo Sie endlich einen Mann auftreiben könnten und warum zum Teufel Sie einfach niemanden finden.

Wir wissen, wie Sie sich damit quälen, denn uns ist es damals nicht anders ergangen! Mal hatten wir einen Freund nebenbei, mal eine nicht enden wollende Beziehung – aber einen guten Teil unserer Traumzeit♥ haben wir auch damit zugebracht, unglaublich single und ratlos zu sein. Wir haben auf dem Sofa gesessen, uns den *Bachelor* angesehen und uns erzählt, wie GSG♥ wir uns fühlen, und haben eine ganze

Weile gebraucht, bis uns klar wurde, dass wir nicht nur unsere Zeit verschwendet haben, sondern auch unsere GSG♥-Ausstrahlung ins Universum♥ geschickt und die Typen damit abgeschreckt haben. Irgendwann hatten wir genug Selbstvertrauen aufgebaut, um uns zu versichern, dass wir wirklich Traumfrauen sind, und im Handumdrehen gestaltete sich unser Singledasein wesentlich interessanter.

Tja, wir möchten eben nicht, dass Sie genauso viel Zeit vergeuden wie wir. Wenn es Sie bis jetzt deprimiert hat, Single zu sein, möchten wir, dass Sie die Sache einmal ganz neu angehen und anfangen, sich wie die Traumfrau zu benehmen, die Sie sind. Ob Sie noch nie einen Freund hatten oder sich gerade von Ihrer Jugendliebe haben scheiden lassen und zum ersten Mal seit Ihrem 14. Lebensjahr Single sind – wir können Ihnen helfen, das Beste aus Ihrer Singlezeit herauszuholen. Wir werden Ihnen erklären, was für Vorzüge es hat, allein zu leben, und Ihnen genau zeigen, wie Sie Ihr Leben als sexy Singletraumfrau feiern können.

Single sein ist überhaupt nicht ätzend

Höchste Zeit, Sie mal ein bisschen in den Hintern zu treten. Der erste Schritt zu einem Leben als Traumfrau besteht darin, eingefahrene Denkweisen umzukrempeln. Wir wissen, dass die Gesellschaft den Singlefrauen das Leben nicht gerade leicht macht, aber Sie müssen aufhören, sich das zu Herzen zu nehmen, denn es ist absoluter Quatsch. Hören Sie auf zu glauben, dass Single zu sein automatisch etwas Schlechtes ist. Hören Sie auf zu glauben, dass mit Ihnen irgendetwas nicht stimmt, weil Sie Single sind. Und vor allem: Hören Sie auf zu glauben, dass Ihr Leben ätzend ist, bis Sie endlich den Richtigen gefunden haben! Das Singledasein kann lustig und erfüllend sein, und wenn Sie es gerade ätzend finden, dann wahrscheinlich, weil Sie glauben, dass es ätzend sein *muss*. Je mehr Sie sich einreden, dass Sie nicht glücklich sind, bevor Sie einen Mann gefunden haben, umso unglücklicher werden Sie sein. Und je öfter Sie mit einem langen Gesicht♥ rumlaufen, weil Sie Single sind, umso länger wird das Universum♥ Sie in Ihrem Singledasein belassen, damit Sie endlich kapieren, wie lustig es sein kann.

Also tun Sie sich selbst den Gefallen, und reißen Sie jetzt das Ruder herum, meine Damen. Machen Sie sich klar, dass Sie im Moment aus einem ganz bestimmten Grund Single sind, und beschließen Sie, das Leben genau so zu genießen. Wenn Sie merken, dass Sie in Depressionen verfallen, zwingen Sie sich, sich auf die coolen Seiten des Singlelebens zu konzentrieren und die schlechten auszublenden. Hören Sie auf zu zählen, wie viele Wochen oder Monate oder Jahre es schon her ist, dass Sie von einem Mann eingeladen wurden oder mit jemandem im Bett waren, hören Sie auf, die anderen Mädchen zu beneiden, die von ihren Freunden hübsche Geschenke bekommen, hören Sie auf, jedes Mal insgeheim zu grollen, wenn sich mal wieder eine Ihrer Freundinnen verlobt, und denken Sie lieber darüber nach: Diese Zeit gehört nur Ihnen, und Sie können so viel aus Ihrer Freiheit machen. Sie haben so viel Kraft und Leidenschaft und Kreativität in Ihrem kleinen sexy Körper, und in dieser Phase Ihres Lebens sollten Sie das alles rauslassen, statt sich ständig zu sorgen, wie Sie sich wieder einen Mann an Land ziehen (oder auch eine Frau, wir machen da keinen Unterschied). Wenn Sie jemanden haben wollen, bitte. Schon klar. Ist auch völlig in Ordnung. Sie dürfen sich einen Partner wünschen. Aber Sie müssen aufhören, sich ständig Sorgen zu machen, dass Sie diese Person niemals finden und irgendwann mit zehn Katzen in einem schimmligen Kellerloch sitzen werden. Schauen Sie sich doch mal an! Sie sind eine Traumfrau! Aber Sie verhalten sich nicht wie eine, wenn sich Ihre Gedanken immer nur um das eine drehen und Sie sich GSG♥ fühlen, weil Sie Single sind. In dem Moment, in dem Sie aufhören, darüber nachzudenken, wie grottenschlecht das doch alles ist, wird sich Ihr ganzes Leben verändern. Es hört sich vielleicht kitschig an, aber das Universum♥ hört unseren Gedanken zu. Also schieben Sie diese selbstzerstörerischen Fantasien♥ von sich als alternder Jungfer beiseite und zwingen Sie sich, darüber nachzudenken, wie un-ätzend Ihr Leben ist. Wir können Ihnen versprechen, diese Veränderung Ihrer Denkweise wird alles verändern.

Single-Erfahrungen

Wir möchten, dass Sie als umwerfende Frau Ihr Leben in vollen Zügen genießen. Das ist Ihre Traumzeit♥ und höchstwahrscheinlich Ihre einzige Chance, all die verrückten, spontanen und wunderbaren Dinge zu tun, die Sie sich ständig in Ihren Wunschfantasien♥ und Träumen ausmalen. Verschwenden Sie keine Zeit mehr mit der Panik, dass Sie immer noch Ihren Mädchennamen tragen. Verwenden Sie lieber Ihre ganze Energie auf die folgenden Erfahrungen, die jede tolle Frau einmal gemacht haben muss, und die Ihr Leben verändern werden.

Single-Erfahrung Nummer 1:
Verreisen Sie allein

Es ist egal, ob Sie nur ein Wochenende am Pool liegen oder einen Sommer lang im Kibbuz Unkraut jäten. Es gibt keine wirkungsvollere Methode, sich besser kennenzulernen, als alleine zu verreisen. In einer unbekannten Stadt zu sein, wo niemand eine vorgefasste Meinung von Ihnen hat oder ahnt, dass Sie bis zur fünften Klasse am Daumen gelutscht haben, ist so ziemlich das befreiendste Gefühl, das es gibt. Es gibt Ihnen eine Chance, eine ganz neue Person zu erschaffen – die Person, die Sie wirklich sein wollen. Statt also das nächste Mal heim zu Muttern zu fahren, wenn Sie ein paar Tage frei haben, reisen Sie an einen unbekannten Ort und lernen Sie eine neue, ganz andere Version Ihrer selbst kennen. Sorgen

Sie nur dafür, dass Sie von der dann auch ein Stückchen mit nach Hause nehmen.

Single-Erfahrung Nummer 2:
Verreisen Sie mit Ihren Freundinnen

Es mag sich fast so ähnlich anhören wie Nummer 1, ist aber eine völlig andere (und genauso wichtige) Erfahrung für jede Singletraumfrau. Suchen Sie sich einen Ort aus, der Spaß verspricht, rufen Sie Ihre Freundinnen, Schwestern, Cousinen oder Kolleginnen an und planen Sie einen Frauenurlaub. Und sagen Sie bitte nicht: »Meine Freundinnen sind alle verheiratet, deswegen würden sie sowieso nicht mit mir verreisen.« Damit machen Sie sich klein♥. Glauben Sie uns, Ihre Freundinnen möchten zu gern mal Urlaub ohne ihre Männer machen, und das ist auch absolut gesund so. Es muss ja auch nicht teuer sein. Sie können einfach zwei Stunden mit dem Auto rausfahren, in einem billigen Hotel übernachten und den Freitagabend mit ein paar Cocktails begießen. Oder sparen Sie ein bisschen und fahren Sie in den sonnigen Süden, wo Sie den ganzen Tag am Strand liegen und abends tanzen gehen können. Egal, was Sie tun, nutzen Sie diese Gelegenheit, um Ihre Freundschaft zu vertiefen und die anderen von einer völlig neuen Seite kennenzulernen. Von diesen Reisen bringt man wundervolle Erinnerungen mit, an die Sie noch als Großmutter gerne zurückdenken werden. Vergessen Sie nicht, jede Menge Fotos zu machen, damit Sie sich später erinnern, wie heiß Sie damals ausgesehen haben.

Single-Erfahrung Nummer 3:
Wohnen Sie allein

Wir wissen, das ist leichter gesagt als getan, vor allem, wenn man in einer Stadt wohnt, wo man für die Miete durchschnittlich drei Viertel seines Einkommens hinlegen soll. Aber wenn Sie es irgendwie finanzieren können, finden wir es enorm wichtig, dass Sie zumindest einmal im Leben allein gewohnt haben. Damit tun Sie einen großen Schritt zu einem wirklich unabhängigen Leben. Denken Sie daran, wie toll Sie sich fühlen werden, wenn Sie die Gardinen selbst aufgehängt haben. Man kann gar nicht oft genug betonen, wie großartig es ist, eine Wohnung ganz nach dem eigenen Geschmack einzurichten, in der man sich wirklich selbst kennenlernen und entscheiden kann, was man vom Leben will. Nehmen Sie sich dieses Projekt ganz fest vor, und wir sind sicher, Ihnen fällt schon ein, wie Sie das auf die Beine stellen können.

Single-Erfahrung Nummer 4:
Spielen Sie die Gastgeberin

Eine Party zu geben ist nicht nur eine tolle Leistung, es ist auch eine perfekte Art, Ihre neuen Blick aufs Singledasein zu feiern. Und wagen Sie bloß nicht, jetzt auch nur eine Sekunde in GSG♥ zu verfallen und sich Sorgen zu machen, dass Ihre Party total öde wird und sowieso keiner kommt. Stattdessen benehmen Sie sich wie die Traumfrau, die Sie schließlich sind, suchen sich irgendeinen Vorwand für eine Party (Ihr Geburtstag, Einweihungsfeier in Ihrer neuen Wohnung oder unseretwegen auch den 3. Oktober), machen ein, zwei Platten nette Häppchen, besorgen ein paar Kisten Alkohol und verschicken eine witzige E-Mail-Einladung. Wie könnten Sie schöner feiern als mit den Leuten, die Ihnen wirklich am Herzen liegen? Außerdem geben Sie damit Freunden, Familie und Kollegen eine Gelegenheit zu relaxen, Dampf abzulassen und leckere Sachen zu futtern. Sie werden sich super fühlen, weil Sie dafür gesorgt haben, dass Ihre Freunde sich super fühlen. Und man weiß ja nie – vielleicht bringt jemand ja noch einen Gast mit, mit dem sich ein bisschen rumknutschen lässt!

Single-Erfahrung Nummer 5:
Gehen Sie allein ins Kino

Sollten Sie das noch nie gemacht haben, müssen Sie jetzt damit anfangen. Laden Sie sich selbst ins Kino ein! Das ist echt was für starke Frauen, denn dazu braucht man Selbstbewusstsein. Am Anfang haben Sie vielleicht ein bisschen Angst, aber wenn Sie sich erst mal daran gewöhnt haben, werden Sie sich wie die totale Diva fühlen. Der Trick ist einfach der, dass Sie sich nicht GSG♥ fühlen, weil Sie allein dort sitzen. Verwöhnen Sie sich: Kaufen Sie sich eine kleine Tüte Popcorn oder Gummibärchen und genießen Sie es, die Leute zu beobachten (natürlich ohne sich abfällige Beurteilungen zu überlegen). Auf diese Art können Sie sich wunderbar daran erinnern, dass Sie nicht dazu verdammt sind, zu Hause rumzusitzen, bloß weil Sie Single sind. Sie dürfen all die kleinen Freuden des Lebens ebenfalls genießen, und vielleicht genießen Sie sogar die eine oder andere allein noch mehr.

Single-Erfahrung Nummer 6:
Verbringen Sie Zeit mit Ihrer Familie

Wir wollen jetzt keine übermäßig ernsten Töne anschlagen, aber egal, wie alt Sie sind, Ihre Familienmitglieder werden auch nicht jünger. Und keiner von uns lebt ewig. Wenn Sie als glücklicher Single durchs Leben gehen, denken Sie ab und zu daran, Zeit mit Ihrer Familie zu verbringen. Wenn Sie erst in einer Beziehung stecken, müssen Sie nämlich auch Zeit mit *seiner* Familie verbringen, und dann kommen Ihre Lieben noch kürzer, weil die Zeit sowieso hinten und vorne nicht reicht. Wir bereuen es heute, dass wir nicht mehr Zeit mit unserer Großmutter verbracht, uns mehr mit unserer Schwägerin angefreundet, unsere Lieblingscousine besucht oder unserem Bruder das Herz ausgeschüttet haben. Bevor Sie noch eine zweite Familie mit ins Spiel bringen, kümmern Sie sich um Ihre eigene.

Single-Erfahrung Nummer 7:
Bilden Sie sich weiter

Warten Sie nicht, bis Sie einen Mann haben, um endlich die Frau zu werden, die Sie schon immer sein wollten. Fangen Sie noch heute damit an. Besuchen Sie eine Abendschule und holen Sie Ihr Abi nach, lernen Sie Italienisch und belohnen Sie sich mit einer Italienreise oder belegen Sie Kurse in einer Kochschule oder Kunstgeschichte an der VHS. Stürzen Sie sich auf die Themen, für die Sie schon immer eine Leidenschaft gehegt haben, und lernen Sie mehr darüber. Das erhöht Ihren Traumfrauenfaktor noch mal gewaltig. Also, ran an die Bücher!

Single-Erfahrung Nummer 8: Kaufen Sie sich einen Vibrator

Beim heutigen Stand der Technik gibt es keinen Grund, warum Sie einen Mann für Ihre sexuelle Befriedigung brauchen sollten. Schwingen Sie Ihren sexy Allerwertesten zum nächsten Sexshop oder besuchen Sie eine Website (zum Beispiel *beate-uhse.com* oder *funfactory.de*). Dort können Sie völlig diskret ein witziges neues Spielzeug kaufen, und keiner muss es wissen. Das Ding wird dafür sorgen, dass Ihre Singlephase noch glücklicher verläuft, wird Ihnen die Verzweiflung nehmen und Ihnen obendrein zeigen, womit genau Sie sich auf Touren bringen können. Das gehört absolut zu den Sachen, die jede Singletraumfrau einmal erlebt haben muss!

Single-Erfahrung Nummer 9: Kaufen Sie sich schöne Unterwäsche

Wir versprechen Ihnen, sobald Sie in einen seidigen Slip schlüpfen oder einen blutroten BH anziehen, werden Sie sich sofort viel sinnlicher und lebendiger fühlen, und das ist ein Gefühl, das jede Singlefrau verdient hat! Wenn Sie nicht auf Rüschen und Schleifchen stehen, gibt es eine riesige Auswahl an praktischerer Wäsche, die trotzdem heiß aussieht. Schlüpfen Sie doch mal in die sexy Shortys aus der Pink Collection von Victoria's Secret und probieren Sie aus, wie supersexy Sie sich fühlen, wenn Sie in dieser Unterwäsche allein in Ihrer Wohnung sitzen und sich die Fußnägel lackieren. Egal, wofür Sie sich entscheiden, Sie werden sich gleich so viel heißer vorkommen – und wenn Sie sich heißer vorkommen, benehmen Sie sich auch heißer, und wenn Sie sich heißer benehmen, wird das Ihrer Umwelt nicht entgehen. Und schon bald werden sich die Männer darum reißen, Sie in Ihren neuesten Modellen zu bewundern, und dann entscheiden nur Sie, ob die Kerle es wert sind oder nicht.

Single-Erfahrung Nummer 10: *Gönnen Sie sich einen One-Night-Stand*

Die eine oder andere unter Ihnen mag moralische Bedenken gegen diesen Vorschlag hegen, und in diesem Fall raten wir Ihnen auch davon ab. Die anderen Damen möchten wir warnen, weil es eventuell hart werden könnte, denn bei diesem Abenteuer kann man sich versehentlich verknallen, sich GSG♥ oder gar nuttig fühlen. Doch in diesem Abschnitt sprechen wir von Erfahrungen, die man zumindest einmal im Leben gemacht haben sollte, und diese gehört definitiv zu den ganz großen! Wenn Ihnen der Gedanke also gefällt, steht der Sache nichts entgegen. Sorgen Sie nur dafür, dass der Sex safe bleibt, benutzen Sie ein Kondom und befolgen Sie unsere One-Night-Stand-Regeln im 5. Kapitel.

Die Vorteile des Singledaseins

Auch wenn Sie all diese wunderbaren Single-Erfahrungen gemacht haben, kann es manchmal schwierig werden, die negativen Gedanken über Ihre Partnerlosigkeit aus dem Kopf zu verbannen, das ist uns durchaus bewusst. Im Folgenden finden Sie eine Liste mit den schönen Seiten des Singledaseins, die Sie sich jedes Mal durchlesen sollten, wenn Ihre positive Einstellung ins Wanken gerät.

Singlevorteil Nummer 1:
Tiefer, fester Schlaf

Die meisten Männer, die wir kennen, schnarchen unheimlich laut, und manche finden dann auch noch, dass es ihrer Männlichkeit Abbruch tut, so eine tolle kleine Schnarchbinde zu tragen. Außerdem neigen viele Typen dazu, sich nachts hin und her zu wälzen und dabei die Ellbogen einzusetzen – wir sind schon oft genug mit einem Ellbogen im Rücken aufgewacht. Andere wiederum nehmen mit ihrem ausufernden männlichen Ego das gesamte Bett in Beschlag oder schwitzen Ihre schöne Bettwäsche aus gekämmter ägyptischer Baumwolle sogar im Winter voll. Und manche Männer tun das alles zusammen (ächz). Überflüssig zu sagen: Genießen Sie Ihr gemütliches Bett allein, solange Sie können.

Singlevorteil Nummer 2:
Allein reisen

Reisen sind ein weiterer großer Stressfaktor in Beziehungen. Die meisten Paare zerstreiten sich darüber, ob sie die Vollkaskoversicherung fürs Mietauto dazubuchen sollen, oder um Wegbeschreibungen, Mahlzeiten etc. Sie als Traumfrau können einfach ins Auto springen und durchs Land gondeln oder einfach aussteigen, wann und wo es Ihnen passt, ohne sich dafür rechtfertigen zu müssen.

Singlevorteil Nummer 3:
Sie müssen die Feiertage nicht mit der schrägen
Familie eines anderen Menschen verbringen

Erklärung überflüssig.

Singlevorteil Nummer 4:
Geldersparnis

Vielen Singlefrauen ist das gar nicht so klar, aber es kostet Geld, in einer Beziehung zu leben. Es gibt einfach so viele Verpflichtungen, die zusätzliche Kosten verursachen, zum Beispiel die Weihnachtsgeschenke für seine Familie, das Geschenk fürs Baby seiner Schwester, Restaurantbesuche etc. Wer unter Ihnen auf einen Typen hofft, der Ihnen alles zahlt, dem sei gesagt, dass wir im Jahre 2010 leben und die Wirtschaftskrise in vollem Gange ist. Eröffnen Sie lieber gleich heute ein Sparkonto.

Singlevorteil Nummer 5:
Zeit fürs Fitnessstudio

Wenn Sie vollzeitberufstätig sind und einen Mann haben (und vielleicht auch noch Kinder), wird es wirklich schwer, jeden Tag ein wenig Zeit für sich zu finden. Ehe Sie sichs versehen, lassen Sie Ihre abendliche Yogastunde sausen, um mit ihm Essen zu gehen, und kürzen Ihr Training ab, um stattdessen nach Hause zu rennen und sich um irgendeinen Mist zu kümmern. Lernen Sie also zu schätzen, dass Sie abends und am Wochenende frei haben, um in Po-Kurse♥ zu gehen. Genießen Sie die Zeit, die Sie ganz für sich haben, solange Sie sie noch haben.

Singlevorteil Nummer 6:
Alleinherrschaft über die Fernbedienung

Manchmal sieht es fast so aus, als wären die Männer darauf programmiert, nicht nur jede Sendung zu hassen, die wir sehen wollen, sondern auch noch unverhältnismäßig sauer zu werden, wenn wir Wiederholungen von *Sex and the City* anschauen wollen. Ganz ehrlich, wenn wir noch einmal hören »Das hast du doch schon gesehen«, könnte es gut sein, dass wir ausrasten! Aber die Wiederholung einer *Simpsons*-Episode, die er schon ungefähr 500 Mal gesehen hat, ist natürlich heilig. Genießen Sie es, dass Sie vorerst noch bei *DSDS* mitsingen oder bei *Germany's Next Topmodel* mitfiebern können, denn eines Tages müssen Sie Ihren Fernseher mit ihm teilen. (Mist.)

Singlevorteil Nummer 7:
Keine Trennungen

Müssen wir Sie noch mal daran erinnern, wie viel besser es ist, Single zu sein als in der falschen Beziehung? Trennungen können wirklich übel und herzzerreißend sein, vor allem wenn Sie schon eine Weile zusammen sind, die Freundeskreise sich vermischt haben, Sie sich mit seiner Schwester angefreundet und Ihr Lieblingsparfum in seiner Wohnung deponiert haben. Freuen Sie sich, dass Ihnen so ein Drama nicht ins Haus steht, zumindest vorerst nicht.

Singlevorteil Nummer 8:
Verwirklichte Fantasien

Jetzt haben Sie alle Zeit der Welt, sich genau zu überlegen, was Sie wollen, wann Sie es wollen und wie Sie es sich holen. Nichts kann Sie im Moment bremsen! Da Sie Single sind, können Sie in aller Ruhe darüber nachdenken, was für einen Mann Sie sich wünschen. Und dann genießen Sie das Leben in vollen Zügen, bis er Ihres Weges kommt. Was für ein Spaß! (Siehe zu diesem Thema das 2. Kapitel, ab S. 65.)

Singlevorteil Nummer 9:
Marktbeobachtung

Wir möchten der Nuttigkeit nicht das Wort reden, aber in dieser Zeit können Sie schlafen, mit wem Sie wollen. Traumfrauen betrügen ihren Mann nicht, wenn Sie also vorhaben, eines

Tages zu heiraten, toben Sie sich besser jetzt aus. Zumindest sollten Sie Ihre Traumzeit♥ so gestalten, dass Sie eines Tages daran zurückdenken und erröten können. Benutzen Sie aber immer ein Kondom (oder mehrere).

Singlevorteil Nummer 10:
Küsse satt

Sie können mit jedem rumknutschen, der Ihnen gefällt (solange er auch Single ist). Völlig harmlose Sache, also los!

Singlevorteil Nummer 11:
Die Wonnen des Badezimmers

Wenn Sie nicht gerade in einer WG mit einem Mann wohnen, haben Sie das Glück, sich das Bad nicht mit einem Kerl teilen zu müssen. Ganz im Ernst: Ihre Barthaare kleben im Waschbecken wie Pattex, außerdem bringen sie solche Knaller, wie die Zahnseide versehentlich ins Klo zu werfen und hinterher wieder aufs Regal zu stellen, ohne es Ihnen zu sagen. Und – tut uns leid, wenn das jetzt ein bisschen unappetitlich klingt – wenn sie auf der Toilette waren, stinkt es manchmal schon ganz schön widerlich. Außerdem könnten wir schwören, dass sie unsere teure Augencreme und Zahnbleichmittel benutzen, wenn wir nicht da sind.

Singlevorteil Nummer 12:
Mädelabend

Sie haben mehr Zeit für lustige Unternehmungen mit Frauen. Sie gehen doch für Ihr Leben gern mit den Mädels zum Brunchen oder mit Ihrer Schwester zum Shoppen (und geben Sie es doch zu, Sie stehen total drauf, Bilderrahmen mit der Heißklebepistole zu dekorieren.) Wenn Sie auch noch Zeit für Ihren Freund erübrigen müssen, wird das alles um einiges schwieriger.

Singlevorteil Nummer 13:
Ab in den Süden

Diese Zeit können Sie wunderbar nutzen, um Ihr Allerheiligstes besser kennenzulernen und herauszufinden, was Ihnen gefällt – ob mit einem Partner oder allein! Sie können keine umwerfende Frau sein, wenn Sie Ihren Körper nicht kennen und sich nicht rundum wohl in Ihrer Haut fühlen. Außerdem möchten wir, dass Sie es wirklich *genießen,* Single zu sein. Also, Schlafzimmertür zu und ab die Post!

Singlevorteil Nummer 14:
Keine Nörgeleien

Denken Sie daran, dass Ihnen niemand die ganze Zeit auf die Finger schaut und rummeckert, weil Sie die Zahnpastatube nicht richtig zugeschraubt haben oder Ihre dicken, glänzenden Haare ständig den Abfluss verstopfen. Beziehungen können toll sein, aber keine ist perfekt. Und diese Streitereien über den letzten Blödsinn (die nebenbei bemerkt absolut normal und gesund sind) können einem manchmal echt den letzten Nerv rauben.

Singlevorteil Nummer 15: Freie Essenswahl

Streitthema Nummer 1 bei allen Paaren, die wir kennen, ist die Frage mit dem Abendessen. Aber Sie als sexy Singlefrau müssen nicht mit dem Essen warten, bis er um halb neun endlich nach Hause kommt, um sich dann erst mal mit ihm zu fetzen, weil Sie so NBZ♥ sind. Genauso wenig müssen Sie sich anhören, dass Sie dem Essen viel zu viel Bedeutung beimessen, nur weil Sie ab und zu mal mit Ihrem Mann gemeinsam zu Abend essen wollen. Wenn Sie Lust haben, können Sie abends einfach nur einen Joghurt löffeln, ohne dass Sie jemand gleich verdächtigt, einen auf Kate Moss♥ zu machen. Essen Sie, was und wann immer Sie wollen! Diese Freiheit wird häufig unterschätzt.

Damit Sie sich nicht einsam fühlen

Einsamkeit gehört wahrscheinlich zu den widerlichsten Gefühlen auf diesem Planeten. Manchmal fühlen wir uns, als hätten wir keinen, dem wir uns anvertrauen können, keinen, mit dem wir die schönen kleinen Momente teilen können, keinen, den es überhaupt kümmert, ob wir morgens aufstehen. Sogar die selbstbewusstesten, schwer beschäftigten Traumfrauen haben ab und zu mal einen kleinen Durchhänger, und für die Singletraumfrauen kann es noch schlimmer sein. Auch wenn Sie all Ihre Leidenschaften ausleben und jede Nacht mit Ihren Freundinnen um die Häuser ziehen, kann es manchmal ganz schön nerven, dass man nie jemanden hat, mit dem man vorm Einschlafen kuscheln oder über irgendwelche dämlichen Insiderwitze kichern könnte. Aber Sie haben keinerlei Recht, sich im Selbstmitleid zu wälzen, weil Sie Single sind. Wir wissen, dass es ab und zu ein bisschen einsam werden kann, und das ist okay so.

Zuerst machen Sie sich bitte klar, dass es ganz normal ist, sich ab und zu einsam zu fühlen, ob man nun Single ist oder nicht. Das gehört zum Menschsein. Doch Sie als umwerfende Frau sollten wissen, dass sich Frauen in Beziehungen auch manchmal einsam fühlen. Manchmal geht es ihnen sogar noch schlechter. Es gibt nicht Schlimmeres, als sich einsam zu fühlen, wenn eigentlich jemand neben Ihnen im Bett liegt und Sie ein Haus voll Kinder haben. Dann glaubt man, man hat sie nicht mehr alle, aber es ist ganz normal. Alle Frauen – sei es Angelina Jolie mit Brad Pitt und 500 süßen Babys oder eine Singletraumfrau ohne Familie, die im Alleingang einen Bauernhof führt –, wir alle haben dieselben weiblichen Emotionen und Unsicherheiten. So traurig es ist, ist es doch auch irgendwie tröstlich, oder? Sie sind mit Ihren Gefühlen nicht allein, und das heißt auch, dass Sie nicht allein sind. Es ist an Ihnen, Ihre Einsamkeit beim Schopf zu packen und in etwas Positives zu verwandeln. Sehen Sie sich doch mal in Ihrem Leben um und schauen Sie sich die Bekannten oder Kolleginnen an, die wahrscheinlich auch einsam sind. Laden Sie sie ins Kino oder auf einen Kaffee ein und umgeben Sie sich mit Menschen, mit denen Sie reden können. Vielleicht fühlen Sie sich nicht sofort besser, aber manchmal fühlen Sie sich schon ein wenig lebendiger, wenn Sie nur einmal die Initiative ergriffen haben. Tun Sie einfach Ihr Bestes, zwingen Sie sich nicht, anders zu fühlen, als Sie es tun, und warten Sie ruhig ab, bis die schwarzen Wolken sich von Ihrem strahlend blauen Himmel verzogen haben.

Außerdem möchten wir Ihnen vor Augen führen, dass es einen Unterschied zwischen Einsamkeit und echten Depressionen gibt. Wenn Ihr Bett immer so kalt und leer ist und Sie es ganz schrecklich finden, jeden Abend in eine dunkle, leere Wohnung heimzukommen, oder wenn Sie sich jemanden wünschen, der zum 5000. Mal *Departed* mit Ihnen anschaut, dann leiden Sie an der guten alten Einsamkeit. Wenn Sie allerdings tatsächlich nicht mal mehr den Elan aufbringen, aus dem Bett aufzustehen, Sie ständig weinen müssen, den Appetit verlieren, Alkohol oder irgendwelche anderen Drogen konsumieren, sieht es schon ernster aus – dann könnten Sie unter echten Depressionen leiden. In diesem Fall raten wir

Ihnen, was Ihnen jeder gute Freund raten würde – Sie müssen sich Hilfe holen. Sie müssen sich um Ihr kostbares Herz, Ihren Geist und Ihre verletzliche Seele kümmern. Machen Sie einen Termin beim Arzt, und hinterher kommen Sie nach Hause und lesen weiter.

Selbstmitleid verboten

Auch wenn Sie sich einsam fühlen, ist es extrem wichtig, sich der Welt als Singletraumfrau zu präsentieren. So viele Frauen laufen mit einem langen Gesicht♥ durch die Gegend und wundern sich, warum sie nicht glücklich sind. Tja, liebe Traumfrauen, wenn Sie sich wie die letzten Trauerklöße benehmen, wird das Universum♥ Sie eben auch so behandeln. Verhalten Sie sich jedoch wie eine selbstbewusste Diva, die ihr Leben in vollen Zügen lebt (auch wenn sie zwischendurch mal einen kleinen Durchhänger hat), wird das Universum♥ (und alle anderen ebenfalls) Sie auch so wahrnehmen. Sie haben die Kraft, Ihr Leben umzugestalten, aber wenn sich etwas ändern soll, müssen Sie es selbst ändern. Ihre Einstellung zum Leben ist das machtvollste Instrument, das Sie in Händen haben, also setzen Sie dort als Erstes an.

Glauben Sie uns: Wir haben das auch alles durchgemacht. Wir haben Jahre damit verschwendet, deprimiert, wütend und verwirrt mit unseren Problemen zu ringen. Aber eines Tages sind wir aufgewacht und haben kapiert, dass wir uns mit unserer Konzentration auf die negativen Seiten des Lebens den Blick auf all das Schöne verstellt haben, das uns umgibt. Und als wir unsere Einstellung nur leicht verändert hatten, hatte sich alles verändert. Uns wurde klar, dass wir natürlich Probleme hatten, aber auch ein tolles Leben, eine Traumzeit♥, die wir beinahe verpasst hätten, und Dutzende von potenziellen Liebhabern, für die wir völlig blind waren. Wenn Sie grässlich einsam sind und Single und wütend darüber und sich ganz furchtbar leidtun, dann möchten wir Sie jetzt bitten, sich von Ihren selbstzerstörerischen Fantasien♥ zu trennen und sich auf die positiven Seiten zu konzentrieren. Das Martiniglas ist halb voll, meine Damen, und es ist ein Martiniglas, verdammt noch mal! Also hängen Sie endlich dieses dämliche Selbstmitleid an den Nagel, denn den anderen tun Sie überhaupt nicht leid. Weil die nämlich nichts Bemitleidenswertes erkennen können, und dieser Sichtweise sollten Sie sich auch anschließen.

Fünf Dinge, die eine Traumfrau nie aus Selbstmitleid tun würde

Wenn Sie mit Ihrem ewigen Selbstmitleid aufhören wollen, ist es wichtig, dass Sie Ihre verzweifelten Versuche aufgeben, sich Aufmerksamkeit zu erbetteln. Solche Mädels kennen wir alle, stimmt's? Sie haben sicher auch ein paar Freundinnen, die total verrückt spielen, weil sie anderen neiden, was sie haben, und es ihnen gerne wegnehmen würden. Wir hoffen wirklich, dass Sie nicht zu dieser Sorte Mädchen gehören, aber wenn Sie sich in einem der unten aufgelisteten Punkte wiedererkennen, haben Sie sich nicht wie eine Traumfrau verhalten. Wer solche Dinge tut, zeigt damit nur, dass er ganz dringend Aufmerksamkeit braucht und sich nicht daran stört, wenn er Menschen wehtut, um sie zu bekommen. Wenn Sie so weitermachen, werden Sie ewig in Ihrer Einsamkeit und Ihren Dramen stecken bleiben. Sollten Sie sich also in einem dieser Szenarien wiedererkennen, hören Sie sofort damit auf. Und wenn Sie sich an ein, zwei Freundinnen erinnert fühlen, laufen Sie sofort los und kaufen Sie ihnen dieses Buch.

Traumfrauen-Tabu Nummer 1:
Mit vergebenen Männern flirten

Traumfrauen – seien sie nun verheiratet, in einer lockeren Beziehung oder absolut single – flirten niemals mit Männern, die Freundinnen oder einen Ring am Finger haben. Tolle

Frauen behandeln auch ihre Geschlechtsgenossinnen wie Traumfrauen, und es gibt nichts Respektloseres, als mit dem Mann einer anderen rumzumachen. Wenn Sie so eine miese Nummer abziehen, sind Sie ganz schön GSG♥ und so verzweifelt auf Aufmerksamkeit aus, dass es schon widerlich ist. Vielleicht finden Sie es harmlos, aber das ist es in den seltensten Fällen. Männer brauchen keine Extra-Versuchung, okay? Schon möglich, dass Sie diesen besonderen Kick lieben, aber es ist absolut keinem damit gedient, wenn ein verheirateter Mann an Sie denkt, wenn er nachts neben seiner Frau liegt. Wenn Sie auf solchen unreifen Blödsinn abfahren, lassen Sie sich von Ihrer Verzweiflung in einen miesen Spaltpilz verwandeln. Das gilt übrigens auch für Ex-Freunde. Gut, er gehörte mal Ihnen. Aber jetzt eben nicht mehr, also lassen Sie ihn in Frieden sein Leben leben. Sie lenken ihn von seiner neuen Freundin ab, der er jetzt eigentlich seine Aufmerksamkeit widmen sollte, und Sie lenken sich selbst von all den Singlemännern ab, die so herumlaufen.

Wenn es Ihnen egal ist, ob Sie anderen wehtun, möchten wir Sie an die Sache mit dem Karma erinnern. Sie tun sich mit solchen Aktionen auch selbst weh, meine Damen! Falls Sie drauf stehen, mit gebundenen Männern zu flirten, könnte es ein böses Erwachen geben, wenn Sie sich eines Tages selbst fürs monogame Leben entscheiden. Und sollten Sie sich jetzt mit Rechtfertigungen wie »Na ja, aber seine Frau schläft ja nicht mehr mit ihm«, oder »Seine Freundin behandelt ihn total mies« herausreden wollen, sind Sie einfach strohdumm. Das ist nämlich alles sein Problem, nicht Ihres! Lassen Sie ihn sein Leben in Ordnung bringen und kümmern Sie sich um

Ihr eigenes! Und bitte sagen Sie jetzt nicht, dass Sie diesen Mann wirklich haben wollen und ihn soooo lieben! Vielleicht bilden Sie sich das ja wirklich ein, aber entweder wird er wesentlich uninteressanter, wenn seine Frau aus dem Weg geräumt ist, oder Sie verbringen den Rest Ihres Lebens in der Angst, dass er ständig mit anderen Frauen flirtet (oder beides). Wenn Sie so einem Mann tatsächlich nachstellen, lassen Sie Ihr Verhalten immer mehr von Ihrem GSG♥ bestimmen. Ersparen Sie sich dieses Drama und verschwenden Sie Ihre Zeit nicht mehr auf Männer, die nicht Ihre sein sollten.

Traumfrauen-Tabu Nummer 2: Sex mit Leuten, mit denen Sie keinen Sex haben sollten

Wenn Sie in einer Lage stecken, die bereits mit unendlichen Dramen und üblen Konsequenzen befrachtet ist, ist das der ungünstigste Zeitpunkt, in die Horizontale zu wechseln. Wenn Sie es doch tun, dann wahrscheinlich deswegen, weil Sie sich unvollständig fühlen oder sich selbst bemitleiden. Aber indem Sie sich in solche Situationen bringen, machen Sie Ihr Leben nur dramatischer, und zwar nicht im positiven Sinne. Bei dieser Gelegenheit möchten wir Ihnen auch gleich noch mitteilen, dass Sie Sex niemals als Waffe einsetzen sollten. Lesen Sie bitte noch einmal die Definition der Traumfrau und hören Sie auf, sich mittels Sex Macht über andere Menschen zu verschaffen.

Unter diese Überschrift gehört zum einen natürlich Sex mit vergebenen Männern, aber auch noch eine andere Kategorie, auf die Sie sich niemals einlassen sollten. Sie wissen genau, was für Situationen wir meinen, meine Damen – wahrscheinlich müssten wir es Ihnen nicht mal extra sagen (aber wir tun es trotzdem). Wir reden von all denen, die ihrem Chef einen Blowjob verpassen, um eine verpasste Deadline wiedergutzumachen; mit ihrem Matheprofessor schlafen, um eine 1 zu kriegen; den besten Freund ihres Bruders verführen, weil ihr Bruder sie so geärgert hat; oder sich von einem Polizisten begrapschen lassen, damit er ihnen keinen Strafzettel gibt. Hinterher werden Sie sich bloß mies fühlen, also lassen Sie es lieber gleich bleiben!

Traumfrauen-Tabu Nummer 3:
Giftig zu Ihrer Freundin sein, weil sie einen Mann hat

Viele Frauen tun das, wenn sie sich leidtun und eifersüchteln: Sie lassen diesen Gefühlen freien Lauf und verhalten sich bitter, selbstsüchtig und lieblos gegenüber ihren Freundinnen. In der sechsten Klasse ist uns das zum ersten Mal passiert, und wir können nicht glauben, dass es so viele Jahre später immer noch vorkommt. Aber es gibt immer eine, die ihrer Freundin dumm kommt, weil die einen Freund hat. Wenn er nicht gerade ein richtig mieser Typ ist, verkneifen Sie sich bitte Unsinn im Stil von: »Mann, das ist doch so ein Versager, warum die mit dem so viel Zeit verbringt ...« Das Ganze geht Sie überhaupt nichts an, und Sie klingen nur wie eine eifersüchtige Zweijährige. Wenn Sie allerdings wirklich der Meinung sind, dass ihr Freund der letzte Idiot ist, helfen Sie ihr am meisten, wenn Sie sich wie eine gute Freundin verhalten.

Lassen Sie ihr Raum und seien Sie für sie da, wenn sie sich trennt. Aber je eifersüchtiger Sie sich geben, umso mehr wird sie sich von Ihnen zurückziehen und umso enger wird sie sich an ihren Freund klammern.

Wenn dieser Mann Ihre Freundin glücklich macht, sollten Sie sich für sie freuen. Und wenn man sich in jemanden verliebt, möchte man eine Weile nichts anderes sehen als ihn und seine Matratze. Das ist ganz normal. Also werden Sie nicht sauer auf Ihre beste Freundin, weil sie einen Typen kennengelernt hat und lieber mit ihm im Bett kuschelt, als mit Ihnen Eis zu essen. Sie benehmen sich nicht wie eine tolle Frau und riskieren damit, eine Freundin zu verlieren.

Traumfrauen-Tabu Nummer 4: Nonstop-Gejammer

Wenn Sie gerne über Männer und Dates und den neuesten Klatsch reden, bitte sehr. Aber ständig rumgiften und sich beschweren, wie lange Sie schon nicht mehr geküsst worden sind, oder dass alle einen Freund haben, nur Sie nicht, das geht gar nicht. Es ist ja in Ordnung, wenn Sie sich einen Partner wünschen und das auch äußern. Teilen Sie es dem Universum♥ mit. Aber es ist ein großer Unterschied, ob man einfach klar und deutlich formuliert, was man will, oder ob man sich beschwert, dass man es nicht hat. Es geht Ihnen gut. Sie haben alles, was Sie brauchen, und sind bereit, einen tollen Mann zu finden, mit dem Sie es teilen können. Aber deswegen müssen Sie nicht ständig rumjammern, dass das alles nicht fair ist und alle Typen, die Sie kennenlernen, Vollidioten sind etc. So umgeben Sie sich nur dauerhaft mit einer negativen Aura, und die wird man manchmal nur schwer wieder los. Wenn Sie also das nächste Mal in Versuchung kommen, eine endlose Tirade vom Stapel zu lassen, probieren Sie einfach mal, laut zu sagen: »Es geht mir gut, alles ist bestens.« Schon bald werden Sie sich auch so fühlen.

Traumfrauen-Tabu Nummer 5: So tun, als wären Sie lesbisch

Wir wollen, dass alle Frauen die wahre Liebe finden, egal, wie ihre sexuelle Orientierung aussieht. Wir haben überhaupt nichts gegen Lesben, null. Aber es nervt uns – und die echten Lesben wahrscheinlich auch –, wenn ein Mädchen so tut, als wäre sie lesbisch, nur um damit Aufmerksamkeit bei den Männern zu erregen. Sie wissen schon, wovon wir reden: Heterosexuelle Mädchen, die sich betrinken und dann mit anderen Mädchen rumknutschen, damit die Typen an der Bar nach Luft schnappen. Das ist richtig ödes, aufmerksamkeitsgeiles Verhalten, nichts weiter.

Eine schlechte Idee ist auch die Masche: »Jungs sind doch alle Scheiße, ab jetzt bin ich Lesbe!« Tut uns herzlich leid, aber die sexuelle Orientierung verändert sich nicht einfach so über Nacht. Das Coming-out ist für die wahren Lesben ein langer Prozess der Bewusstwerdung, der Aufrichtigkeit und Wahrheit, und mit Ihrem albernen Pingpongspielchen verhalten Sie sich nur respektlos. Bleiben Sie dem treu, was Sie sind und was Sie wirklich wollen, dann werden Sie es auch viel leichter bekommen.

Sechs knifflige Singlesituationen

Wir sind der Meinung, dass das Singledasein echt Spaß machen kann. Aber alles hat zwei Seiten, und manchmal kann das Singlesein ganz schön nerven. Diese unangenehmen sozialen Situationen können der selbstbewusstesten Traumfrau das Gefühl geben, der absolute GSG♥-Versager zu sein, nur weil sie Single ist. Glücklicherweise (Glück für Sie, nicht für uns) haben wir diese Momente alle selbst durchgestanden, und wir können Ihnen zeigen, wie Sie diese kniffligen Situationen als wahre Diva bewältigen.

Knifflige Singlesituation Nummer 1:
Hochzeitseinladungen für eine Person

Was soll eine Singlefrau tun, wenn Sie zu einer Hochzeit eingeladen wird und auf der Einladung nicht – wie sonst üblich – vermerkt ist, dass sie jemanden mitbringen darf? Früher waren wir jedes Mal, wenn uns das passierte, wütend und beleidigt. Wir gingen davon aus, dass Bräutigam und Braut uns aufgrund unseres Singletums für so langweilig hielten, dass sie uns auch keine Begleitung gönnten, und diese Einladung für eine Person war unsere Strafe fürs Singlesein. Tja, sollen wir Ihnen mal was verraten? Es lag gar nicht an uns, und wenn es Ihnen passiert, liegt es auch nicht an Ihnen. Wenn die Leute eine Hochzeit planen, denken Sie nicht groß über Sie nach und fällen auch kein Urteil über Sie. Wenn überhaupt, sind sie dankbar, dass Sie keinen Mann an Ihrer Seite haben, denn das spart ihnen mal schnell 200 Euro! Hochzeiten sind teuer und kompliziert, und die Gästeliste wurde mit derselben Sorgfalt erstellt wie ein Fabergé-Ei. Wahrscheinlich ist irgendeine liebe Tante oder ein Nachbar gestrichen worden, um Platz für Sie zu machen, und jetzt will das Brautpaar einfach nicht *noch* einen netten Verwandten opfern, nur damit Sie Ihren schwulen Freund Tim mitbringen können. Wollen Sie ihnen daraus wirklich einen Vorwurf machen?

Also reißen Sie sich zusammen und entscheiden Sie, ob Sie hingehen wollen oder nicht. Wenn Ihnen das Paar wirklich am Herzen liegt, dann sollten Sie sich nicht vom Mitfeiern abhalten lassen. Sie sind eine umwerfende Frau! Sie können sich jederzeit in einem riesigen Raum voll fremder Gesichter aufhalten und sich dabei prächtig amüsieren. Freuen Sie sich über die Gelegenheit, sich mal wieder so richtig aufzubrezeln, teuer zu essen und zu tanzen. Wenn Sie einen guten Grund haben, warum Sie nicht gehen wollen (weil Sie die Braut, Ihre Kollegin, heimlich hassen), dann gehen Sie eben nicht. Kein Thema. Aber egal, wie Sie sich entscheiden, bringen Sie nicht einfach einen Begleiter mit, der nicht eingeladen war, und bitte rufen Sie auch nicht die Braut an, um sie zu fragen, ob Sie den Typen mitbringen können, mit dem Sie seit letzter Woche ausgehen. Das ist unhöflich und egoistisch und nervt einfach.

Knifflige Singlesituation Nummer 2:
Die Meinung der Familie

Wir lieben unsere Familien, aber manchmal vermitteln sie einem wirklich das Gefühl, als Single wäre man einfach das Letzte. Keine Ahnung, warum Großmütter, Tanten und manchmal sogar Mütter sich immer wieder zu Aussagen hinreißen lassen wie: »Wie ist es nur möglich, dass ein hübsches Mädchen wie du keinen Freund hat? Deine Cousine Lisa hat sich gerade verlobt, dabei ist die jünger als du, und dümmer ist sie auch noch.« Oder: »Mein größter Wunsch wäre ein Urenkelchen, aber bei meinen Enkeln ist keine Hochzeit in Sicht – ich Arme!«

Wir sind absolut sicher, dass Ihre Großmutter keine Ahnung hat, wie weh sie Ihnen mit diesen Worten tut. Schließlich ist es lange her, dass sie selbst Single war, und damals betrachtete man es auch als absolut in Ordnung, Singlefrauen unter Druck zu setzen oder sich zu fragen, ob mit ihnen irgendwas nicht stimmte. Sie müssen verstehen, dass Ihre Verwandten Sie damit nicht runterziehen wollen, sie sind einfach nur altmodisch und drücken furchtbar schlecht aus, was sie eigentlich sagen wollen. Sie lieben Sie und wollen Sie glücklich sehen, und aus irgendeinem dummen Grund sind sie immer noch der Meinung, dass Sie einen Mann brauchen, um zufrieden zu sein.

Es ist wichtig, dass Sie zu diesem Thema keinen Streit vom Zaun brechen. 90 Jahre patriarchalische Denke werden Sie nicht mal so eben ausradieren, während die Weihnachtsgans verzehrt wird – also lassen Sie es lieber gleich bleiben. Aber erscheinen Sie vorbereitet zu jeder Familienzusammenkunft! Betreten Sie das Haus mit einem strahlenden Lächeln und verströmen Sie die geballte Traumfrauengüte, die in Ihnen steckt. Und wenn unweigerlich das nervige Thema wieder aufkommt, sagen Sie einfach: »Im Moment bin ich glücklich, viel beschäftigt und zufrieden und führe ein tolles Singleleben. Aber sobald ich den Richtigen finde, bist du die Erste, der ich's erzähle.« Wer könnte dagegen schon etwas sagen?

Knifflige Singlesituation Nummer 3: Pärchenabend

Wenn Sie Single sind und Millionen von Singlefreundinnen haben, ist es leicht, sich eine lustige Traumzeit♥ zu machen. Aber für diejenigen unter uns, die fast nur noch Pärchen kennen, kann das Singleleben schon eine Herausforderung sein. Man kommt sich vor wie das fünfte (siebte, neunte) Rad am Wagen und fühlt sich immer irgendwie öde und fehl am Platz. Wir haben es so oft erlebt und uns bei jedem Brunch und jedem Kinobesuch und jeder Dinnerparty hundeelend gefühlt, weil wir mal wieder der einzige Single waren. Als würden wir mit dieser Mitleids-Einladung nur das traute Pärchendasein der anderen stören.

Aber jetzt, wo wir als Pärchen leben, merken wir, wie dumm wir waren, uns für lästige Anhängsel unserer verheirateten Freunde zu halten. Wir sind nämlich furchtbar gerne mit unseren Singlefreundinnen zusammen und sind überzeugt, dass die meisten Leute, die in Beziehungen leben, ihre Freunde weiterhin mögen, egal, wie es um deren Familienstand bestellt ist. Für ein Pärchen kann es wirklich schwierig sein, ein anderes Pärchen aufzutun, das beide gleich mögen und mit dem sie gern etwas zusammen unternehmen. Da ist es viel einfacher, *eine* solche Person zu finden, und wenn Sie zufällig diese Person sind, dann freuen Sie sich doch. Hören Sie auf, sich GSG♥ zu fühlen, wenn Sie bei ihnen sind. Sie sind ihre Freundin, und die beiden mögen Sie, also genießen Sie diese Freundschaft einfach.

Knifflige Singlesituation Nummer 4: Weihnachtsfeiern

Die Feiertage können einen schon wirklich deprimieren. Von allem zu viel: zu viel Stress, zu viele soziale Verpflichtungen, zu viele Plätzchen überall und zu viele Geschenke, die man noch besorgen muss. Außerdem werden die Leute auf einmal seltsam sentimental, und das macht die Sache nicht viel besser. Da kann es schon mal passieren, dass Sie sich einsam und besonders niedergeschlagen fühlen, weil Sie keinen haben, der Ihnen auf all diesen öden Feiern die Hand hält. Es kommt Ihnen vielleicht so vor, als wäre alles gleich viel leichter, wenn Sie nur jemanden hätten, und dass sogar die Weihnachtsfeier in der Firma lustiger wäre, wenn Sie Ihren Freund mitbringen und den ganzen Abend in einer dunklen Ecke mit ihm rumknutschen könnten – aber das entspricht nicht unbedingt der Wahrheit.

Erstens müssen Sie plötzlich doppelt so viele Geschenke kaufen und Feiern besuchen, wenn Sie eine ernsthafte Beziehung haben. Wenn Sie ihn zur Weihnachtsfeier Ihres Betriebs mitnehmen, wissen Sie, dass Sie ihn auch zu seiner begleiten müssen. Und dann müssen Sie sich überlegen, was Sie ihm kaufen, seinen Eltern und seiner ekligen Schwester. Wenn man in einer Beziehung lebt, sind die Feiertage stressiger, nicht relaxter. Außerdem könnte der Mann aus Ihrer Wunschfantasie♥ in Wirklichkeit eine tödliche Abneigung dagegen haben, Sie zu Pflichtterminen zu begleiten, die ganze Zeit nur rumjammern und verkünden, dass Ihr Chef Sie insgeheim doch flachlegen will und Ihre Kollegen die letzten Langweiler sind.

Also hören Sie auf, sich einen Mann für die Feiertage zu wünschen, und fangen Sie an, diese Zeit als echte Diva zu genießen. Gehen Sie auf die Feiern, die sich so anhören, als könnten sie lustig werden, und lassen Sie die aus, auf denen Sie sich sowieso nur langweilen würden. Gönnen Sie sich eine Pause. Sie müssen nicht zu jedem Fest gehen, auf das Sie eingeladen werden. Und wenn Sie nicht auf so viele Feiern eingeladen worden sind, wie Sie es gerne gehabt hätten, dann veranstalten Sie doch selbst eine! Vergessen Sie eines nicht: Immer, wenn Sie zu Hause sitzen und in Selbstmitleid versinken, ist irgendjemand anders in Ihrem Leben auch gerade einsam. Laden Sie ein paar Freundinnen oder Kolleginnen ein. Oder begründen Sie eine vorweihnachtliche Schlittschuh-Tradition mit Ihrem Bruder und seiner Frau. Was Sie auch tun, geben Sie sich eine Chance, diese festliche Zeit zu genießen, statt ständig nur auf den Mann zu warten, der in Ihr Leben tritt und es schön macht.

Knifflige Singlesituation Nummer 5:
Klassentreffen

Wir Frauen setzen uns meist stark unter Druck, wenn das nächste Klassentreffen ansteht. Ob es das zehnte, zwanzigste oder fünfzigste ist, wir haben immer das Gefühl, wir müssten perfekt aussehen und dazu noch einen perfekten Job, ein perfektes Leben und natürlich einen perfekten Ehemann vorweisen können. Dann quälen wir uns mit selbstzerstörerischen Fantasien♥, wie all die hübschen Mädchen von damals sich zusammenrotten und sich kaputtlachen, sobald wir ganz allein den Saal betreten, und wie die gesamte Fußballmannschaft feststellt, dass wir ja ganz schön fett geworden sind. Aber wir sind ganz sicher, nichts von alldem wird passieren. Wenn Sie wirklich ein paar Pfunde loswerden wollen, dann kaufen Sie sich noch schnell unsere *Diva-Diät,* aber wenn Sie meinen, dass Sie einen Mann brauchen, um auf dem Klassentreffen zu erscheinen, sind Sie wirklich auf dem Holzweg.

Denken Sie auch daran, dass viele verheiratete Klassenkameraden ihre Partner gar nicht zum Treffen mitbringen, und das hat auch einen guten Grund. Klassentreffen sind immer irgendwie peinlich. Kaum einer erkennt den anderen wieder, und zum Schluss plaudert man mit jedem fünf Minuten lang belangloses Zeug. Welchen Außenstehenden interessiert so was schon? Und wer würde sich den unnötigen Stress machen, noch jemanden mitzunehmen, um den er sich kümmern muss, damit der sich auch ein bisschen amüsiert? Gehen Sie selbstbewusst zu Ihrem Klassentreffen, und wenn Sie ankommen, schauen Sie sich einfach mal um. Bei manchen von diesen Leuten ist Heiraten und Kinderkriegen wirklich das Einzige, was sie seit ihrem Abschlusszeugnis auf die Reihe gekriegt haben. Daran ist zwar im Grunde nichts auszusetzen, aber wenn Sie eine Welle von GSG♥ überkommen will, dann halten Sie sich vor Augen, dass diese ganzen Hausfrauen Sie wahrscheinlich absolut beneiden. Sie sind selbstbewusst und sexy und haben dieses Funkeln im Auge, das ihnen verrät, dass Sie mehr Spaß haben als sie. Bestätigen Sie diesen Eindruck, indem Sie mit einem vergnügten Lächeln auf Ihre Vergangenheit zurückblicken und zeigen, wie gut es Ihnen heute geht.

Knifflige Singlesituation Nummer 6:
Valentinstag

Verschwenden Sie bitte keine Sekunde mit dem traurigen Gedanken, dass Sie heute keinen zum Knuddeln haben. Der Valentinstag ist nämlich nicht nur für Pärchen gedacht, sondern für alle, die jemandem ihre Liebe ausdrücken wollen, also sollten Sie diesen Feiertag definitiv auch begehen. Wenn Sie völlig am Boden sind, weil Sie sich nach einer Beziehung sehnen, dann lassen Sie gute, liebevolle Energie ins Universum♥ fließen, und wir können Ihnen versichern, sie wird zu Ihnen zurückkommen. Der schnellste Weg, selbst Liebe zu bekommen, besteht darin, dass man sich liebevoll verhält. So ein Valentinstag ist die beste Gelegenheit, damit anzufangen. Kaufen Sie ein paar hübsche Karten und Minipralinen für Ihre Kollegen, Ihre Nachbarn, aber natürlich auch für Ihre Eltern, Geschwister und Cousinen. Wer Liebe ausschickt, bekommt garantiert Liebe zurück. Und Geben war schon immer seliger denn Nehmen. (Na ja ... vielleicht.)

Der Valentinstag ist auch ein guter Vorwand, einen lustigen Mädelsabend zu organisieren. Es muss ja nicht ausgefallen, teuer oder aufwändig sein. Schnappen Sie sich einfach ein paar Freundinnen und Ihren besten schwulen Freund und tanzen Sie zu Madonnas größten Hits, während Sie eine ganze Torte aufessen. Wenn Sie solchen Spaß haben, kommen Sie wahrscheinlich gar nicht auf die Idee, dass in Ihrem Leben etwas fehlen könnte.

Sie können den Valentinstag aber auch traumfrauengemäß feiern, indem Sie ein wenig Zeit und Mühe in irgendein aufregendes Vorhaben stecken. Sie haben doch sicher so ein Projekt, dem Sie sich schon immer mal ungestört widmen wollten, oder? Ein Gedicht schreiben oder Gitarre spielen lernen oder einen neuen Pulli stricken? Leidenschaft ist das Thema des Valentinstags, also ergreifen Sie die Gelegenheit und beschäftigen Sie sich mit Dingen, für die Sie eine Leidenschaft hegen, egal was. Sie brauchen keinen Mann, um sich wie die großartige, sexy Frau zu fühlen, die Sie schließlich sind – Sie brauchen nur die Dinge, die Sie lieben.

Single und gut drauf

Klar, viele von uns verbringen Jahre mit dem Versuch, ihr Singledasein zu beenden, aber wir wissen auch, dass viele Traumfrauen ein Singleleben führen und dabei verdammt gut drauf sind. Single zu sein macht nicht nur Spaß, es ist auch sehr wichtig! Die Frauen, die immer direkt von einer Beziehung in die nächste stolpern, verlieren sich oft selbst aus den Augen und geben sich nie eine Chance, sich selbst zu finden. Doch wenn Sie alleine leben, sich allein versorgen und wirklich Frieden mit Ihrem sexy Singlestatus gemacht haben, dann werden Sie eine Menge über sich lernen. Sie erfahren viel mehr von Ihren Emotionen und Ängsten und Wünschen, wenn Sie keinen Mann haben, der Ihnen jede Glühbirne auswechselt und jedes Tränchen von der Wange wischt.

Daher wollen wir allen Singlefrauen, die ihr ungebundenes Leben lieben und es satthaben, ständig mit irgendwelchen Versagern verkuppelt zu werden, laut zurufen: Wir verstehen Sie vollkommen! Als wir Singles waren, haben uns ständig irgendwelche wohlmeinenden Idioten mit Sprüchen bombardiert wie: »Warum hast du denn keinen Freund? Du bist doch so süß, ist doch komisch, dass du Single bist. Hast du's schon mal mit Online-Dating probiert? Das könnte doch was sein für so eine viel beschäftigte Frau wie dich.« Und wir wollten sie immer nur anschreien: »Lasst mich doch in Ruhe! Mit mir ist alles in bester Ordnung! Ich möchte gern um Mitternacht mein Eis löffeln und am Samstag zur Yogastunde gehen und überhaupt stundenlang *Einsatz in vier Wänden* gucken, ohne dass ihr mich mit euren ignoranten Kommentaren zumüllt!«

Und wir würden diese Leute am liebsten stellvertretend für Sie anschreien, weil es einen absolut zermürben kann, sich permanent solchen Bockmist anzuhören. Aber allen Traumfrauen sei gesagt: Das ist das Problem dieser Leute, nicht Ihres. Wer sich in Ihr Leben einmischt, lebt eben nicht wie eine Diva. Die müssen ja alle ganz schön gelangweilt und unterfordert sein in ihrem eigenen kleinen Leben, dass sie sich über Ihres ereifern müssen. Also nehmen Sie sich solche Sprüche nicht so zu Herzen. Glauben Sie bitte keine Sekunde lang, dass mit Ihnen irgendwas nicht stimmt, nur weil Sie alleine glücklich sind. Sagen Sie diesen Leuten einfach, dass sie sich verpissen sollen (okay, vielleicht nicht in diesen Worten), und glauben Sie ihnen kein Wort! Versuchen Sie nicht, ihnen einen Gefallen zu tun, indem Sie sich zu einem Blind Date mit einem Handy-Verkäufer oder Möchtegern-Rockstar überreden lassen, obwohl Sie lieber sechs Cardio-Trainingsstunden am Stück absolvieren und hinterher eine Darmspülung über sich ergehen lassen würden, als mit diesem Typen auch nur ein Bier zu trinken. Tun Sie's nicht. Und sagen Sie auch nicht: »Okay, gib ihm halt meine Mailadresse.« Denn sonst kriegen Sie am Ende noch neun Millionen Mails von einem Typen, der Ihnen völlig am Sie wissen schon vorbeigeht. Halten Sie sich den Platz in Ihrem Posteingang lieber für die Leute frei, von denen Sie wirklich hören wollen.

Sie sind eine umwerfende Frau, und diese Singlephase ist für Ihr Leben sehr wichtig. Also gehen Sie auch so damit um. Erlauben Sie niemandem, Ihnen deprimierende Gedanken in den Kopf zu setzen und Sie GSG♥ zu machen, weil Sie keinen Mann in Ihrem Bett haben. Die haben nämlich alle keine Ahnung, wie cool und stark Sie sind, nachdem Sie sich so viel Zeit für sich selbst nehmen konnten, und wie viel besser Sie eines Tages in einer Beziehung agieren werden (wenn Sie eine möchten). Stellen Sie sich einfach taub und genießen Sie Ihr sexy Singleleben, weil Sie nämlich eine tollkühne, unternehmungslustige Diva sind.

2. Kapitel:
Bereit für die Liebe

Sogar die selbstbewusstesten Traumfrauen der Welt, die ihr Singledasein absolut begrüßen und genießen, brauchen ab und zu ein bisschen männliche Aufmerksamkeit, und daran ist auch gar nichts Verkehrtes. Ob Sie nun hoffen, den Partner fürs Leben zu finden oder für den Rest Ihrer Tage zufriedener Single zu bleiben – Zeit mit Männern zu verbringen gehört zu einer lustigen, befriedigenden Traumzeit♥. Für uns alle ist es wichtig, sich als jemand Besonderes und geliebt zu fühlen, egal, wie unsere Ziele im Hinblick auf eine Beziehung aussehen mögen. Babys brauchen zum Überleben Umarmungen und Küsse genauso sehr wie Muttermilch. Und während die meisten von uns sich schon in jungen Jahren von der Muttermilch entwöhnt haben, verlieren wir niemals unser Bedürfnis nach Zuneigung. Alle tollen Frauen müssen ab und zu berührt und von jemandem in den Arm genommen werden, der nicht ihre Mutter ist, und wir möchten Ihnen versichern, dass Sie diese Liebe und Aufmerksamkeit absolut verdient haben.

Wenn Sie also bereit sind, von den Männern wahrgenommen zu werden, möchten wir Ihnen jetzt helfen, auf ihren Radar zu kommen. Aber Sie sollen Ihre Zeit ja nicht damit verschwenden, sich mit einem Versager nach dem anderen zu verabreden, deswegen geht es in diesem Kapitel darum herauszufinden, was genau Sie von einem Kerl erwarten und wie Sie es bekommen. Wir geben Ihnen einen Plan an die Hand, wie Sie die richtige Art von Aufmerksamkeit von der richtigen Sorte Mann bekommen, und wenn wir fertig sind, werden Ihnen die Jungs nur so in den Schoß fallen. Aber bevor wir so weit sind, müssen wir uns erst mal gründlich mit *Ihnen* beschäftigen. Der Weg zur Selbsterkenntnis mag Ihnen lang und hart vorkommen, aber Sie sollten ihn gehen, bevor Sie sich mit anderen langen, harten Dingen auseinandersetzen. Wenn Sie den richtigen Mann kennenlernen wollen, müssen Sie erst mal die richtige Frau werden, und wir werden Ihnen helfen, sie zu finden.

Sie haben Liebe verdient

Egal, wie die Geschichte Ihres Liebeslebens aussieht, was für schreckliche Dinge Sie in Ihrer Kindheit mitgemacht haben, wie alt Sie sind oder welche Kleidergröße Sie tragen – Sie haben eine Liebe verdient, die Ihnen das Gefühl gibt, ein ganz besonderer, glücklicher und lebendiger Mensch zu sein. Sie sind gut, Sie haben ein riesengroßes, warmes Herz und Sie verdienen es, dass Sie irgendjemand mit Bewunderung überschüttet.

Glauben Sie jetzt nicht, es wäre für andere Frauen einfacher als für Sie. Reden Sie sich nicht ein, dass es weniger kompliziert für Frauen ist, die dünner, jünger oder vollbusiger sind, und dass Sie dazu verdammt sind, nur unter großen Schwierigkeiten eine Verabredung oder gar eine Beziehung zu ergattern. Alle Frauen kommen vom gleichen Planeten (der Venus, klar), und wir alle haben dieselben Organe, Gefühle und Unsicherheiten. Wir alle haben bei unseren Dates dieselbe Angst und Wut und Verwirrung gespürt. Neben dem Essen ist das das einzige große Thema, mit dem sich alle Frauen quälen, und wir wollen, dass diese Selbstquälerei endlich aufhört.

Egal, welche Hindernisse sich Ihnen in Ihrem Leben entgegengestellt haben, vergessen Sie nie, dass es irgendwo auf der Welt jemanden gibt, der sich danach verzehrt, Sie lieben zu dürfen. Wenn Sie seit Jahren oder Monaten nicht mehr oder noch nie geliebt wurden, könnten Sie auf den Gedanken verfallen, Sie seien nicht toll genug, aber das hat da-

mit absolut nichts zu tun. Sie sind eine Traumfrau, das sollten Sie doch inzwischen kapiert haben. Aber – so leid es uns
tut, es sagen zu müssen – Sie sind *selbst* schuld. Es fällt uns
nicht leicht, Sie erst so aufzubauen und Ihnen dann eins über
die Rübe zu ziehen, aber die Einzige, die Sie davon abgehal-
ten hat, zu bekommen, was Sie wollten, waren Sie selbst. Der
Grund, warum nie ein Mann mit Ihnen ausgehen will (außer
den hinterletzten Typen), sind (halten Sie sich fest) ... die
verkorksten♥ Vibes, die Sie ausstrahlen.

Vibes sind diese unsichtbaren Dinger, die von Ihrem Körper ausstrahlen und die die Leute entweder anziehen oder
abstoßen. Wenn Sie das für Blödsinn halten, dann denken
Sie doch mal an diese ganzen Frauen, die Ihrer Meinung
nach gar nicht mal besonders gut aussehen, aber ständig von
einem Schwarm verliebter Jungs umgeben sind: Die strahlen selbstbewusste, sexy Traumfrau-Vibes aus, und wir möchten Ihnen jetzt helfen, auch hinter diesen Trick zu kommen.
Wenn Sie die falschen Vibes ausstrahlen, dann ziehen Sie
wahrscheinlich die völlig falschen Männer an (oder gleich
gar keine). Als Erstes müssen Sie jetzt herausfinden, welche
verkorksten♥ Vibes Sie ausstrahlen, damit Sie die Störung
schnell beheben können. Behalten Sie beim Weiterlesen bitte im Hinterkopf, dass Sie vielleicht ein klein wenig von einem ausstrahlen oder (was Gott verhüten möge) mehrere
auf einmal. Aber es ist eigentlich ganz egal, wie viele es sind.
Schon das kleinste bisschen reicht, und Sie kriegen nie die
Liebe, die Sie eigentlich verdienen.

Zehn verkorkste♥ Vibes und wie Sie sie korrigieren können

Der Schüchternheits-Vibe

Symptome: Sind Sie richtig lebhaft und witzig im Kreis Ihrer Freunde und Familie, werden aber seltsam still, sobald Sie es mit Männern zu tun haben? Sagen die Leute oft solche Sachen zu Ihnen wie: »Du musst doch nur du selbst sein«, oder: »Du musst den Jungs beim Date einen Blick auf dein wahres Ich gestatten«? Organisieren Ihre Freunde manchmal Verabredungen für Sie und berichten hinterher: »Er hat gesagt, du warst gar nicht so, wie ich dich beschrieben hatte«? Wenn Ihnen das irgendwie bekannt vorkommt, strahlen Sie einen bösen Schüchternheits-Vibe aus. Gegenüber Frauen und »sicheren« (weil für ein Date nicht infrage kommenden) Typen können Sie ganz Sie selbst sein, aber sobald Ihnen einer begegnet, der zu haben wäre, stellt Ihnen Ihr GSG♥ ein Bein. Die Männer wittern Schüchternheit fünf Kilometer gegen den Wind, daher ist es sehr wichtig, dass Sie diesen Vibe beseitigen!

Heilung: Anfangs werden Sie ein wenig schauspielern müssen. Bevor Sie ausgehen, stellen Sie sich die lustige, unbekümmerte Frau vor, die Sie in Gegenwart Ihrer Freunde, mit denen Sie sich wohlfühlen, sind – die Frau, die Sie eigentlich immer sein wollen. Denken Sie darüber nach, was die zu einem potenziellen Verehrer sagen würde, wie sie verführerisch lachen, hemmungslos flirten oder einfach nur ruhiges Selbstbewusstsein ausstrahlen würde. Dann sagen Sie sich, dass Sie diese Rolle auch heute Abend spielen und bei jeder Bewegung daran denken werden, dass Sie diese Frau *sind*. Reagieren Sie, wie sie reagieren würde, fangen Sie Gespräche an, wie sie es tun würde. Schon bald werden Sie nicht mehr schauspielern, sondern die ganze Zeit diese Frau sein, ohne einen Gedanken daran verschwenden zu müssen. Und dann sind Sie nur noch Sie selbst.

Der Emotionales-Gepäck-Vibe

Symptome: Wenn Sie einen Mann kennenlernen, erzählen Sie ihm sofort, dass Sie geschieden oder gerade bankrott gegangen sind oder Ihr Ex Sie mit Ihrer besten Freundin betrogen hat und Sie hinterher versucht haben, ihn mit dem Auto zu überfahren. Dann teilen Ihre Vibes Ihrem Gegenüber mit: »Ich habe eine Menge emotionales Gepäck, und wenn du mit mir ausgehst, machst du dich besser gleich auf Dramen aller Art gefasst.« Die einzigen Männer, die mit einer Drama-Queen ausgehen wollen, sind die, die auch *Ihr* Leben dramatischer machen werden. Alle anderen machen auf dem Absatz kehrt und ergreifen die Flucht. Also, gewöhnen Sie sich Ihren Emotionales-Gepäck-Vibe ab!

Heilung: Wir wissen, es ist viel verlangt, aber Sie müssen die Probleme Ihrer Vergangenheit gelöst haben. Vorher kommen Sie keinen Schritt weiter. Wenn Sie mit ernsthaften

Problemen zu kämpfen hatten, sprechen wir Ihnen unseren ganzen Respekt aus, aber vielleicht brauchen Sie trotzdem noch eine psychologische Beratung, um sich ganz zu heilen. Wenn Ihr emotionales Gepäck allerdings kein erdrückendes ist, dann hören Sie auf, ständig darüber zu reden und sich dafür zu rechtfertigen. Und wenn Sie in der Vergangenheit Fehler gemacht haben? Kommen Sie – wer hat das nicht? Die Männer erwarten gar nicht, dass Sie perfekt sind, sie erwarten nur, dass Sie ehrlich sind und bereit, aus Ihren Fehlern zu lernen. Das zeigen Sie ihnen, indem Sie (zum richtigen Zeitpunkt) offen über Ihre Geschichte sprechen, ohne in die Defensive zu gehen oder die Dinge größer zu machen, als sie sind. Jede Wette, dass er beeindruckt sein wird, wie Sie mit solchen Widrigkeiten fertig geworden sind.

Der Verrücktheits-Vibe

Symptome: Weinen Sie beim ersten Date oder brechen einen Streit vom Zaun? Regen Sie sich mehr als einmal täglich schrecklich über andere Verkehrsteilnehmer auf? Haben Sie schon mal eine Schwangerschaft vorgetäuscht? Gehen Sie absichtlich mit dem Ex-Freund der Frau aus, mit der jetzt Ihr Ex-Freund ausgeht? Wenn Sie eine dieser Fragen mit Ja beantworten können, bedauern wir, Ihnen mitteilen zu müssen, dass Sie einen Verrücktheits-Vibe ausstrahlen. Damit müssen Sie unbedingt aufhören! Kein Mann, der die Mühe wert ist, möchte mit einer Verrückten zusammen sein, also hören Sie auf, sich aufzuführen wie sein schlimmster Albtraum.

Heilung: Wenn Drama Ihr Lebenselixier ist, können Sie das Ruder nur herumreißen, indem Sie sich klarmachen, dass Sie eine Diva sind. Sie brauchen kein Geheul und Geschrei, um interessant zu wirken, und Sie müssen ihn auch nicht auf die Probe stellen, um herauszufinden, ob ihm wirklich etwas an Ihnen liegt. Sagen Sie sich immer wieder, dass Sie diesen Unfug nicht brauchen und dass Sie eine Traumfrau sind, die den Mann verdient, der sie um ihrer selbst willen liebt. Versuchen Sie es einfach mal – Sie werden feststellen, dass die Männer, die Sie anziehen, auf einmal viel cooler sind. Wir sind sicher, bald möchten Sie Ihre verrückten Tage nicht mehr zurückhaben.

Der Verzweiflungs-Vibe

Symptome: Haben Sie schon Ihre ganze Hochzeit geplant und warten nur noch darauf, dass der Bräutigam auftaucht? Fühlen Sie sich wirklich wertlos und unvollständig ohne einen Mann in Ihrem Leben? Denken Sie einmal täglich an Ihre biologische Uhr? »Verlieben« Sie sich in so gut wie jeden Mann, der Sie um Ihre Telefonnummer bittet? Flirten Sie mit den Freunden oder Ehemännern Ihrer Freundinnen? Haben Sie schon mal im Ernst erwogen, schwanger zu werden, um einen Typen zu halten? Bitten Sie Ihre Freunde ständig, Sie mit irgendwelchen Bekannten zu verkuppeln, aber keiner tut es? Wenn sich das ganz nach Ihnen anhört, dann müssen wir Ihnen leider eröffnen, dass Sie völlig verzweifelt sind und jeder es weiß.

Heilung: Es ist vollkommen okay, wenn Sie wissen, was Sie wollen. Wollen Sie heiraten? Wollen Sie Kinder kriegen, bevor Ihre Eizellen absterben? Cool, wir auch. Dafür müssen Sie sich auch gar nicht entschuldigen. Aber nachdem Sie dem Universum♥ Ihre Wünsche deutlich mitgeteilt haben, müssen Sie sie loslassen. Sagen Sie sich, dass Sie es wollen und verdienen, aber dass Sie auch überleben werden, wenn Sie es nicht bekommen. Das wird Ihnen die Chance lassen, Ihr Leben zu genießen, während das Universum♥ die Weichen dafür stellt, dass Sie genau das kriegen, was Sie wollen.

Der Männerhasser-Vibe

Symptome: Hat der Junge, mit dem Sie in der sechsten Klasse gegangen sind, Sie betrogen, und jetzt glauben Sie, dass man Männern grundsätzlich nicht trauen kann? Hegen Sie eine vielleicht etwas zu dramatische Abneigung gegen Sportsbars? Verdrehen Sie die Augen, wenn Männer versuchen, Sie anzusprechen? Sagen Sie manchmal Sachen wie: »Ich wünschte, ich wäre lesbisch«, oder: »Alle Männer sind Schweine«? Wenn ja, strahlen Sie einen starken Männerhasser-Vibe aus. Kein Wunder, dass Sie die Kerle abschrecken. Leute, die so hassen, kann man schwer lieben.

Heilung: Moment – *sind* Sie am Ende lesbisch? Wenn ja, ist ja alles in Ordnung, aber Sie sollten sich endgültig darüber klar werden, denn keiner mag Leute, die ständig zwischen zwei Polen schwanken. Okay, und wenn Sie nicht lesbisch sind, ist Ihnen vielleicht einfach noch nicht aufgefallen, wie ähnlich sich Männer und Frauen tatsächlich sind. Fangen Sie damit an, dass Sie die Männer in Ihrem Leben besser kennenlernen. Fahren Sie mit Ihrem Vater übers Land, machen Sie Ferien mit Ihrem Bruder oder führen Sie mehr vertrauliche Gespräche mit Ihren männlichen Freunden. Dann werden Sie sicher bald erkennen, dass Männer genauso verletzlich und GSG♥ sein können wie Frauen und oft gern dieselben Dinge hören würden wie wir. Das wird Ihre Einstellung ändern und Ihnen ein bisschen mehr Mitgefühl für die Jungs einflößen. Und dann werden Sie sie anziehen wie der Honig die Fliegen.

Der Angst-vor-Sex-Vibe

Symptome: Haben Sie noch nie masturbiert? Hatten Sie noch nie einen Orgasmus? Befürchten Sie insgeheim, schlecht zu küssen und/oder schlecht im Bett zu sein? Haben Sie schon mal Dinge gesagt wie: »Vielleicht bin ich asexuell?«, oder: »Ich kann bestens ohne Sex leben«? Macht Ihnen der Gedanke, dass jemand Sie bei voller Beleuchtung nackt sehen könnte, mehr Angst als alles andere auf der Welt? Ja? Dann tut es uns leid, liebe Traumfrau, aber Sie strahlen einen Angst-vor-Sex-Vibe aus und werden niemals wahre Intimität erleben oder sich verlieben, wenn Sie Ihre Hemmungen auf diesem Gebiet nicht verlieren.

Heilung: Auf die Gefahr hin, dass es so aussieht, als wollten wir *alles* mit dem Rat »Kaufen Sie sich einen Vibrator« kurieren, müssen wir Sie in diesem Fall bitten … sich einen Vibrator zu kaufen. Sowie Sie herausgefunden haben, wie Sie sich selbst auf Touren bringen können, wird sich Ihr Antisex-Vibe von selbst verflüchtigen. Wenn Sie immer noch Angst haben, im Bett zu versagen, sehen Sie sich ein paar Pornos an oder besorgen Sie sich einen Sexratgeber. Indem Sie nachlesen, was die Männer wirklich anturnt, verpassen Sie Ihrem Selbstvertrauen einen Schub, bringen sich in Stimmung♥ und zaubern sich ein sexy Lächeln ins Gesicht, das die Kerle auf 100 Meter bemerken werden. (Anmerkung: Wenn Sie aufgrund eines psychologischen Problems oder gar Missbrauchs in der Kindheit Angst vor Sex haben, besorgen Sie sich Hilfe, damit Sie dieses Trauma hinter sich lassen können und endlich die Liebe bekommen, die Sie verdienen!)

Der GSG♥-Vibe

Symptome: Haben Sie sich schon mal gefragt, warum überhaupt jemand den Wunsch haben sollte, mit Ihnen auszugehen? Gestehen Sie Ihren Freunden gegenüber nicht mal ein, dass Sie gerne einen Mann kennenlernen würden? Fällt es Ihnen schwer, sich an einer Bar einen Drink zu bestellen? Übersehen Sie es, wenn jemand mit Ihnen zu flirten versucht? Sind die einzigen Männer, die mit Ihnen flirten, immer vergeben, zum Beispiel die Partner Ihrer Freundinnen? Gehen Sie oft nicht auf Partys, weil sie Sie nervös machen? Das alles sind Züge ernst zu nehmender GSG♥, und wenn Ihnen das bekannt vorkommt, bleiben Sie Single, weil Sie so einen hartnäckigen GSG♥-Vibe ausstrahlen.

Heilung: Hören Sie endlich auf, sich ständig gemeine Dinge zu sagen. Jetzt sofort. Sobald Sie sich dabei ertappen, etwas Negatives über sich selbst zu denken, legen Sie den Schalter um. Wenn Sie eine Stimme in Ihrem Kopf sagen hören: »Warum sollte der denn ausgerechnet mit mir flirten?«, dann sagen Sie sich ganz bewusst: »Natürlich flirtet der mit mir. Ich bin eine Traumfrau und habe alles, was er sucht.« Wenn Sie der Meinung sind, dass Sie sich damit belügen – bitte, dann belügen Sie sich jetzt erst mal ein bisschen. Es ist egal, wie Sie es bewerkstelligen, diese gemeine, tückische, negative Selbstsabotage abzustellen. Auch wenn die Jungs Ihr GSG♥ nicht hören können, sie sehen es Ihnen an der Nasenspitze an.

Der Meine-Freundin-ist-hübscher-als-ich-Vibe

Symptome: Wenn Sie mit einer Freundin unterwegs sind und sich Ihnen Männer nähern, nehmen Sie dann automatisch an, dass sie sich nur für Ihre Freundin interessieren? Fühlen Sie sich ständig wie die Alibi-Begleitung? Machen Sie Scherze mit ihr wie: »Ich bin die Kluge und du die Hübsche«? Machen Sie sich neben ihr klein♥? Wenn das auf Sie zutrifft, dann erklären Sie dem Universum♥ damit, dass Ihre Freundin hübscher ist als Sie, und je öfter Sie das tun, umso mehr Leute werden es glauben! Sie könnten sich auch gleich ein T-Shirt mit einem großen roten Pfeil anziehen, unter dem steht: »Sie ist die Hübschere. Frag *sie,* ob sie mit dir ausgehen will.«

Heilung: Mann, sind Sie eigentlich total verkorkst♥? Hören Sie auf, sich mit Ihren Freundinnen zu vergleichen. Auf unsere Art haben wir alle unsere einzigartige Schönheit, und das sagen wir jetzt nicht nur, weil es sich so toll anhört. Es gibt jede Menge Typen auf der Welt, die Ihre ach so hübsche Freundin überhaupt nicht attraktiv finden würden. Sie würden sie für langweilig halten und Ihre Schwächen dafür lieben. Gerade *wegen* dieses schiefen Zahns, der Sie regelmäßig GSG♥ macht, wird sich irgendjemand in Sie verlieben. Was? Sie haben keine beeindruckende Oberweite? Na und? Wir kennen ungefähr 900 Männer, die Frauen mit kleinen Brüsten lieben. Außerdem haben Sie volle Lippen, hübsche Füße, einen tollen Po, Sie sind lustig und klug und können kochen und singen. Sie können Ihrer Freundin ruhig sagen, dass sie hübsch ist (und das sollten Sie auch), aber wagen Sie bloß nie wieder zu behaupten, dass sie hübscher ist als Sie. Und wenn Sie das nächste Mal zusammen unterwegs sind, benehmen Sie sich wie die selbstbewusste Frau, die Sie schon immer sein wollten. Wenn Sie anfangen, sich zu benehmen wie die Hübsche, werden Sie es auch bald sein.

Der Schlampen-Vibe

Symptome: Schlafen Sie oft mit Männern und hören dann nichts mehr von ihnen, bis ihnen irgendwann um zwei Uhr morgens einfällt, dass sie einen Blowjob brauchen könnten? Haben Sie Sex mit einem Typen und verlassen mitten in der Nacht seine Wohnung, weil Sie glauben, dass er Sie dann mehr begehren wird? Sprechen Sie bei einer Verabredung über andere Männer, mit denen Sie geschlafen haben? Wenn ja, dann wollen wir mal für Sie hoffen, dass Sie immer schön

Kondome benutzt haben, und außerdem müssen wir Ihnen mitteilen, dass Sie einen Schlampen-Vibe ausstrahlen. Die Jungs wollen Sie nur für Sex, weil es das ist, was Sie ihnen unbewusst anbieten. Wahrscheinlich sind sie sogar wirklich der Meinung, dass Sie wie eine Schlampe behandelt werden wollen.

Heilung: Ja, Sie dürfen Sex genießen, und wir wollen auch in keiner Weise über Sie urteilen, aber Sie lesen dieses Buch ja, weil Sie nicht das bekommen, was Sie sich wünschen. Also müssen Sie anfangen, sich so zu benehmen wie das Mädchen, das er so behandeln würde, wie Sie behandelt werden möchten. Wenn Sie sich einen Mann wünschen, der Sie seiner Mutter vorstellen wird, dann benehmen Sie sich wie ein Mädchen, das er seiner Mutter vorstellen will. Sie müssen keinen Sex mit einem Mann haben, damit er Sie mag, und Sie müssen die Intimitäten auch nicht künstlich hinauszögern, damit er Sie mag! Sie sollen einfach nur dem treu sein, was Sie wollen und verdienen.

Der Unnahbarkeits-Vibe

Symptome: Erzählen Ihnen Leute oft, dass sie Sie bei der ersten Begegnung für bissig gehalten haben? Hassen Sie es, sich mit Männern zu unterhalten, mit denen Sie gar nicht ausgehen wollen? Tun Sie sich schwer damit, Augenkontakt herzustellen? Sind Sie absichtlich unhöflich zu Männern, die Sie nicht interessieren, damit sie gleich wissen, dass sie keine Chance haben? Würden Sie niemals in Betracht ziehen, mit einem Mann auszugehen, der nicht mehr so viele Haare hat, kleiner als 1,90 ist oder ein Jahresgehalt mit weniger als sechs Stellen hat? Sind Sie eher still, wenn Sie sich beim Ausgehen GSG♥ fühlen? Wenn das auf Sie zutrifft, strahlen Sie einen Unnahbarkeits-Vibe aus, und wir sind auch ziemlich sicher, dass wir nicht die Ersten sind, die Ihnen das sagen. Männer haben Angst, sich Ihnen weiter als auf zehn Meter zu nähern, weil sie sicher sind, von Ihnen fertiggemacht zu werden. Vielleicht tun Sie es ja nicht mit Absicht, aber Sie müssen sich diese Unnahbarkeit abgewöhnen. Sonst kommt Ihnen kein Typ so nahe, dass Sie ihn sich schnappen könnten.

Heilung: Einen aufgeschlossenen Eindruck machen Sie, sobald Sie sich freundlich und lustig geben und ganz im Hier und Jetzt leben. Wenn Sie mit dem Typen, neben dem Sie bei dieser Hochzeit sitzen, im Traum nicht ins Bett gehen würden – bitte schön. Wir sind aber sicher, er kann Ihnen noch irgendetwas beibringen, und am Ende könnte er sogar einen Freund haben, der perfekt zu Ihnen passt. Machen Sie sich keine Gedanken, dass er aufdringlich werden könnte, wenn Sie zu nett zu ihm sind. Wenn das passiert, können Sie es immer noch abbiegen, aber es gibt keinen Grund, von vornherein unhöflich zu sein. Vergessen Sie nie, dass Männer genauso GSG♥ sind wie Frauen, also müssen Sie sich anfangs vielleicht ein bisschen ins Zeug legen, um eine Unterhaltung in Gang zu bringen. Doch sobald Sie über Ihren Schatten gesprungen sind und eine belanglose Plauderei als das einschätzen, was sie ist, werden Sie eines Tages plötzlich mitten in einem Gespräch stecken, das richtig traumhaft♥ wird.

Positive Vibes

Nachdem Sie nun also wissen, welche unguten Vibes Sie ein für alle Mal unterdrücken sollten, müssen Sie sich als Nächstes darauf konzentrieren, wie Sie die *richtigen* ausstrahlen. Sie wissen, was für ein Mädchen Sie nicht sein wollen, und jetzt wollen wir, dass Sie daran arbeiten, eine echte Traumfrau zu werden. Wenn Sie gerade festgestellt haben, dass Sie eine ungute Kombination aus dem Verrücktheits- und dem Angst-vor-Sex-Vibe ausstrahlen, möchten wir nicht, dass Sie darüber jetzt in Panik ausbrechen. Lassen Sie dieses Verhalten einfach hinter sich und setzen Sie Ihre Energie dafür ein, ab jetzt positive Vibes auszusenden.

Es ist ziemlich einfach, positive Vibes auszustrahlen. Sie müssen einfach nur magnetisieren. Magnetisieren entspricht absichtlichen, konzentrierten Wunschfantasien♥. Die Kraft des positiven Denkens liegt darin, dass Sie sich selbst als neue, verbesserte Traumfrau sehen. Sobald Sie diesen Abschnitt zu Ende gelesen haben, schließen Sie die Augen und stellen sich in allen Details die Frau vor, die Sie sein wollen. Zeichnen Sie ein selbstbewusstes, kraftvolles, glückliches Bild Ihrer selbst. Stellen Sie sich vor, wie Sie in der Arbeit, zu Hause, im Fitnessstudio, auf Partys und bei Verabredungen auftreten. Dann blättern Sie noch einmal zurück zur Definition der Traumfrau und malen sich aus, wie Sie diese wundervolle Güte ausstrahlen.

Okay, das Bild ist Ihnen jetzt noch frisch im Gedächtnis, deswegen möchten wir, dass Sie es sofort schriftlich festhalten. Das kommt Ihnen vielleicht ein bisschen bescheuert vor, aber tun Sie es einfach. Füllen Sie ein ganzes Blatt mit all den guten Eigenschaften, den Dingen, die Sie bereits zu einer umwerfenden Frau machen, und solchen, die Sie sein wollen oder sich demnächst erhoffen. Indem Sie das alles aufschreiben, lassen Sie es leichter in Erfüllung gehen. Später, wenn Sie sich mal wieder GSG♥ fühlen, nehmen Sie einfach diese Liste zur Hand und lesen sie noch einmal gut durch.

Für alle, die nicht sicher sind, wie diese Liste aussehen soll, haben wir hier ein Beispiel:

»*Ich bin klug, ich bin sexy, ich bin lustig, und ich verdiene eine liebevolle, heiße Beziehung. Ich bin selbstsicher, ich beneide andere Frauen nicht, und ich habe die Kraft, genau das zu bekommen, was ich will. Ich glaube, dass Verabredungen wirklich Spaß machen können, und möchte in Zukunft Spaß dabei haben. Ich werde nicht zulassen, dass mein GSG♥ mir meine Zukunft ruiniert ...*«

_____

_____

_____

_____

_____

_____

_____

_____

_____

_____

Goldgräberinnen

Wenn Sie einfach nur eine Goldgräberin sind, haben wir an dieser Stelle ein Hühnchen mit Ihnen zu rupfen. Wir geben uns alle Mühe, niemanden zu verurteilen, aber es kann einem wirklich schwerfallen, *kein* Urteil über ein Mädchen zu fällen, das nur Luxus, Juwelen und goldene Kreditkarten im Visier hat und die Heirat mit einem reichen Mann allein deswegen für eine gute Idee hält, weil er eben reich ist. Wir glauben an die gute alte Liebe. Wir glauben, dass kein Mädchen sich für einen vierkarätigen gelben Diamanten verkaufen sollte. Frauen, die statt von Romantik zu träumen lieber in Wunschfantasien♥ schwelgen, wie ihnen irgendwelche Männer alles Mögliche kaufen, tun uns leid. Ein Teil von ihnen wird wahrscheinlich nie wirklich glücklich und zufrieden sein, und wir finden es traurig, dass sie lieber in Perlen schwimmen wollen, statt wahre Intimität zu erfahren.

Verstehen Sie uns nicht falsch – wie jede andere hätten auch wir gern einen ganzen Schrank voll mit Designer-Klamotten! Aber wichtiger ist uns dann doch die wahre Liebe. Wenn uns aus irgendeinem verrückten Grund plötzlich eine Million Euro und ein Mercedes in den Schoß fallen – super! Aber ehrlich gesagt würden wir lieber unseren ollen Mazda behalten, der keine Klimaanlage und klemmende Fenster hat, wenn wir dafür den Mann bekommen, zu dem wir uns so hingezogen fühlen, dass wir Schokoladencreme von seinem Körper lecken würden. Einen reichen, langweiligen, spießigen Typen zu heiraten, der uns alles gibt, was wir wollen – außer Liebe, Intimität und Leidenschaft –, klingt nicht besonders amüsant.

Doch genug von uns – wenn Sie eine Goldgräberin sind, sind Sie alles andere als eine Traumfrau. Sie sind vielleicht selbstbewusst und klug, und vielleicht haben Sie die hübschesten Sachen und leben im größten Haus weit und breit, aber Sie setzen Ihre weibliche Macht nicht zum Guten ein. Wenn Sie einen Mann wollen, der genug Geld verdient, dass Sie zu Hause bleiben und 500 Babys in die Welt setzen können, bitte. Blättern Sie weiter zum Abschnitt »Karriere« im *Workshop: Basteln Sie sich einen Traummann* (Seite 98 f.) und schreiben Sie diesen Wunsch auf Ihre Liste. Aber wenn Sie einen Mann nur des Geldes wegen heiraten und dann mit dem Gärtner poppen oder auf Männer mit »normalen« Jobs herabblicken, dann sind Sie wirklich das Letzte. Vergessen Sie nicht, dass es auch möglich ist, wahre Liebe zu finden *und* sich dabei materiell gut zu stellen. Außerdem, entschuldigen Sie mal, wieso können Sie nicht selbst Kohle machen? Wenn Sie die ganze Zeit und Energie, die Sie darauf verwenden, sich den reichsten Typen zu angeln, stattdessen in eine Geschäftsgründung stecken, sich einen anderen Job suchen oder in Aktien investieren würden, wären Sie am Ende die Frau, die die männlichen Goldgräber dutzendweise verscheuchen muss, da sind wir ganz sicher.

Workshop:
Basteln Sie sich Ihren Traummann

Okay, nachdem Sie jetzt schön magnetisieren und die richtigen Vibes ausstrahlen, sollten Sie genauer darüber nachdenken, was Sie wollen. Wie bei allen anderen Wünschen im Leben (Universitätsabschluss, Job, tolle Figur) müssen Sie sich auch beim Wunsch nach dem richtigen Mann klar darüber sein, was Sie wollen, und dann Konzentration und Entschlossenheit an den Tag legen. Gott sei Dank haben wir eine Strategie entwickelt, die bei jedem funktioniert. Es ist ganz unwichtig, ob Sie sich zwischen all den Männern, die Sie umschwärmen, nicht entscheiden können, oder ob Sie zu den Frauen gehören, die keine Ahnung haben, wie Sie überhaupt einen Mann kennenlernen oder sich mit ihm verabreden sollen. Unser Workshop ist eine spezielle Form des Magnetisierens und der beste Weg, sich selbst und dem Universum♥ klarzumachen, was Sie sich in der Liebe wünschen.

Bevor Ihnen langsam Zweifel an uns kommen, wollen wir Ihnen mitteilen, dass wir das Ganze vor ein paar Jahren so gemacht haben und Erfolg damit hatten. Damals haben wir immer nur Aufmerksamkeit von den falschen Typen bekommen, und die richtigen sind ausgeblieben. Wir waren nicht auf der Suche nach einem Ehemann, wir wollten nur mehr Spaß haben und mit mehr Männern ausgehen, die uns wirklich gefallen. Doch sowie wir uns auf dem Papier den idealen Mann gebastelt hatten, kamen plötzlich Millionen von Richtigen durch die Tür spaziert. Und schon bald hatten wir *den* Richtigen gefunden! Seitdem haben viele von unseren Freundinnen diesen Workshop absolviert – manche wollten einen Ehemann, andere nur einen Neuen zum Rumknutschen –, und sie haben alle genau das bekommen, was sie wollten.

Sie müssen einfach nur zum Stift greifen und ganz detailliert aufschreiben, was Sie sich von einem Mann und einer Beziehung erwarten. Vielleicht setzen Sie sich eine Weile hin und denken nach, bevor Sie anfangen zu schreiben, denn es kann gut sein, dass bis jetzt viele von Ihnen noch gar nicht recht wussten, was Sie eigentlich wollen. Vielleicht haben Sie eine vage Idee oder wissen nur, was Sie *nicht* wollen (zum Beispiel einen Typen mit BMS♥), aber wir möchten, dass Sie sich jetzt bewusst machen, wonach genau Sie suchen, was Sie glücklich machen wird und welcher Mann Ihnen das Gefühl geben wird, die Traumfrau zu sein, die Sie ja schließlich sind. Sobald Sie ein klares Bild im Kopf haben, halten Sie es schriftlich fest und machen dem Universum♥ damit deutlich, dass Sie eine tolle Frau sind, die weiß, was sie will, und sich nicht mit weniger begnügen wird. Also, zücken Sie den Stift und legen Sie los!

So basteln Sie sich Ihren Traummann

Äußerliche Eigenschaften
(Wie mein Traumpartner aussieht)

Bitte sagen Sie nicht einfach »groß, dunkel, gut aussehend«.
Seien Sie doch mal ein bisschen kreativer, meine Damen! Wie
sehen seine Hände aus? Wie sieht sein Körper aus? (Stellen
Sie sich vor, wie Sie ihn am ganzen Körper abküssen.) Wie
groß ist er? Was für eine Haarfarbe, Augenfarbe und Haut hat
er? Wonach riecht er? Wie groß ist sein Gemächt? Ist Ihnen
die Größe seines Teils überhaupt wichtig? Seien Sie ehrlich.
Hat er eine behaarte Brust oder enthaart er sich mit Heißwachs? (Jeder das Ihre, nicht wahr?) Okay, Sie wissen mittlerweile, wie das Ganze aussehen soll – jetzt sind Sie dran.
Es macht doch Spaß, sich seinen Traummann zusammenzu-
fantasieren! Vergessen Sie nicht, das hier ist nur für Sie bestimmt, also seien Sie so verrückt und pervers, wie Sie nur
wollen. Für Schüchternheit gibt es keinen Grund!

**Hier ein Beispiel, falls Sie nicht sicher sind,
wie Sie es anfangen sollen:**
*»Mein Mann hat kluge, liebevolle braune Augen, die mir das Gefühl
geben, dass ich ihm absolut vertrauen kann. Er hat sexy Muskeln,
aber sieht nicht so aus, als würde er den ganzen Tag im Fitnessstudio verbringen. Er riecht wie ein echter Mann, nicht wie Axe Alaska.
Bei seinem Lächeln schmelze ich dahin, und auch andere Leute fühlen sich in seiner Gegenwart wohl.«*

Charakterzüge
(Wie mein Traummann sich verhält)

Dieser Abschnitt dreht sich nicht nur darum, wie sich Ihr Traummann im Allgemeinen verhält, sondern auch, wie er Sie behandelt. Ist er eifersüchtig und besitzergreifend oder liebt er es, mit Ihrem kurvigen Po anzugeben? Ist er der Partykönig oder eher still und reserviert, der Typ, den man (Sie?) erst mal aus seinem Versteck locken muss? Drückt er seine Gefühle offen aus oder gibt er sich stoisch und schwer durchschaubar? Weint er leicht oder ist er der starke, stille Typ?

Beispiel:

»Mein Mann blödelt viel mit mir herum, aber vor seiner Umwelt tritt er stark und selbstbewusst auf und weiß sich Respekt zu verschaffen. Er ist ein bisschen übermütig und steht immer im Mittelpunkt. Er bringt alle zum Lachen, ist gesellig und kann sich mit jedem unterhalten.«

_____

_____

_____

_____

_____

Zeichen seiner Zuneigung
(Wie mich mein Traummann liebt)

Als Nächstes beschreiben Sie, wie Sie einander lieben. Sagt er Ihnen, dass Sie schön sind? Wie oft? Liebt er jeden Zentimeter Ihres Körpers? Würde er Sie in aller Öffentlichkeit küssen oder agiert er außer Haus eher zurückhaltend? Halten Sie auch klar fest, wie Sie Ihre Zuneigung zu ihm zeigen. Lässt er sich von Ihnen das ganze Gesicht abküssen? Wollen Sie das? Möchten Sie Händchen halten und überall zusammen hingehen und die besten Freunde sein, oder wollen Sie einen Mann, der sich um seinen eigenen Kram kümmert und Sie nur am Wochenende treffen kann? Wie wollen Sie Ihre Zuneigung und Lust ausdrücken?

Beispiel:

»Mein Mann überschüttet mich mit Komplimenten. Jeden Tag sagt er mir, dass ich schön bin. Wenn wir zusammen sind, berühren wir uns ständig. Er hat keine Angst, seine Liebe auch in der Öffentlichkeit zu zeigen. Er küsst mich und hält auch vor seinen Freunden meine Hand.«

_____

_____

_____

Sexuelle Vorlieben (Wie wir es tun)

Wie oft wollen Sie Sex mit ihm haben? Was für Sex? Hält er Sie hinterher gern im Arm und kuschelt mit Ihnen oder schaltet er den Fernseher an und macht sich ein Bier auf, sobald er sich ausgetobt hat? Wirft er Sie in der Hitze des Gefechts auf den Küchentresen oder macht er ganz langsam und zärtlich Liebe mit Ihnen – oder beides? Haben Sie keine Scheu, um das zu bitten, was Sie sich wünschen. Sie verdienen genau den Mann, den Sie sich wünschen, auch wenn Sie manchmal nicht ganz sicher sind, ob es so einen überhaupt gibt. Hey, es gibt ihn, und hier ist Ihre Chance, dem Universum♥ mitzuteilen, dass er Ihnen gehört.

Beispiel:

»Mein Mann ist wahnsinnig leidenschaftlich. Er kann die Finger nicht von mir lassen. Im Schlafzimmer kennt er keine Zurückhaltung. Er liebt Dirty Talk und spricht alles aus, was ihm in den Sinn kommt. Er kauft mir sexy Unterwäsche und reißt sie mir dann vom Leib ...«

Familienleben (Seines, meines oder unseres?)

Wie sieht seine Beziehung zu seiner Familie aus? Wie würden Ihre Familie und er sich verstehen? Und was, wenn aus Ihnen ein dauerhaftes Paar wird? Will er Kinder? Was für ein Vater wird er sein? Und wenn er schon Kinder hätte – wäre das auch okay?

Beispiel:

»Mein Mann liebt und respektiert seine Eltern, ist aber nicht übermäßig abhängig von ihnen. Er könnte mit meinem Vater während der Sportschau fachsimpeln und Lasagne mit meiner Mutter kochen. Er will definitiv Kinder, aber noch nicht in den nächsten fünf Jahren. Er wird ein entspannter, offener Vater sein, der seine Kinder nicht unter Druck setzt oder verängstigt.«

Karriere (Was tut er?)

Arbeitet er jeden Tag genau von 8.00 Uhr bis 17.00 Uhr oder ist er eher der Unternehmertyp? Wird er seine ganze Zeit im Büro verbringen oder kann er es gar nicht erwarten, zu Ihnen nach Hause zu kommen? Macht er viel Kohle? (Seien Sie ganz ehrlich – ist Ihnen das wichtig?)

Beispiel:

»Mein Mann verfolgt seine Leidenschaften, weiß aber auch, dass man das Geld zum Leben verdienen muss. Vielleicht hat er im Moment noch kein besonders großes Vermögen, aber er hat einen langfristigen Plan, der ihm ein Leben mit allen Bequemlichkeiten ermöglichen wird. Sein Job zwingt ihn nicht zu längeren Dienstreisen.«

_____

_____

_____

_____

_____

_____

_____

Hobbys (Was macht er gern?)

Ist es Ihnen sehr wichtig, dass Sie gerne etwas zusammen unternehmen? Reist er gern oder reizen ihn ferne Länder gar nicht? Trainiert er, bleibt er in Form, indem er Fahrrad fährt oder Holz hackt? (Heiße Geschichte!) Ist er der Morgenmensch, der Sie morgens um acht aus dem Bett zerrt und zum Yoga schleift, oder ist er eher die Nachteule, die Sie jede Nacht der Woche bis in die Puppen wach hält?

Beispiel:

»Mein Mann und ich sind gerne gemeinsam aktiv, gehen zum Beispiel Radfahren oder Tennisspielen, aber wenn er am Wochenende mit den Jungs zum Fußball geht, wird er nicht sauer, weil ich nicht mitkomme. Er geht gerne aus und trinkt auch gerne mal ein Bierchen am Wochenende, aber richtig betrunken ist er eigentlich so gut wie nie. Malen ist seine große Leidenschaft, damit verbringt er einen Großteil seiner Freizeit, und das finde ich ziemlich cool.«

Vermischtes (Was haben wir vergessen?)

Füllen Sie diese Zeilen mit allem anderen, was Ihnen noch wichtig ist. Da gibt es doch sicher noch was! Unterstützt er Ihre Karriere? Darf er keine Erdnussallergie haben, weil Sie nach den Dingern süchtig sind? Na los – das ist die letzte Chance, dafür zu sorgen, dass Sie wirklich kriegen, was Sie wollen.

_____

_____

_____

_____

_____

_____

_____

_____

_____

Nachdem Sie detailliert festgehalten haben, wie Ihr Traummann aussieht, müssen Sie sich nur noch zurücklehnen und Ihre Traumzeit♥ genießen. Wenn Sie wollen, holen Sie die Beschreibung jederzeit hervor und ergänzen Sie Dinge, die Sie vergessen hatten, zum Beispiel: »Ich will einen Mann, der den Toilettensitz hochklappt und mir meinen weichen, weißen Badezimmerteppich nicht mit gelben Tröpfchen verziert.« Aber höchstwahrscheinlich müssen Sie den Zettel gar nicht mehr hervorholen. Wenn Sie einen Kerl kennenlernen, ein zweites Mal mit einem ausgehen oder einen nach seiner Telefonnummer fragen, werden Sie in Ihrem Herzen wissen, ob er der Mann ist, den Sie beschrieben haben. Und wenn Sie den Falschen treffen, wird es Ihnen genauso klar sein. Dann gehen Ihre Alarmglocken♥ los, Sie kriegen Magenschmerzen oder Kopfweh. Das Coole an diesem Workshop ist auch, dass Sie jetzt ganz andere Männer kennenlernen werden. Sie werden langsam auch Typen attraktiv finden, die Ihnen früher noch nicht so aufgefallen wären. Was Sie aufgeschrieben haben, hilft Ihnen, genau den Menschen zu finden, den Sie sich vorgestellt haben, aber vielleicht hat er nicht viel Ähnlichkeit mit dem Mann, von dem Sie immer gedacht haben, dass Sie mit ihm alt werden. Es könnte jede Menge lustiger Überraschungen geben. Jetzt, wo Sie wissen, dass Sie im Herzen und im Kopf Klarheit darüber haben, was für einen Mann Sie wollen – kann das lustige Dating endlich losgehen!

3. Kapitel:
Auf der Suche nach Liebe

Nachdem Sie nun eine Weile mit Vergnügen Single gewesen sind, magnetisiert haben, all Ihre dummen kleinen Problemchen gelöst und sich Ihren Traummann zusammengebastelt haben, sind Sie bereit, auf die Pirsch zu gehen und nach der Liebe zu suchen. Super! – Moment mal … was sagen Sie da? Haben Sie gerade behauptet, es gibt keine Orte, an denen man Männer treffen könne, und überhaupt sind die guten alle schon vergeben? Tja, das wird sich jetzt alles ändern, liebe Traumfrauen. Zuallererst haben Sie sich in Ihren Traummann auf Papier verliebt und wissen schon mal ganz genau, was Sie suchen und was Sie in der Liebe glücklich machen wird. Zweitens werden wir Ihnen zeigen, dass eine Million potenzieller Verabredungen direkt vor Ihrer Nase herumtanzen. Und schon bald wird Ihr Telefon sich heiser klingeln. Oder sich dumm und dämlich vibrieren.

Wir wissen, dass die Suche nach Typen und Verabredungen ganz schön mühselig und frustrierend sein kann. Aber wir wollen Ihnen dabei helfen, diese Phase zu genießen und zu erkennen, wie viel Sie dabei gewinnen. Eines Tages werden

Sie auf diese Zeiten zurückblicken und merken, wie viel Sie auf Ihrem Weg gelacht und gelernt haben. Außerdem wird jeder Fehlgriff und jede Träne Ihnen später helfen, eine wunderbare, erfüllende Liebe zu finden. Also lehnen Sie sich zurück, atmen Sie tief durch und nehmen Sie zur Kenntnis, dass dieses Unterfangen manchmal hart und frustrierend sein kann, aber manchmal auch wahnsinnig lustig. Sie müssen jetzt endlich die Augen aufmachen und den ganzen Überfluss sehen, in dem Sie leben. Das Universum♥ hat männliche Verehrer auf diesen Planeten gesetzt, damit Sie Ihren Spaß mit ihnen haben. Wir werden Ihnen zeigen, wo sie sich bis jetzt versteckt haben und wie Sie sie einfangen können.

Die Jungs sind überall (Oder: 17 großartige Orte, an denen Sie einen Typen kennenlernen können)

Wenn Sie glauben, dass Sie in Ihrem Leben keine Gelegenheit haben, Männer kennenzulernen, sollten Sie das noch einmal überdenken. Selbst wenn Sie den ganzen Tag auf eine reine Mädchenschule gehen und nachts ehrenamtlich im Kloster arbeiten sollten, gibt es immer noch Tausend Wege, Männer zu treffen. Sobald Sie die Augen aufmachen, wird Ihnen auffallen, dass Männer wie Ameisen sind – erst sieht man eine, dann eine zweite und dann plötzlich einen ganzen Schwarm, der Krümel frisst, sich in irgendwelchen Ritzen versteckt, auf der Suche nach der Königin herumschwirrt und versucht, einen Ameisenhaufen zu bauen.

Okay, der Vergleich war jetzt vielleicht ein bisschen weit hergeholt, aber wir wollen damit nur eines sagen: Männer sind buchstäblich überall. Aus irgendeinem Grund haben Sie sie bis jetzt noch nicht gesehen, aber wir werden Ihnen helfen zu bemerken, an wie vielen Typen Sie Tag für Tag vorbeilaufen. Natürlich mag der eine gebunden sein, der andere schwul, der Nächste ein rassistischer Idiot, aber egal. Wenn Sie die ganzen Kerle gründlich durchsieben, werden immer noch massenhaft Penisse übrig bleiben, die Ihnen vergnügt zuwinken. All die alltäglichen Orte, die Sie so aufsuchen, wimmeln nur so von Männern, die einen Mord begehen würden, um mit Ihnen ein Bier zu trinken, mit Ihnen zu essen oder *von* Ihnen zu essen. Es gibt diverse Orte, durch die Sie in den letzten Jahren hindurchgaloppiert sind, ohne den Männern einen Blick zu schenken. Nächstes Mal marschieren Sie da mit Ihren Diva-Vibes rein und sagen sich selbst: »Ich bin eine Traumfrau!« Das klingt jetzt vielleicht dämlich, aber Sie werden sofort diese supersexy Selbstsicherheit ausstrahlen, der kein Mann widerstehen kann.

Goldgrube Nummer 1:
In der Bank

Wenn Sie das nächste Mal in der Schlange vorm Schalter oder dem Geldautomaten stehen, schreiben Sie keine SMS, sondern passen mal ein bisschen auf Ihre Umgebung auf. Ein paar Typen mögen zwar einen Ring am Finger haben, aber zumindest der eine oder andere würde nur zu gern eine größere Einlage bei Ihnen tätigen. (Pardon, wir konnten's uns nicht verkneifen.)

Goldgrube Nummer 2:
In einer Bar

Manche Leute sind der Meinung, mit Barbekanntschaften könne man keine vernünftige Beziehung beginnen, aber das ist der blanke Unsinn. Ein paar unserer besten Freundinnen haben ihre Ehemänner kennengelernt, als sie gerade für einen Drink anstanden, also überlegen Sie nicht lange, schnappen Sie sich eine Freundin oder Schwester oder Kollegin und schwingen Sie Ihren hübschen Hintern zur nächsten Happy Hour! Sportsbars sind auch nicht schlecht, aber da muss man die Aufmerksamkeit der Jungs erst mal fünf Sekunden vom Spiel ablenken. Na ja, wir könnten uns vorstellen, dass Ihnen das gelingt.

Goldgrube Nummer 3:
In der Reinigung

Besonders geeignet, wenn Ihnen die Börsenmaklertypen gefallen. Wer hierherkommt, hat kein Frauchen zu Hause, das ihm die Hemden stärkt. Bringen Sie nach der Arbeit doch mal Ihre seidene Unterwäsche hin und checken Sie, ob sich in Sachen Befleckung nicht noch das eine oder andere ausprobieren ließe.

Goldgrube Nummer 4:
Im Elektrofachhandel

Wir wollen Ihnen nicht nahelegen, gleich einen Flachbildschirm zu kaufen, nur um an eine Verabredung zu kommen. In diesen Männerhochburgen werden auch andere Dinge verkauft, zum Beispiel iPod-Hüllen, Verlängerungskabel und Mousepads. Vergessen Sie nicht, neben den Kunden auch die Verkäufer im Auge zu behalten. Haben Sie diese 40-jährige männliche Jungfrau bemerkt? Die Angestellten in diesen Läden sind immer sehr hilfsbereit, und Sie wissen doch, ein Mann, der einen DVD-Player programmieren kann …

Goldgrube Nummer 5:
Im Freundeskreis

Schauen Sie sich mal die Leute an, die Ihnen täglich begegnen. Gibt es da irgendjemanden, mit dem Sie insgeheim gern mal ausgehen würden? Wenn ja, werden wir Ihnen im nächsten Kapitel verraten, wie Sie das einfädeln. Aber werfen Sie auch einen gründlichen Blick auf die Freunde Ihrer Freunde und die Freunde der Freunde Ihrer Freunde. Sie könnten jemanden kennen, der jemanden kennt, der perfekt zu Ihnen passen würde! Wenn Sie also nächstes Mal auf eine Hochzeit, eine Verlobungsfeier, ein Geburtstagsfest oder eine Einweihungsparty gehen, lassen Sie Ihre geballten Traumfrauen-Vibes los und nehmen die Gästeschar gut unter die Lupe.

Goldgrube Nummer 6:
Im Supermarkt

Die Obst- und Gemüseabteilung ist immer gut. Die Art, wie ein Mann eine Melone beschnuppert, kann eine Menge über ihn verraten. Aber lassen Sie auch die Tiefkühltruhen und die Cornflakes-Regale nicht aus. Singlemänner essen tonnenweise Fischstäbchen und Frosties.

Goldgrube Nummer 7:
Im Fitnessstudio

Die Mitgliedschaft in einem Fitnessstudio ist eine lohnende Investition – nicht nur, weil Sie dort Po-Kurse♥ machen und Stress abbauen können. Dort lassen sich auch prima Männer kennenlernen. Wir empfehlen Ihnen, die Yogastunden eher auszulassen und stattdessen direkt den Kraftraum anzusteuern. Kann schon sein, dass sich da lauter Dumpfbacken rumtreiben, aber Dumpfbacken brauchen doch auch Liebe!

Goldgrube Nummer 8:
Im Baumarkt

Wahnsinn, da rennen so viele rum! In jedem Gang mindestens ein Typ! Alle Altersgruppen, Farben, Formen und Größen. Vielleicht entwickeln Sie ein KÜHE-Syndrom♥, denn Baumärkte sind für Frauen das, was für die Jungs Bodyshop ist – absolut verwirrend und der reinste Stress. Trotzdem, da laufen jede Menge Kerle rum, und die wissen alle, wie man Sachen repariert (heiße Sache!). Warum beschließen Sie nicht einfach mal so, Ihre Küche neu zu streichen? Spazieren Sie doch in den nächsten Baumarkt, um sich einen Eimer gelbe Farbe zu besorgen und dazu einen Mann, der Ihnen hilft, damit rumzuspielen.

Goldgrube Nummer 9:
Im Pit-Stop

Meine Damen, Sie müssen doch alle sechs Monate (oder alle 10 000 Kilometer) Ihr Öl wechseln lassen. Der letzte Werkstattbesuch liegt schon wieder eine Weile zurück (und Sie selbst könnten auch mal wieder einen gebrauchen), also verbringen Sie Ihren Samstagvormittag doch einfach beim Pit-Stop. Im Warteraum sitzt zumindest eine Handvoll Typen, und vergessen Sie nicht die verschwitzten, ölverschmierten Kerle, die unter Ihrer Motorhaube schuften. Die könnten hinterher doch gerne noch woanders weiterwerkeln.

Goldgrube Nummer 10:
In Ihrer Nachbarschaft

Vielleicht klingt es ein bisschen zu simpel, aber wir kennen wirklich Leute, die sich nur getroffen haben, weil sie im gleichen Haus gewohnt haben. Menschen sind sogar darauf ausgelegt, stärkere Anziehung zu Personen zu empfinden, die in ihrer Nähe leben. Also, funken Sie bitte nicht in bestehende Beziehungen, aber warum schmeißen Sie nicht einfach mal eine Party und laden sämtliche Nachbarn ein? Ihre zukünftige Flamme könnte im selben Block wohnen, über oder unter Ihnen, und wer weiß, ob er eine von diesen Positionen nicht auch in Zukunft zu schätzen wüsste.

Goldgrube Nummer 11:
Im Park

Haben Sie einen Hund? Dann raus aus dem Haus und ab in den Park. Haben Sie eine Katze? Dann gehen Sie bitte alleine in den Park. Vielleicht treten Sie dort erst mal in Hundescheiße, aber vielleicht treffen Sie dort auch einen netten Singlemann, der gerade seinen Hund Gassi führt oder mit seinem Sohn spielt. Den Versuch ist es wert, und wenn es nicht klappt, haben Sie sich zumindest ein wenig Bewegung verschafft.

Goldgrube Nummer 12:
In der Post

Wenn Sie das nächste Mal meinen, Sie müssten die Augen verdrehen, weil irgendwelche alten Männer am Schalter 10-Cent-Marken kaufen müssen, sehen Sie sich lieber mal genauer um. Und ziehen Sie nicht immer dieses lange Gesicht♥. Man weiß ja nie, vielleicht steht direkt hinter Ihnen ein toller Singlemann mit einem dicken Päckchen.

Goldgrube Nummer 13:
In den öffentlichen Verkehrsmitteln

Wäre das nicht romantisch, wenn Sie Ihren Mann in der U-Bahn, im Bus oder in der Taxischlange treffen würden? Wir wissen, das klingt arg nach Meg Ryan, aber möglich ist alles. Ein Paar aus unserem Freundeskreis hat sich allen Ernstes kennengelernt, als sie nebeneinander im Stau standen. Wenn Sie also das nächste Mal in der U-Bahn sitzen, machen Sie die Zeitung zu und das Herz weit auf.

Goldgrube Nummer 14:
In der Schule

Wir wissen, dass einige von Ihnen durchaus noch faltenfrei sind und vielleicht in der nächsten Chemieschulaufgabe nach

Kräften spicken müssen. Tja, Mädels, dann habt ihr Glück. Wenn ihr nicht gerade auf einer reinen Mädchenschule seid, sollte es rundherum nur so von Typen wimmeln. Treibt euch in der Bibliothek, vor den Getränkeautomaten oder vor der Sporthalle herum. Wenn ihr die richtigen Traumfrauen-Vibes ausstrahlt, werdet ihr bald nicht mehr alleine lernen müssen. Haltet euch nur fern von der Theatergruppe. Die Jungs, die sich da vergnügen, haben dieses Buch wahrscheinlich auch schon gelesen.

Goldgrube Nummer 15:
In Billigfriseursalons

Männer (vor allem Singles) lieben Billigfriseure. Die Glücklichen – können sich für 20 Euro die Haare schneiden lassen und sehen hinterher auch noch toll aus! Wenn Sie das nächste Mal einen Haarschnitt brauchen, gehen Sie nicht in Ihren Salon, in dem sich sowieso nur Schwule tummeln, sondern suchen Sie sich einen Billigfriseur.

Goldgrube Nummer 16:
In der Videothek

Jetzt verdrehen Sie nicht schon wieder die Augen. Nicht jeder lädt sich seine Filme aus dem Netz runter, und hier können Sie wirklich wunderbar Männer kennenlernen. Das Coole daran: Aus den Filmen, die er sich holt, können Sie schon gewisse Schlüsse ziehen. Wollen Sie den mit *Der weiße Hai* und den Erdbeerschnüren oder den mit *Der Herr der Ringe* und den Erdnuss-M&Ms? Egal, gehen Sie nächsten Samstagabend einfach einen Film ausleihen oder tun Sie zumindest so, als wollten Sie. Vielleicht finden Sie ja jemanden, mit dem Sie kuscheln und das Popcorn teilen können.

Goldgrube Nummer 17:
Am Arbeitsplatz

Es heißt ja immer, man soll nicht da sch..., wo man isst, aber wir wissen nicht, was eins von beidem mit Verabredungen zu tun haben soll (nein danke, wir wollen es auch gar nicht wissen). Auf jeden Fall könnten die nächsten zehn Männer, mit denen Sie ausgehen, aus Ihrer Firma kommen. Natürlich sollten Sie nicht so dumm sein, dem Geschäftsführer einen zu blasen oder mit Ihrem Assistenten rumzuknutschen, aber ein paar Zimmer weiter könnte ein süßer Singlemann sitzen, der einsam ist und nur auf eine Spielkameradin wie Sie gewartet hat.

Wie Sie einen Mann traumfrauengerecht um ein Date bitten

Nachdem Sie nun wissen, wo Sie die Männer finden können, müssen Sie sie auch zum Ausgehen auffordern. Wir leben mittlerweile im 21. Jahrhundert, und das bedeutet, dass es nicht mehr reicht, wenn Sie sich in die Eisdiele setzen und abwarten, ob Peter Ihren Petticoat bauschig genug findet, um Sie zum nächsten Rock 'n' Roll aufzufordern. Wir wissen, dass sich so manche von Ihnen wünscht, um sieben Uhr abends vom Märchenprinzen abgeholt zu werden, woraufhin er den ganzen Abend lang alles bezahlt und abschließend auf die Knie fällt und Sie mit einem Diamanten überrascht, der größer ist als Ihr Gesicht. Tja, das passiert heutzutage leider nicht mehr so oft. Wir Frauen dürfen mittlerweile wählen, Auto fahren, abgeschnittene Jeans-Shorts tragen, ohne Männer Kinder in die Welt setzen und für das Bundeskanzleramt kandidieren, also sollten wir uns auch nicht einfach zurücklehnen und darauf warten, dass das Telefon klingelt. Und das ist auch gut so! Sie wissen, was Sie wollen, und Sie haben auch die Kraft, es sich zu holen.

Uns ist klar, das mag jetzt wirklich einschüchternd klingen, und wir sagen auch nicht, dass es die einfachste Sache der Welt wäre, einen Typen um ein Date zu bitten. Aber es ist nun auch wieder nicht so schwierig, wie viele Mädchen behaupten. Wenn Sie stundenlang an Ihren Vibes gearbeitet und dann die richtigen ausgestrahlt haben, wenn Sie magnetisiert und sich Ihren Traummann gebastelt haben, warum zur Hölle sollten Sie sich nun zurücklehnen und warten, dass der Kerl aus Ihren Wunschfantasien♥ Sie um Ihre Nummer bittet? Erst diese ganze Arbeit und dann nichts mehr? Sie sind aber faul! Je aktiver Sie werden, umso aktiver wird Ihr Leben aussehen. Also, wenn Sie beim Anblick dieses Kerls aus Ihrem Büro total in Stimmung♥ kommen oder glauben, dass Sie auf der 80er-Mottoparty Ihres Vermieters gerade den Vater Ihrer zukünftigen Kinder getroffen haben und nicht wissen, wie Sie es anfangen sollen, dann können wir Ihnen helfen. Hier sind fünf idiotensichere Methoden, einen Mann um ein Date zu bitten (geordnet nach Schwierigkeitsgrad):

Möglichkeit Nummer 1: Machen Sie einen Vorschlag

Wir meinen nicht, dass Sie unter Ihrem klaftertief ausgeschnittenen Oberteil einen Wahnsinns-Push-up anziehen und sofort mit Dirty Talk loslegen sollen (obwohl Ihnen das sicher ein gewisses Maß an Aufmerksamkeit einbringen würde). Wir wollen, dass Sie irgendetwas vorschlagen. So ein Mann kann ganz schön langsam und auch GSG♥ sein. Manchmal kapiert er überhaupt nichts, während Sie der Meinung sind, Sie hätten ihm schon klar und deutlich zu verstehen gegeben, dass Sie ihn mögen. Das ist schon witzig, und als wir Single waren, ist uns das öfters passiert. Wir dachten, wir hätten schon mit zehn Zaunpfählen gewinkt, aber er hatte immer noch keinen Schimmer – er wusste nicht, *ob* wir ihn mochten oder *welche* von uns beiden ihn mochte.

Das hier ist Ihre Sache. Wenn Ihnen jemand gefällt und nicht auf Sie zugeht, dann tun Sie es eben! Und Sie müssen auch keine großartige Inszenierung hinlegen. Tricksen Sie einfach ein bisschen und jubeln Sie ihm ganz nebenbei einen Vorschlag unter. Sie können sagen: »Ach, du joggst auch? Vielleicht sollten wir mal zusammen joggen gehen. Ich kenne da einen tollen Park.« Oder: »Wir leben im selben Viertel? Hey, ich geb dir meine Nummer, falls du mal Lust hast, den Pool in unserer Wohnanlage zu benutzen.« Oder wenn er Ihnen im Feinkostladen ins Auge gefallen ist, empfehlen Sie ihm diesen neuen Schinken, den er unbedingt kosten muss. Haben Sie keine Angst, jemanden anzusprechen und draufloszuplaudern. Manchmal reicht ein kleiner Vorschlag, und schon traut er sich, einen weiteren Vorstoß zu machen. Wenn man einen Typen zum Joggen einlädt, kann es jederzeit passieren, dass er anruft und einen stattdessen zum Essen ausführen will. Machen Sie sich keinen großen Stress, tun Sie es einfach mit dem Selbstbewusstsein einer echten Traumfrau.

Möglichkeit Nummer 2:
Seien Sie großzügig

Seien Sie großzügig – aber auf eine neckische Art. Sollte Ihnen zum Beispiel auf einer Party ein Mann gefallen, bringen Sie ihm ein Bier mit, wenn Sie sich einen Wodka Lemon nachschenken lassen. Stehen Sie gerade an der Bar, spendieren Sie ihm ein Bier – so was weiß er immer zu schätzen. Wenn Sie mit ihm arbeiten und bei der morgendlichen Besprechung zufällig hören, dass er ja soo müde ist, bringen Sie ihm nach dem Mittagessen einen Milchkaffee mit. Das funktioniert, weil man immer etwas zurückbekommt, wenn man gibt, und außerdem können Sie ihm auf diese Art wunderbar zeigen, dass Sie ihn mögen. Aber seien Sie gewarnt: Es gibt hier eine feine Grenze, die Sie nicht überschreiten sollten. Wenn Sie zu großzügig sind, wirken Sie wie eine unheimliche Stalkerin, also sollten Ihre Geschenke eher klein bemessen sein. Sagen wir mal, bis fünf Euro ist okay. Also keine Cartier-Uhr mit Monogramm bitte. Geben Sie ihm einfach zu verstehen, dass Sie hin und weg sind♥, indem Sie ihn mit kleinen Nettigkeiten überschütten. Dann wird er sich vielleicht auch was einfallen lassen, um Ihnen eine Freude zu machen.

Möglichkeit Nummer 3: Gruppenunternehmung

Hier ist das Risiko geringer, einen Korb zu bekommen. Laden Sie den Mann ein, mit Ihnen und ein paar Freunden auszugehen. Das ist allerdings nur dann eine gute Idee, wenn die Gruppe aus Männern und Frauen besteht und dem Typen klar ist, dass *Sie* an ihm interessiert sind. Er hat höchstwahrscheinlich keine Lust, zu Ihrem *Sex and the City*-Brunch zu erscheinen, und Sie haben höchstwahrscheinlich keine Lust, dass er auf einer Party auftaucht und auf den Gedanken kommt, eine Ihrer Freundinnen könnte es auf ihn abgesehen haben. Um das zu vermeiden, sagen Sie am besten etwas wie: »Ich würde dich am Wochenende gerne wiedersehen. Willst du nicht mit mir und meinen Freunden ausgehen?« Oder: »Mein Freund Thomas macht dieses Wochenende eine Party, willst du mitgehen?« Das wird ihm klarmachen, dass es ein Date sein soll, wenn auch eins mit Sicherheitsnetz.

Möglichkeit Nummer 4: Seien Sie kreativ

Reden Sie nicht lange um den heißen Brei herum – wenn Sie ihn um ein Date bitten wollen, dann bitten Sie ihn eben um ein Date! Aber denken Sie sich etwas Kreatives aus, um Ihre Einladung zu etwas Besonderem zu machen (dann kann er auch schlechter Nein sagen). Sie wissen, dass er ein großer HSV-Fan ist? Warum besorgen Sie dann nicht zwei Eintrittskarten fürs nächste Spiel? Oder fragen Sie ihn zumindest, ob er das nächste HSV-Spiel nicht mit Ihnen in der Sportsbar um die Ecke anschauen will. Wenn Sie wissen, dass er auf Kunst abfährt, bitten Sie ihn, Sie in die neueste Ausstellung zu begleiten. Achten Sie darauf, dass es auf ihn zugeschnitten ist, so merkt er, dass Sie sich vorher etwas überlegt haben. So eine Einladung kann er doch kaum ablehnen, oder?

Wenn Sie nervös sind, halten Sie Ihre Einladung ganz schlicht und klar. Gehen Sie zu ihm oder rufen Sie ihn an und sagen Sie: »Hey, Tim, willst du am Sonntag mit mir in die Sportsbar, das HSV-Spiel anschauen?« Tun Sie's einfach! Er wird sich absolut geschmeichelt und geehrt fühlen, von einer Traumfrau wie Ihnen eingeladen zu werden. Und wenn nicht, dann hat er wahrscheinlich BMS♥ oder irgendeine andere schlimme Krankheit, dann wollen Sie ihn sowieso nicht mehr.

Möglichkeit Nummer 5:
Seien Sie mutig

Bei dieser Variante müssen Sie einfach pfeilgrade aufs Ziel los. Kein Rumschleichen auf Zehenspitzen, sondern einfach die gute alte Ehrlichkeit. Es gibt Millionen von Möglichkeiten: »Hey, ich mag dich, und ich möchte nicht rumsitzen und drauf warten, bis du den ersten Schritt tust. Möchtest du heute Abend vielleicht mit mir essen gehen?« Oder wenn Sie mütterliche Triebe in sich spüren, versuchen Sie es so: »Ich weiß nicht, was du dieses Wochenende so vorhast, aber ich koch zu Hause was Schönes – meine Bratensauce ist legendär.« Wenn er Ihnen gerade in der Videothek über den Weg gelaufen ist und *Transformers* ausgesucht hat, könnten Sie sagen: »Der Film ist echt total daneben. Willst du dir nicht einen richtig tollen Film mit mir angucken?« Wenn Sie nur mit ihm schlafen wollen, sagen Sie am besten: »Du kannst am Sonntagnachmittag zum Wäschewaschen zu mir kommen, wenn du willst.« Obwohl wir nie verstanden haben warum, scheinen Männer Wäsche irgendwie zwangsläufig mit Sex in Verbindung zu bringen.

Egal, was Sie sagen, es erfordert einigen Mut, mit dem Versteckspiel aufzuhören und eine dieser Varianten auszusprechen, aber wir können Sie nur ermutigen. Für GSG♥ ist hier kein Platz, meine Damen. Sie müssen nur wissen, dass Sie eine umwerfende Frau sind und dass Sie genau das verdienen, was Sie sich wünschen.

Dating im Internet

Wenn Sie im richtigen Leben bis jetzt noch keinen interessanten Mann gefunden haben, wird es Zeit, dass Sie Ihren hübschen Hintern mal ins Internet schwingen. Das Internet, das Ihnen sonst so viel Zeit wegfrisst und Ihnen die Augen verdirbt, hat schon vielen Menschen geholfen, die Liebe zu finden, die sie verdienen. Wir kennen haufenweise Traumfrauen, die ihre große Liebe auf einer Website gefunden haben. Wenn Sie sich also eine Beziehung wünschen oder gerne öfter ausgehen würden und es online noch nie versucht haben, dann sind Sie selbst schuld. Singlebörsen im Internet sind so klasse wie der Katalog von Victoria's Secret, bloß dass Sie statt BHs in allen Farben, Formen und Größen eben Männer in allen Farben, Formen und Größen bekommen! Und viele von denen werden viel mehr für Sie tun, als nur Ihre Brüste zu halten … Hunderttausende von Männern suchen online nach Liebe, wenn Sie also immer gelästert und es noch nie versucht haben, dann halten Sie jetzt einfach mal die Klappe und probieren es aus. Glauben Sie bloß nicht, Online-Singlebörsen wären unter Ihrer Würde! Wir kennen Schauspielerinnen (und zwar richtig bekannte), die ihre Zukünftigen im Netz kennengelernt haben. Ganz ehrlich, das haben wir uns nicht ausgedacht. An Internet-Kontaktbörsen ist überhaupt nichts Peinliches.

Klar sind auch immer ein paar schmierige, unheimliche Typen online, aber Sie brauchen keine Angst zu haben, dass Sie sich am Ende mit einem polygamen Kinderschänder verabreden, der einmal mit Ihnen schläft und dann mit Ihren Kreditkartennummern türmt. Sie haben Ihre Vibes auf Vordermann gebracht und wissen, was Sie wollen, also ist es so gut wie unmöglich, dass Sie solche miesen Typen anziehen. Befolgen Sie einfach nur unsere Internetregeln und genießen Sie Ihre Shoppingtour!

Was Sie auf jeden Fall tun sollten:

Recherchieren Sie im Voraus

Online-Dating kann eine gewisse Investition bedeuten, also tragen Sie sich bitte nicht einfach bei irgendeiner Kontaktbörse ein, weil Ihnen beim Anblick ihrer Anzeigen immer die Tränen in die Augen treten. Informieren Sie sich vorher und entscheiden Sie sich dann für die, die Ihnen am besten gefällt. Wenn Sie zum Beispiel den Zahnarzt aus Hamburg wollen, probieren Sie es vielleicht mit Elitepartner.de, wenn Sie eher auf den flippigen Gitarristen abfahren, versuchen Sie es mit Friendscout24, und wenn Sie eher den unscheinbaren Anzugträger wollen, könnte Parship das Richtige für Sie sein.

Seien Sie wählerisch

Behandeln Sie die Männer, die Sie online treffen, genau so wie die Typen, die Sie in einer Bar kennenlernen. Sie würden ja auch nicht mit jedem Betrunkenen ausgehen, der Ihnen einmal zuzwinkert. (Hoffen wir zumindest.) Wenn Sie sich mit jedem verabreden, der Sie online darum bittet, werden Sie irgendwann so ein KÜHE-Syndrom♥ entwickeln, dass

Sie wahrscheinlich schon ausgebrannt sind, bevor Sie online wirklich eine Chance hatten. Seien Sie wählerisch und hören Sie auf Ihre Traumfraueninuition. Er sollte schon irgendetwas haben, was Ihr Interesse weckt, damit Sie ihm Ihre Zeit und Aufmerksamkeit schenken.

Seien Sie vorsichtig

Wir wollen Ihnen keine Angst machen, aber man kann nie hundertprozentig sicher sein, dass der Typ online wirklich der ist, als der er sich ausgibt. Auch hier ist Intuition gefragt, aber vor allem sollten Sie grundsätzlich folgende Regeln beachten: Treffen Sie sich immer in der Öffentlichkeit. Wenn er einen Park zur Dämmerstunde vorschlägt, machen Sie einen Alternativvorschlag. Zweitens, sagen Sie immer jemandem Bescheid, mit wem und wo Sie sich treffen, nur für den Fall, dass es ein Krimineller mit einem netten Käfig im Keller ist.

Seien Sie ehrlich

Sie sind eine Traumfrau, und es gibt absolut keinen Grund für irgendwelche Lügen über Ihr Alter, Ihre Kleidergröße, Ihren Beruf und Ihre Hautfarbe. Sie wollen doch nicht gleich bei der ersten Verabredung einer Lüge überführt werden. Außerdem wollen Sie nicht die Enttäuschung in seinen Augen sehen, wenn Sie doch nicht das Einmeterachtzig-Fünfundfünfzigkilo-Supermodel sind, als das Sie sich angepriesen haben. Wahrscheinlich hätte er sowieso lieber Ihr wah-

res Ich, also geben Sie sich eine Chance, einen tollen ersten
Eindruck zu machen.

Machen Sie den ersten Schritt

So viele Leute sind online, da kann man sich schon mal überrollt fühlen. Wenn Sie also jemanden sehen, der Ihnen gefällt, klicken Sie ihn nicht wieder weg und hoffen insgeheim,
dass Sie ihm schon noch irgendwann ins Auge stechen! Vielleicht erscheinen Sie aus irgendeinem Grund nicht in seinem
Such-Raster. Im Internet ist es viel einfacher, einen Typen um
ein Date zu bitten, und Sie haben überhaupt nichts zu verlieren. Schicken Sie ihm eine kurze Mail oder einen Smiley
oder was auch immer und sagen Sie etwas relativ Simples, im
Stil von: »Du bist ja nett.« Oder: »Hey, du bist mir gleich ins
Auge gefallen.« Und wenn er niemals antwortet – was soll's?
Was haben Sie verloren? Wenn Sie so GSG♥ sind, dass Sie davon schlecht drauf kommen, dann beruhigen Sie sich einfach
mit dem Gedanken, dass er sich wahrscheinlich direkt nach
Fertigstellung seines Profils wieder mit seiner Ex-Freundin
versöhnt hat.

Was Sie auf keinen Fall tun sollten:
Machen Sie sich nicht zur Cybernutte

Bitte seien Sie nicht so verzweifelt oder narzisstisch, dass Sie
sich auf jeder Singleseite einloggen, damit auch jeder Singlemann in den Genuss Ihres Anblicks kommt. Verwirren Sie das
Universum♥ nicht mit der Aussage, dass Sie mit jedem Typen

125

von jeder Seite ausgehen würden. Und abgesehen davon – haben Sie wirklich die Zeit, sich um alle 17 Profile zu kümmern? Wenn ja, dann verlieren Sie wahrscheinlich demnächst Ihren Job, also investieren Sie lieber wieder etwas mehr Mühe in diesen Bereich Ihres Lebens.

Führen Sie keinen an der Nase herum

Meine Damen, lassen Sie sich von der Anonymität des Internets nicht dazu verleiten, sich in ein kleines neckisches Kätzchen zu verwandeln, das verführerische Mails und Nacktfotos verschickt, dann aber einen Rückzieher macht, wenn der Empfänger dieser sexy Post Sie persönlich treffen will. Beweisen Sie doch ein Quäntchen Selbstrespekt. Sie müssen nicht so tun, als wären Sie ein Pornostar, um Aufmerksamkeit von einem Mann zu bekommen. Arbeiten Sie stattdessen lieber an Ihrer wahren Sexualität, und wenn Sie nicht halten können, was Sie versprechen … dann halten Sie bitte einfach den Mund (oder schalten Sie Ihren PC aus).

Seien Sie nicht zu wählerisch

Ja, wir haben Ihnen gesagt, dass Sie sich nicht mit jedem Kerl verabreden sollen, der Sie online um ein Date bittet, aber Sie sollten auch nicht zu wählerisch werden. Wer angelt, wirft ja auch nicht jeden Fisch zurück ins Wasser! Wenn Sie schon was am Haken haben, warum nicht mal probieren? Immer nur browsen ist eine Verschwendung von Zeit, Geld und Energie. Als würden Sie sich ein teures Paar High Heels kaufen und sie dann nie anziehen, vor lauter Angst, sich Blasen zu laufen. Wenn Sie sie nie anprobieren, woher sollen Sie dann wissen, ob sie nicht doch perfekt passen? Auch hier gilt: Hören Sie auf Ihre Intuition, und wenn Sie nicht zu 100 Prozent sicher sind, dass er Ihnen gar nicht zusagt, warum geben Sie ihm dann nicht einfach eine Chance?

Lassen Sie sich nicht verletzen

Wir reden hier nicht von Dating, meine Damen, sondern von Online-Dating, und das ist eine sehr unpersönliche Angelegenheit. Also nehmen Sie die Dinge auch nicht gleich persönlich. Und wenn Sie nun nicht die Flut von Mails bekommen, die Sie sich erhofft hatten? Dann müssen Sie eben auf die Männer zugehen. Und wen interessiert es schon, ob einige von denen Sie total ignorieren? Vielleicht haben die im wahren Leben ja Frau und Kind und recherchieren hier nur für ihr Buch. Wir wollen Ihnen nur sagen, dass Sie keinem Mann hinterherweinen müssen, den Sie noch nie getroffen haben, bloß weil er auf der Website ganz cool ausgesehen hat. Bitte geben Sie dem Internet nicht *so* viel Macht, okay?

Machen Sie keinen Beruf daraus

Wir sind froh, dass Sie sich auf die Suche nach Liebe gemacht haben, aber bitte betrachten Sie das Online-Dating nicht als Ihren zweiten Beruf. Es ist bloß ein Werkzeug, das Ihnen hilft, Männer zu treffen, denen Sie sonst nicht begegnen würden. Dieses Projekt sollte jedoch nicht jede Minute Ihres Lebens ausfüllen, und Sie sollten auch nicht aufhören, im wirklichen Leben Männer kennenzulernen. Strahlen Sie einfach den ganzen Tag über Ihre Vibes aus und verabreden Sie sich mit den Typen, die Sie im Einkaufszentrum, auf dem Markt, online und sonst wo treffen. Wir empfehlen Ihnen wirklich, das Internet zu nutzen, aber schalten Sie Ihr iBook ab und zu auch mal aus und gehen Sie hinaus in die Welt. Wenn Sie zu viel surfen, ertrinken Sie uns am Ende noch.

Versenden Sie nicht zu viele Mails

Natürlich ist Mailkorrespondenz nötig, wenn man online Männer kennenlernt, aber bitte beginnen Sie keine leidenschaftliche Brieffreundschaft, indem Sie ständig seitenweise Mails mit Ihren Memoiren hin und her schicken. Er ist nicht Ihr Tagebuch, also behandeln Sie ihn auch nicht so. Schreiben Sie sich so lange, bis Sie wissen, ob er in Ihren Augen Potenzial hat, und dann entscheiden Sie, ob Sie mit ihm zusammen sein wollen oder nicht. Und bitte schütten Sie ihm nicht monatelang Ihr Herz aus, nur um zu verschwinden, sobald er Sie treffen will. Vergessen Sie nicht: Sie sind online, um einen Mann kennenzulernen, nicht um Verabredungen aus dem Weg zu gehen.

4. Kapitel:
Finden Sie Ihre große Liebe

Nachdem Sie nun wissen, wie Sie Männer finden, mit denen Sie sich verabreden können, wird es Zeit, wirklich zu Verabredungen zu gehen. Huch! Dating kann absolut nervenaufreibend und stressig sein, aber wenn Sie Ihr GSG♥ mal beiseitelassen und ganz im Hier und Jetzt leben, werden wir Ihnen zeigen, wie Ihre Verabredungen richtig lustig und traumhaft♥ werden können. Und wir werden Schritt für Schritt diesen ganzen einschüchternden Dating-Prozess durchgehen und Ihnen helfen, dabei Spaß zu haben. Entspannen Sie sich einfach und vertrauen Sie dem Universum♥, dass es Ihnen Gutes bescheren wird, wenn Sie ausgehen, sich denkwürdige Erinnerungen schaffen und es genießen.

Es ist ganz egal, ob Sie die Kollegstufe besuchen oder schon zu den Senioren gehören – Verabredungen können für uns alle gleich beängstigend … und lustig sein. Vergessen Sie nie, dass Sie auf Dates gehen, weil Sie damit die Liebe finden wollen, die Sie verdienen, also genießen Sie diese beglückenden Momente! Rein in die High Heels, Mädels – jetzt stürzen wir uns ins Dating-Leben!

Was wollen Sie eigentlich?

Da Sie sich Ihren Traummann ja schon zusammengebastelt haben, wissen Sie genau, welche Eigenschaften Sie sich bei einem Mann wünschen, aber Sie wissen vielleicht nicht genau, was Sie von ihm bekommen wollen. Bevor Sie auf dieses mühselige Dating-Karussell aufspringen, müssen Sie wissen, was Sie für Absichten haben, denn wenn Ihnen nicht klar ist, was Sie wollen, können Sie es sich schwerlich holen. Stellen Sie es sich mal so vor: Wenn Sie nach Schokoladenkuchen schmachten, sich aber nicht bemühen, sich diesen Wunsch zu erfüllen, essen Sie am Ende eine Rolle Mentos, eine Tüte Mini-Snickers und trinken eine zuckerfreie heiße Instant-Schokolade – und wie fühlen Sie sich dann? Sie fühlen sich total mies und schmachten im Grunde immer noch nach Schokoladenkuchen, oder? Tja, und beim Dating ist es genauso. Wenn Sie schon vorher wissen, was Sie wollen, kriegen Sie es viel leichter. Also entscheiden Sie bitte jetzt, was Sie sich wirklich von Ihrem Gegenüber erwarten.

Für dieses Thema haben wir drei Kategorien aufgestellt, und die meisten von Ihnen werden schätzungsweise in eine davon passen. Lesen Sie sich das Ganze durch, entscheiden Sie, welcher Typ Sie sind, und behalten Sie es im Hinterkopf, wenn Sie auf Ihre Verabredungen gehen. Das wird Ihnen helfen, genau das zu bekommen, was sich Ihr kleines Herz ersehnt.

Jagdlustig

(Sie gehen nur um des Ausgehens willen mit den Männern aus)

Wollen Sie sich einfach nur eine Bomben-Traumzeit♥ machen, ohne sich gleich verpflichten zu müssen? Sind Sie jung und noch nicht bereit, sich festzulegen, oder gerade geschieden und nicht bereit, sich schon wieder festzulegen, wollen aber trotzdem ein bisschen Spaß haben? Hätten Sie Lust, einfach nur durch die Betten zu toben? Wenn Sie nur um des Ausgehens willen mit einem Mann ausgehen, ist das doch klasse! Schaffen Sie nur von vornherein klare Verhältnisse, nicht dass Sie am Ende mit einem dastehen, der mehr Zeit und Energie von Ihnen fordert, als Sie zu geben bereit sind.

Beziehungsbereit

(Sie gehen mit den Männern aus, um einen festen Freund zu finden)

Sie wissen, dass Sie jetzt noch nicht unbedingt heiraten wollen, würden aber doch gerne die Höhen und Tiefen einer Beziehung erleben? Möchten Sie jemanden haben, der mit Ihnen verreist, aber auch mit Ihnen poppt und an einem langweiligen Dienstagnachmittag mit Ihnen Kaffeetrinken geht? Wenn das auf Sie zutrifft, sollten Sie sich das ganz klar sagen, bevor Sie anfangen, sich mit Männern zu verabreden. Ein Mann, der für zwei Dates gut ist, ist nicht unbedingt gut genug, um Ihr fester Freund zu werden, also drücken Sie Ihre Wünsche klar aus und genießen Sie die Suche!

Heiratswillig

**(Sie gehen mit den Männern aus, um einen
Ehemann zu finden)**

Tickt Ihre biologische Uhr laut und vernehmlich? Haben Sie
es satt, immer nur die Brautjungfer zu sein, und wollen Sie
endlich diejenige sein, die zum Altar geführt wird? Oder hängen Ihnen die ganzen Bars zum Hals raus, und Sie möchten
einen Mann finden, der sich mit Ihnen aufs Sofa kuschelt
und jede Folge von *Germany's Next Topmodel* anschaut? Ganz
im Ernst, sind Sie bereit, den einen zu finden, sich Hals über
Kopf zu verlieben, Ihren Treueschwur zu leisten, ein Haus zu
kaufen und eine Million Babys in die Welt zu setzen? Wenn
ja – super! Wir freuen uns, dass Sie so ehrlich zugeben, was
Sie wollen. Behalten Sie es im Hinterkopf, wenn Sie sich verabreden, und wir versprechen Ihnen, Sie werden bekommen,
was Sie suchen.

Die Panik vor dem ersten Date

Viele Frauen machen sich einen Riesenstress vor der ersten Verabredung. Sie kennen den Typen noch nicht. Es könnte die absolute Zeitverschwendung sein – oder aber Sie verlieben sich Hals über Kopf, und das kann gleich noch viel beängstigender sein. Tja, wir wollen Ihnen nur ins Gedächtnis rufen, dass Sie sich vor einem ersten Date keinen Riesenstress machen sollten, *weil* Sie den Mann noch nicht kennen und daher auch nichts zu verlieren haben. Natürlich könnte es unangenehm werden, aber wir sind sicher, Sie haben schon Schlimmeres überstanden. Was soll's, wenn Sie nicht das perfekte Outfit für den Abend finden oder sich Rotwein auf die weiße Bluse gießen? Wenn Sie nicht jede Gesprächspause mit umwerfend komischen Anekdoten aus Ihrem ach so beeindruckenden Leben füllen können? Sie sind eine Traumfrau und haben nichts zu befürchten. Machen Sie sich nicht klein♥, seien Sie einfach Sie selbst und geben Sie ihm die Chance, Sie ein bisschen kennenzulernen. Das ist alles, was beim ersten Date passieren muss.

Natürlich kann man immer mal in unangenehme Situationen geraten, also haben wir hier ein paar Dinge aufgelistet, die eine Frau vor dem ersten Date klassicherweise in den Wahnsinn treiben können, und geben Ihnen Tipps, wie Sie das Problem lösen.

Panikattacke Nummer 1:
Sie wissen nicht, was zum Teufel Sie anziehen
sollen, und plötzlich finden Sie Ihre gesamte
Garderobe potthässlich

Okay, liebe Traumfrauen, jetzt mal ganz langsam. Sie müssen einfach nur ein Outfit auswählen, in dem sie sich wohlfühlen. Versuchen Sie nicht angestrengt, die perfekte Kombination zu finden. Am Ende sehen Sie noch total gestylt und gekünstelt aus. Denken Sie einfach kurz daran, *wo* Sie verabredet sind, und ziehen Sie sich entsprechend an, aber halten Sie den Ball flach. Wenn Sie in ein schickes Restaurant gehen, ziehen Sie Ihren Lieblingsrock mit Ihrem Lieblingsoberteil an oder ein schlichtes schwarzes Kleid. Wenn Sie in eine Spelunke gehen, schlüpfen Sie in Ihre traumhafte♥ Jeans und Ihr Lieblingsoberteil. Bei den Accessoires können Sie sich ja austoben – hübsche Ohrringe oder ein Paar Stiefel oder High Heels, in denen Sie sich sexy fühlen. Auch wenn Sie wegen Ihrer Figur GSG♥ sind, wird Ihnen gefallen, wie sein Blick an der funkelnden Kette hängen bleibt, die Ihre Halspartie so vorteilhaft zur Geltung bringt.

Doch was immer Sie anziehen, zwängen Sie sich bitte nicht in eine Jeans, die eine halbe Größe zu klein ist, oder in das schwarze Kleid, das vor 20 Jahren mal Ihr liebstes war. Sie dürfen Ihre Energie nämlich nicht darauf verwenden, ständig den Bauch einzuziehen, während Sie eigentlich gerade zuhören sollten, was er Ihnen erzählt. Sollten Sie wirklich keine Klamotten haben, die Ihrer Figur schmeicheln, gehen Sie los und kaufen Sie sich einen Rock, ein T-Shirt, ein schwarzes

Kleid und eine Jeans, die Ihnen gut passen und Ihrer Figur schmeicheln. Mehr brauchen Sie nicht, und die Investition wird sich sicher lohnen, bei den vielen Dates, die Sie demnächst haben!

Panikattacke Nummer 2:
Sie wissen nicht, was Sie essen und trinken sollen

Machen Sie sich keinen Stress. Wenn Sie beim Abendessen ständig ein schlechtes Gewissen haben, weil Sie eigentlich Diät halten sollten, leben Sie nicht im Hier und Jetzt und achten nicht auf das, was gerade am wichtigsten ist – zum Beispiel ob zwischen Ihnen beiden die Chemie stimmt oder ob der Kerl eine zweite Verabredung wert ist. Wenn Sie die Bekanntschaft mit ihm vertiefen, werden Sie ziemlich oft vor ihm essen müssen, also seien Sie besser gleich Sie selbst. Sie wollen doch nicht, dass er auf der Hochzeit zum ersten Mal sieht, wie Sie drei Stück Kuchen hintereinander verputzen? Die meisten Männer mögen Frauen, die richtiges Essen essen. Wenn Ihr Gegenüber Ihnen also nahelegt, eine Diätcola und einen kleinen gemischten Salat zu bestellen, sollten Ihre Alarmglocken♥ läuten. Die Männer ziehen von Ihrer Art zu essen Rückschlüsse auf Ihre Qualitäten im Bett, also freuen Sie sich, wenn einer Ihren Appetit zu schätzen weiß. Bestellen Sie, worauf Sie Lust haben, und genießen Sie jeden Bissen davon. Machen Sie sich nicht klein♥ und entschuldigen Sie sich nicht dafür, dass Sie zulangen. Und wenn Sie sich beim Italiener einen Teller gedämpftes Gemüse bestellen, wissen Sie doch sowieso, dass Sie um zwei Uhr morgens den Pizzaservice anrufen müssen, weil Sie am Verhungern sind.

Was die Getränke angeht, bestellen Sie sich gern ein, zwei alkoholische Getränke, wenn das Ihre Nerven beruhigt und das Gespräch leichter macht. Aber Sie sollten sich selbst einschätzen können. Wenn Sie Blödsinn erzählen, sobald Sie zwei Martinis intus haben, dann bestellen Sie sich einen Wodka Tonic und nuckeln Sie eine Stunde lang daran. Wenn Sie sich nach einem Bier total aufgebläht fühlen, gönnen Sie sich stattdessen ein Gläschen Merlot. Aber glauben Sie nicht, dass Sie Ihr Gegenüber beeindrucken müssen, indem Sie ihn mit Tequila unter den Tisch trinken. Bleiben Sie immer bei klarem Verstand, aber seien Sie auch kein Spielverderber. Wenn Sie keinen Alkohol mögen, auch okay, aber wenn er einen Whisky haben will, geben Sie ihm bitte nicht das Gefühl, dass er das Letzte ist. Finden Sie das richtige Gleichgewicht, dann werden Sie beide Ihren Spaß haben.

Panikattacke Nummer 3:
Er will, dass Sie Zeit und Ort festlegen

Tja, wir halten nicht viel von Männern, die die Dinge nicht in die Hand nehmen wollen, denn das ist ein schlechtes Vorzeichen für so manch anderen Bereich des Lebens. Aber im Zweifel für den Angeklagten, also sagen wir mal, dass er die Gestaltung des Dates in Ihre Hände legt, weil er möchte, dass es für Sie möglichst bequem wird. Dann können Sie genauso gut Ihren Vorteil daraus ziehen. Wir finden, dass eine erste Verabredung am besten an einem Wochentag stattfinden

sollte. Das nimmt der Sache ein wenig den Druck. Wir empfehlen ein Treffen auf einen Drink um sieben Uhr abends,
an einem Mittwoch oder Donnerstag. Das ist perfekt, denn
Sie könnten ganz plötzlich noch »Pläne fürs Abendessen«
aus dem Hut zaubern, wenn Sie ihn ganz fürchterlich finden,
aber genauso gut weitermachen und noch in ein Restaurant
gehen, wenn sich die Dinge gut entwickeln.

Bei der Auswahl des Ortes halten Sie sich an die schlichten Lokalitäten, zum Beispiel eine Bar in Ihrem Viertel, wo
der Service gut ist (aber nicht schon Ihre ganzen Freunde sitzen!). Suchen Sie nichts übermäßig Elegantes aus, um ihn zu
beeindrucken. Das könnte in ihm den Verdacht wecken, dass
Sie sich fürstlich einladen lassen wollen. Andererseits sollten Sie sich aber auch nicht für die letzte Spelunke entscheiden, in der die Erdnussschalen auf dem Boden herumliegen,
nur um besonders sparsam oder bodenständig zu erscheinen.
Geben Sie ihm die Gelegenheit, Sie besser kennenzulernen,
und suchen Sie einen Ort aus, der Ihre Persönlichkeit ein
bisschen widerspiegelt.

Panikattacke Nummer 4:
Sie finden ihn entsetzlich

Egal, wie grauenvoll Sie jemanden finden, bei einem Date
können Sie immer noch etwas von ihm lernen. Wenn er sich
nicht gerade aggressiv verhält, sollten Sie herzlich und aufrichtig bleiben und sich anhand dieses schlechten Dates ver-
gegenwärtigen, was Sie an einem Mann *nicht* wollen. Manchmal, nachdem Sie sich Ihren Traummann gebastelt haben,

schickt Ihnen das Universum♥ erst mal ein paar falsche – nur so als Test. Entspannen Sie sich, nehmen Sie es hin und machen Sie das Beste draus. Sie können immer noch nach Hause gehen und Ihrer Liste hinzufügen: »Ich möchte jemanden, der mich weder seltsam anstiert noch lautlos mitspricht, wenn ich etwas erzähle.«

Die Möglichkeit, dass Sie ihn ganz schrecklich finden könnten, ist ein guter Grund, das erste Date prinzipiell kurz zu halten – zum Beispiel ein Drink, der zu einem Abendessen werden *kann,* aber nicht *muss.* Wenn er ein netter Kerl ist, es aber null funkt zwischen Ihnen, können Sie nach dem ersten Drink immer noch sagen: »Ich glaube, ich geh jetzt nach Hause.« Ganz unproblematisch. Wenn er daraufhin einen auf Vollidiot macht und anfängt zu quengeln, können Sie erklären: »Tut mir leid, aber mit uns beiden wird das leider nichts«, aufstehen und gehen. In diesem Fall tut es uns leid, dass Sie Ihre Zeit verschwendet haben, um sich für diesen Idioten die Haare zu glätten, aber geben Sie ihm zumindest keine Gelegenheit, Ihnen noch mehr Energie auszusaugen, indem Sie mit ihm streiten. Das macht alles nur schlimmer. Schwingen Sie Ihren hübschen Hintern so schnell wie möglich nach Hause, bevor er noch mit seiner schleimigen Hand danach grabscht.

Panikattacke Nummer 5:
Sie lieeeeben ihn

Wenn Ihr erstes Date toll läuft, lehnen Sie sich zurück und genießen Sie jede Minute. Denken Sie nicht zu weit in die Zukunft – ob Sie sich küssen werden oder er Sie um eine zweite Verabredung bitten wird. Leben Sie einfach ganz im Hier und Jetzt, lassen Sie ihn aber durchaus spüren, dass Sie ihn mögen. Sehen Sie ihm in die Augen und strahlen Sie Vibes aus, die ihm sagen: »Mann, ich mag dich echt!« Und wenn Sie mutig sind, können Sie es auch aussprechen: »Mann, ich mag dich echt!« Erzählen Sie ihm bloß nicht, dass Sie sich gerade in ihn verlieben oder in Ihren Wunschfantasien♥ schon sehen, wie hübsch Ihre Babys sein werden.

Am Ende des Abends sorgen Sie dafür, dass er Sie wiedersehen will – indem Sie es selbst vorschlagen. Die Männer sind manchmal ein bisschen schwerfällig, also erklären Sie ihm: »Das würde ich gern irgendwann wiederholen!« Wenn Sie aufrichtig sind, haben Sie nichts zu verlieren. Wenn er nach diesem Satz seltsam still wird oder Ihnen sogar sagt, dass er Sie nicht wiedersehen will, machen Sie sich weiter keinen Kopf und brechen Sie auch nicht in Tränen aus. Ganz ehrlich – er hat Ihnen einen Gefallen getan, sodass Sie jetzt keine Minute Ihrer kostbaren Traumzeit♥ mehr auf diesen Trottel verschwenden müssen, der Ihre Liebe gar nicht verdient hat. Wir können Ihnen versprechen: Er ist *nicht* der Richtige, also brechen Sie so schnell wie möglich zu neuen Ufern auf.

Der Kummer mit der Rechnung

Geld kann schon für Paare ein haariges Thema werden, aber noch peinlicher und schwieriger ist es bei einem Date. Meine Damen, wir können einfach nicht erwarten, dass die Jungs immer alles zahlen. Es gibt viele Typen, die keine Frauen um Verabredungen bitten und nur ganz selten ein Date haben, weil sie es sich nicht leisten können. Denken Sie mal darüber nach – so was ist heutzutage echt teuer. Sogar ein »billiges« Abendessen und ein Kinobesuch können einen Mann locker 50 Euro kosten. Und nicht alle von den wunderbaren, heißen, süßen, respektvollen Männern auf dieser Welt sind reich. Der Typ, bei dem Sie geglaubt haben, es hätte irgendwie richtig gefunkt, und der dann doch nur mit Ihnen schlafen wollte, wollte vielleicht sogar mit Ihnen ausgehen. Er hat sich nur von seinem GSG♥ einreden lassen, dass er es sich nicht leisten kann, Sie um eine richtige Verabredung zu bitten.

Meistens müssen Sie sich von der Idee verabschieden, dass der Mann immer zahlen sollte, wenn Sie sich wirklich eine gute, ehrliche, faire, liebevolle Beziehung wünschen. Ein weiterer Grund: Viele Jungs sind total verwirrt von all den feministischen Diskussionen und glauben sogar, dass Sie beleidigt sein könnten, wenn sie die Rechnung übernehmen. Sie befürchten, Sie könnten meinen, ihm etwas »schuldig sein«, wenn er das Abendessen ausgibt. Und, mal ganz ehrlich, ein paar von den ganz Unabhängigen unter Ihnen empfinden das auch so. Ihnen ist unwohl in Ihrer Haut, wenn Sie ihn zahlen lassen, vor allem bei der ersten Verabredung, wenn Sie ihn kaum kennen. Sie fühlen sich verpflichtet oder haben ein schlechtes Gewissen, wenn Sie ihn insgeheim nicht ausstehen können, und würden am liebsten durchs Klofenster türmen, während er besagte Rechnung zahlt. Die Männer können wirklich nichts dafür, wenn bei diesem Thema Verwirrung herrscht.

Was sollte eine Frau also tun, wenn die Rechnung kommt? Tja, das kommt wie immer auf die Situation an. Erstens: Wer hat wen um das Date gebeten? Wenn es ein beiderseitiges »Ja, lass uns ausgehen« war, finden wir, dass Sie ihm anbieten sollten, die Kosten zu teilen. Wenn er nach der Rechnung greift, sagen Sie einfach etwas wie: »Wie viel schulde ich dir denn?« Sollte er Ihr Geld nicht wollen, gut. Zumindest haben Sie es ihm angeboten. Wenn Sie einen trinken gehen und er die erste Runde ausgegeben hat, laden Sie ihn eben auf die zweite ein. Vielleicht will er Ihnen das gar nicht gestatten, aber wir finden, dass Sie es auf jeden Fall probieren sollten, weil Sie damit guten Willen und Unabhängigkeit beweisen. Wenn Sie allerdings auf unseren Rat gehört und ihn selbst um dieses Date gebeten haben, sollten Sie unserer Meinung nach zumindest darauf vorbereitet sein, dass *Sie* zahlen müssen. Suchen Sie sich also ein Lokal aus, das Sie sich leisten können. Und fragen Sie ihn nicht, ob er mit Ihnen auf ein Konzert geht, um dann zu erwarten, dass er beide Karten kauft! Wenn er seine VISA-Card auf den Tisch legt, bevor Sie zum Portemonnaie greifen konnten, okay. Bedanken Sie sich liebenswürdig und bieten Sie ihm an, ihm irgendwo noch ein Getränk auszugeben. Aber vergessen Sie nicht, dass Sie ihn um die Verabredung gebeten haben, also ist es nur fair, dass Sie auch für die Kosten aufkommen.

Sollte er Sie jedoch wie ein Gentleman gefragt haben, ob er Sie ausführen darf, wenn er das Restaurant ausgesucht und Sie zu Hause abgeholt hat, können Sie schon davon ausgehen, dass er auch die Rechnung übernimmt. Er würde mit Ihnen nicht ins Vier Jahreszeiten gehen, wenn er es sich nicht leisten könnte. In diesem Fall lassen Sie ihn einfach zahlen und bedanken sich. Es wäre natürlich trotzdem nett, wenn Sie anbieten, die Rechnung zu teilen, aber passen Sie auf, es besteht immer noch die Möglichkeit, dass er am Ende akzeptiert. Einmal hat mich ein Typ zu einem wunderbaren Dinner eingeladen, und als die Rechnung kam, beschloss ich, nach meiner Handtasche zu greifen. Ich war schockiert, als er rotzfrech sagte: »Danke. Wahrscheinlich verdienst du ja sowieso mehr Geld als ich.« Tja, wir hoffen, dass Ihnen so etwas nicht passiert, aber andererseits war es die Sache auch wert – dieses 300-Dollar-Abendessen hat mir eine Menge Zeit und Energie gespart, die ich sonst auf diesen Kerl verschwendet hätte.

Gesprächsthemen fürs erste Date

Beim ersten Date fühlen wir uns manchmal wieder wie aufgeregte Neuntklässlerinnen, die sich eine Liste mit Gesprächsthemen aufschreiben mussten, bevor sie einen Jungen angerufen haben. (Wir haben das jedenfalls gemacht – Sie nicht?) Was Sie sagen und wie Sie es sagen, ist das Wichtigste bei jeder ersten Verabredung. Das ist Ihre einzige Chance, ihm Ihr wahres Ich zu zeigen, ohne dabei *zu* viel über sich zu verraten. Sie sehen vielleicht perfekt aus, tragen das süßeste Kleid der Welt, und Ihr Lipgloss duftet toll, aber wenn Sie Blödsinn oder zu wenig reden, wird Ihr erstes Date höchstwahrscheinlich auch das letzte bleiben.

Aber keine Sorge. Wir haben ein paar ganz offizielle Regeln aufgestellt, worüber Sie bei der ersten Verabredung reden (beziehungsweise nicht reden) sollten. Wahrscheinlich haben Sie schon mal gehört, dass man mit einer neuen Bekanntschaft auf keinen Fall über Politik oder Religion sprechen sollte, aber es gibt noch ein paar andere Themen, die Sie tunlichst meiden sollten. Lesen Sie sich diese Liste vor jedem neuen Date noch einmal durch, damit das einzig Verbotene, was Ihnen über die Lippen kommt, Dirty Talk ist.

Worüber Sie beim ersten Date reden sollten:

Machen Sie ihm ein Kompliment

Wir sagen nicht, dass Sie ihm Puderzucker in den A… blasen sollten (wörtlich oder bildlich). Aber die Leute fühlen sich wohl und sind geschmeichelt, wenn Sie ihnen etwas Nettes sagen. Also fangen Sie den Abend gleich richtig an und verkünden Sie: »Das Hemd, das du da anhast, ist echt super.« Oder: »Du hast so schöne blaue Augen.« Das wird ihm ein Lächeln entlocken und ihm das nötige Selbstvertrauen einflößen, um Ihnen seinerseits zu erklären, wie hübsch Ihr Haar aussieht. Suchen Sie sich etwas aus, was Sie ganz ehrlich behaupten können (und wir können Ihnen versichern, jeder hat irgendetwas an sich, wozu man ihm ein Kompliment machen kann), und sagen Sie es ihm. Machen Sie sich bitte keine Sorgen, dass er glaubt, Sie würden ihn gleich anspringen, nur weil Sie eine nette Bemerkung gemacht haben. Wenn er das tatsächlich denkt, dann ist er ein Wichser, und Sie wissen gleich Bescheid, wie er tickt.

Vergessen Sie Ihre guten Manieren nicht

Es ist uns ganz egal, wie unabhängig Sie sind – wenn er Ihnen die Tür aufhält, sagen Sie »Danke«, und wenn er Ihnen etwas anbietet, lautet die korrekte Antwort entweder »Ja, bitte« oder »Nein, danke«. Das hört sich jetzt vielleicht herablassend an, aber wir haben schon miterlebt, wie manche unserer Freundinnen gegenüber Männern alle guten Manieren vergessen haben. Und vergessen Sie bitte auch nicht, dass man bei der ersten Verabredung nicht unbedingt anschaulich von der letzten Magen-Darm-Grippe erzählen muss, und laut rülpsen und ihm anschließend den Atem ins Gesicht blasen geht auch nicht. Wir sagen nicht, dass Sie Ihr wahres Ich verbergen sollen – aber solche Sachen sind einfach nur unhöflich.

Erzählen Sie von sich

Wir wollen nicht, dass Sie prahlen, aber wir erlauben Ihnen absolut, sich als coole Person darzustellen, weil Sie nämlich cool *sind*! Manchmal ist uns Mädels nicht ganz wohl dabei, über uns selbst zu reden, weil wir befürchten, eitel oder selbstzufrieden zu klingen, aber das ist Unfug. Wenn Sie ihm reindrücken würden, wie viele Schönheitswettbewerbe Sie als kleines Mädchen gewonnen haben, wäre das sicher nervig, aber erzählen Sie ihm doch von Ihrer Arbeit, Ihren Träumen, Ihren Leidenschaften und Ihren Leistungen. Männer mögen Frauen, die ihr Leben im Griff haben, also zeigen Sie ihm, was Sie auf dem Kasten haben. Andererseits sollten Sie natürlich nicht den ganzen Abend über Ihren Job reden – zeigen Sie ihm mehr von Ihrem wahren Ich. Reden Sie von Ihrer Familie, Ihren Hobbys und Ihren Lieblingsbüchern und -filmen. Warten Sie nicht, bis er die Konversation in Gang bringt. Bringen Sie selbst ein Gesprächsthema auf, indem Sie von sich erzählen, dann wird er sicher auch in Schwung kommen.

Stellen Sie Fragen

Ja, wir wollen, dass Sie ihm von sich erzählen, aber es geht hier nicht nur um Sie, liebe Traumfrauen. Wenn Sie interessiert wirken wollen, müssen Sie Fragen stellen. Freilich kann es auch passieren, dass der Kerl nur über sich selbst reden will und Ihnen überhaupt keine Fragen stellt. In diesem Fall ist der Typ sowieso indiskutabel, aber auf eine Art tut er Ihnen einen Gefallen: Zum einen müssen Sie sich nicht dauernd Fragen ausdenken, zum zweiten wissen Sie sofort, dass Sie Ihre Zeit nicht auf ein zweites Date mit ihm verschwenden werden. Wir stehen drauf, wenn uns die Leute Zeit ersparen. Ansonsten lassen Sie das Grübeln, zerbrechen Sie sich nicht den Kopf, ob Sie Lippenstift an den Zähnen haben, und ergreifen Sie die Chance, ihn besser kennenzulernen. Fragen Sie ihn nach seinem Job, seinem Hund, seiner Mutter und seinem Lieblingsessen. (Oh, und vergessen Sie nicht, ihn nach seinem Geburtstag zu fragen, damit Sie zu Hause gleich in Ihrem großen Astrologiebuch nachschlagen können, wie gut oder schlecht Sie zwei aus kosmischer Sicht zusammenpassen.)

Erzählen Sie ihm, was Sie mögen

Wenn Ihnen der Mann sympathisch ist und Sie gern wieder mit ihm ausgehen würden, geben Sie ihm dezente Hinweise, womit er Ihnen eine Freude machen könnte. Sagen Sie Dinge wie: »Ich liebe Überraschungen«, oder: »Ich esse total gern Sushi. Mein Lieblingsjapaner ist in der Amalienstraße.«

Wenn er klug ist (und das wollen wir mal hoffen), wird er Sie nächstes Mal höchstwahrscheinlich mit einem Abendessen in Ihrem Lieblings-Sushi-Restaurant überraschen. Jungs sind froh über solche Tipps, denn das macht ihnen vieles leichter. Gehen Sie aber nicht zu weit, indem Sie ihm zum Beispiel erklären: »Ich liebe fünfkarätige Diamanten im Prinzessinnenschliff.« Das muss er zu diesem Zeitpunkt wirklich noch nicht wissen.

Worüber Sie beim ersten Date nicht reden sollten:

Nörgeln Sie nicht

Egal, wie schlecht der Service ist oder wie nervig der Stau auf dem Herweg war – fangen Sie beim ersten Date bitte nicht an, sich über solche Kleinigkeiten auszulassen. Lachen Sie lieber drüber, denn mit Gemecker und Gemaule über solche Nebensächlichkeiten würden Sie dem armen Kerl nur einen Heidenschreck einjagen. Er wird sich sofort vorstellen, wie Sie die nächsten 20 Jahre lang alle Kellner anfauchen und irgendwann dasselbe mit ihm tun. Außerdem haben Sie ja auch mehr Spaß, wenn Sie sich Ihre Laune nicht von solchen kleineren Störfällen verderben lassen. Lassen Sie sich von einer kalten Suppe nicht die Chance nehmen, Ihre große Liebe zu finden. Sparen Sie sich die Dramen für Mama auf und genießen Sie Ihr erstes Date, egal, über wie viele ärgerliche Kleinigkeiten Sie dabei hinwegsehen müssen.

Sprechen Sie nicht über Ex-Freunde

Wagen Sie nicht, auch nur eine Silbe über Ihren Ex-Freund oder Ex-Mann oder Ihre Ex-Bettbekanntschaft fallen zu lassen. Sie sind auf einem Date mit einem *neuen* Mann. Niemand anderes ist in diesem Moment wichtig, nur er. Widmen Sie ihm Ihre ungeteilte Aufmerksamkeit und halten Sie sich an die goldene Regel♥. Möchten Sie sich für Ihre erste Verabredung erst aufbrezeln, um sich dann beim Fondue anzuhören, wie er detailliert von seiner Ex-Freundin erzählt, die gerne mit Frauen rummachte? Na sehen Sie, wussten wir's doch.

Erzählen Sie nicht von Ihren perversen Seiten

Wenn Sie eine selbstbewusste Diva sind, die sieben Analstöpsel und acht Dildos zu Hause hat, freuen wir uns für Sie, aber wir glauben nicht, dass Ihr Gegenüber das schon beim ersten Date wissen muss. Natürlich sollten Sie herausfinden, ob Sie auch sexuell ein gutes Paar abgeben, aber wollen Sie nicht zuerst feststellen, wie Sie menschlich zusammenpassen? Wenn Sie ihm die Möglichkeit geben, Sie erst als Mensch kennenzulernen, bevor Sie ihn darüber informieren, was Sie so anturnt, wird er Sie langfristig viel mehr respektieren. Sollte er jedoch sexuell nicht so experimentierfreudig sein wie Sie, jagen Sie ihm womöglich einen Todesschrecken ein (auch ohne Analstöpsel).

Reden Sie nicht von Babys

Wenn Ihr Zeitplan Ihnen sagt, dass Sie innerhalb des nächsten Jahres heiraten und schwanger werden müssen, sollten Sie zwar ehrlich sein in Bezug auf Ihre Wünsche, aber eben auch nicht *zu* ehrlich. Also sagen Sie ihm, dass Sie auf der Suche nach einer ernsthaften Beziehung sind, sagen Sie ihm auch, dass Sie hoffen, irgendwann in näherer Zukunft eine Familie zu gründen, aber behandeln Sie ihn nicht wie einen Samenspender. Natürlich ist er der Falsche für Sie, wenn er erklärt, dass er in den nächsten zehn Jahren weder heiraten noch Kinder haben will, aber wir waren schon oft verblüfft, wie sich die Zeitpläne der Männer ändern konnten, wenn sie sich erst mal verliebt hatten. Also geben Sie ihm zumindest noch ein paar Dates, um Sie besser kennenzulernen, bevor Sie einen Abstecher zur Kinderwunschklinik vorschlagen, »um schon mal ein paar Fragen zu klären«. Sonst könnten Sie sein Sperma zum letzten Mal gesehen haben.

Sprechen Sie nicht von Ihrem GSG♥

Sollte es Ihnen auch nur im Traum einfallen, bei einem ersten Date irgendetwas zu sagen wie: »Ich bin nicht sexy«, oder: »Früher war ich echt gut in Form, aber inzwischen bin ich so fett geworden«, dann werden wir Sie aufspüren, in Ihr Haus eindringen und Ihnen ganz gewaltig eins auf die Nase hauen. Hallo, dieser Mann hat sich mit Ihnen verabredet, meine Damen! Er wäre nicht hier, wenn er Sie nicht attraktiv finden würde, also halten Sie gefälligst die Klappe. Erzählen

Sie ihm nicht, dass Sie nicht sexy sind, am Ende glaubt er's noch! Und erzählen Sie ihm nicht, dass Sie fett sind, sonst fängt er noch an, an Ihrem Körper nach Fett zu suchen! Das Letzte, was Sie wollen, ist ein negativer erster Eindruck, also konzentrieren Sie sich auf Ihre positiven Seiten und sorgen Sie dafür, dass er dasselbe tut.

Die Entscheidung über das zweite Date

Das zweite Date ist verdammt wichtig. Vielleicht wird er versuchen, Sex mit Ihnen zu haben (huch!). Oder am Ende wollen Sie sogar Sex mit ihm (noch mal huch!). Und hinterher müssen Sie entscheiden, ob dieser Typ nun ein drittes Date wert ist, und nach dem wären Sie dann wohl offiziell ein Pärchen (heiliger Strohsack!). So, liebe Traumfrauen, jetzt mal ganz locker. Wenn Sie auf Ihren Bauch hören, sollten Sie schon ein Gefühl dafür haben, ob ein zweites Date in Aussicht steht oder nicht. Doch es gibt auch Momente, in denen das nicht so ganz klar ist. Denken Sie daran, egal was für eine Entscheidung Sie letztlich fällen, es wird die richtige sein, weil Sie sie getroffen haben. Wenn Sie immer noch Hilfe brauchen, sehen Sie sich doch das folgende Quiz an, nach dem Ihnen endgültig sonnenklar sein wird, ob Sie ihn abservieren oder weiter treffen sollten. Fangen Sie mit null Punkten an und schauen Sie, wo Sie am Ende landen.

Das Quiz zum zweiten Date

Frage 1:
Hatten Sie irgendwann während Ihres ersten Dates das Gefühl, als würde die Welt stehen bleiben und Sie zwei schwebten in einer romantischen Seifenblase dahin?

Ja? – plus 15 Punkte

151

Frage 2:

War Ihnen irgendwas an ihm unheimlich, zum Beispiel seine Stimme oder ein paar von den Fragen, die er Ihnen gestellt hat? Oder hat er irgendetwas total Schräges gemacht, etwa Ihnen aus dem Kinderbuch vorgelesen, das er im Handschuhfach seines Hondas liegen hatte?

Ja? – minus 20 Punkte

Frage 3:

Haben Sie sich dabei erwischt, wie Sie seine Lippen angestarrt und dabei gehofft haben, dass er Sie küsst? Mochten Sie seinen Geruch?

Ja? – plus 10 Punkte

Frage 4:

Hat es viele komische Momente gegeben? Sind mindestens zweimal peinliche Schweigepausen entstanden, und haben Sie ständig nach irgendeinem Gesprächsthema gesucht?

Ja? – minus 5 Punkte

Frage 5:

Hat er Sie irgendwie zum Lachen gebracht, sei es mit seinem sexy Charme oder seinem Rumgeblödel?

Ja? – plus 9 Punkte

Frage 6:

Haben Sie einen unwiderstehlichen Drang gefühlt, Ihren BlackBerry rauszuholen? Hat jedes seiner Worte nur Ihren

Wunsch verstärkt, endlich nach Hause zu kommen und sich die achte Wiederholung von *Friends* anzusehen?

Ja? – minus 5 Punkte

Frage 7:
Haben Sie sich nach ein paar Minuten entspannt und locker gefühlt? Auch wenn es vielleicht nicht das große Feuerwerk war – hat er Ihnen ein ruhiges, sicheres, zufriedenes Gefühl gegeben?

Ja? – plus 10 Punkte

Frage 8:
Hat er ständig woanders hingeguckt, unterm Tisch SMS getippt oder Ihnen das Gefühl gegeben, dass er lieber Hundescheiße aufsammeln würde, als mit Ihnen Kaffee zu trinken?

Ja? – minus 5 Punkte

Frage 9:
Haben Sie beim ersten Date herausgefunden, dass Sie mehr gemeinsame Freunde haben, als Sie dachten? Oder dass Sie anderweitig eine Menge gemein haben, zum Beispiel dass Sie beide den Kaffee schwarz trinken und sich immer viel zu viel Parmesan über die Nudeln schütten?

Ja? – plus 10 Punkte

Frage 10:
Hat er Ihnen ambivalente Komplimente gemacht wie: »Ich würde dir ja gern sagen, wie hübsch du bist, aber das hörst du wahrscheinlich andauernd.« Oder hat er Sie irgendwie belei-

digt, und sei es bloß, dass er die Augen verdreht hat, als Sie etwas Bestimmtes erzählt haben?

Ja? – minus 10 Punkte

Frage 11:
Haben Sie es schön gefunden, nicht ständig drüber nachdenken zu müssen, was Sie als Nächstes sagen könnten? Konnten Sie ganz natürlich miteinander plaudern?

Ja? – plus 10 Punkte

Frage 12:
Hat er unangemessene sexuelle Bemerkungen gemacht, oder Sie auf eine Art berührt, die Ihnen nicht angenehm war? Hat er über den Tisch gelangt, um Ihnen in die Nase oder die Wange zu kneifen, oder hat er versucht, Sie ein bisschen zu befummeln, während Sie zusammen *Die letzte Passion Christi* ansahen?

Ja? – minus 12 Punkte

Frage 13:
Ist die Zeit schnell vergangen? Haben Sie sich plötzlich umgesehen und festgestellt, dass Sie die Letzten im Restaurant sind, oder auf die Uhr geschaut und gemerkt, dass Sie schon seit Stunden geredet haben?

Ja? – plus 15 Punkte

Frage 14:
Ganz ehrlich: Fühlen Sie sich aus irgendeinem Grunde überhaupt nicht zu diesem Mann hingezogen? Würden Sie lieber

mit Ihrem eigenen Bruder rumknutschen, als diesem Typen an den Hintern zu fassen?

Ja? – minus 10 Punkte

Frage 15:
Hatten Sie mindestens einmal während Ihres Dates ein Kribbeln im Bauch?

Ja? – plus 15 Punkte

Auswertung
Zählen Sie Ihre Punkte zusammen. Wenn Sie im Plus sind, sollten Sie definitiv ein zweites Mal mit ihm ausgehen. Also auch, wenn zwar nicht alles perfekt war und nicht gleich das große Feuerwerk abging, er Sie aber entweder zum Lachen gebracht hat oder Ihnen ein entspanntes Gefühl vermitteln konnte und zumindest ein Hauch von Chemie zu spüren war. Wir sind der Meinung, dass damit ein zweites Date schon gerechtfertigt ist. Sie haben nichts zu verlieren außer ein, zwei Stunden Ihrer Zeit, und nach nur einer weiteren Verabredung haben Sie noch viel mehr Informationen über diesen Kerl, also tun Sie's! Er könnte der Traummann sein, den Sie sich zusammengebastelt haben, oder Ihre nächste langfristige Beziehung, die Ihnen das heiße, kleine Herz bricht – oder es könnte sich auch herausstellen, dass das Universum♥ Ihnen einen bösen Jungen als Test geschickt hat. Doch wenn Sie ihm keine zweite Chance geben, werden Sie es niemals herausfinden. Wenn der Gute also ein paar Punkte sammeln konnte, gehen Sie noch mal mit ihm aus, hören Sie auf Ihre

Intuition und geben Sie ihm mindestens noch eine Gelegenheit zum Punkten.

Wir haben das Quiz bewusst so gestaltet, wie es ist: Wenn Sie 25 Minuspunkte hatten, verschwenden Sie bitte keine Minute Ihrer Traumzeit♥ mehr auf diesen Versager. Tut uns leid, wir wollen niemanden beschimpfen, wir finden bloß, wenn er so viele Minuspunkte gesammelt hat bei dem Versuch, einen guten Eindruck zu machen, ist er eben ein Versager. Und tut uns noch mal leid, liebe Traumfrauen, es ist uns egal, wie süß er aussieht – Sie können unmöglich mit einem Versager ausgehen! Sie werden sich an seiner Seite nie hundertprozentig wohlfühlen, und wenn das erste Date schon so mittelprächtig gelaufen ist, wird es beim zweiten Versuch ganz sicher nicht besser. Denken Sie nicht mehr an ihn. Legen Sie ihn unter »schlechte Erinnerungen« ab und lachen Sie mit Ihren Freundinnen darüber. Verschwenden Sie keine Zeit damit, sich selbst oder den Männern insgeheim Vorwürfe zu machen. Strahlen Sie einfach weiterhin Ihre positiven Vibes aus, während Sie auf Ihr nächstes Date zusteuern.

Das zweite Date

Wenn Sie ein zweites Mal mit einem Typen ausgehen, bedeutet das zum einen, er war cool genug, dass Sie sich in Ihrem vielbeschäftigten Traumfrauenleben die Zeit genommen haben, sich noch einmal mit ihm zu treffen. Außerdem bietet er anscheinend auch genug von den Eigenschaften, die Sie sich bei einem Mann wünschen, denn Sie vermuten ja Beziehungspotenzial in ihm oder zumindest ein bisschen Traumzeit♥-Spaß. Aber wenn Sie das zweite Date angehen, stellen sich auch wichtige Fragen wie: Ist er so cool, dass ich mit ihm intim werden oder mehr Zeit darauf verwenden will, ihn noch besser kennenzulernen? Sehr oft ist eine zweite Verabredung der Moment, in dem Sie entscheiden müssen, ob der Typ noch eine *dritte* wert ist.

Das Wichtigste, was Sie beim zweiten Date anstreben, ist Klarheit. Bevor Sie auch nur zur Wimpernzange greifen, möchten wir, dass Sie sich völlig klar darüber sind, was der Sinn dieser zweiten Verabredung sein soll. Gehen Sie wieder mit ihm aus, weil Ihr erstes Date traumhaft♥ war und Ihnen jede Nacht Wunschfantasien♥ von ihm durch den Kopf spuken? Oder treffen Sie sich nur noch mal mit ihm, weil Sie gerade nichts Besseres zu tun haben? Oder war er beim ersten Mal furchtbar lahm, hat es aber mit Ach und Krach durch unser Quiz geschafft, sodass Sie ihm eine zweite Chance geben wollen? Der Grund ist egal, wir wollen nur, dass er Ihnen bewusst ist. Wenn Sie sich mit einem Mann an den Tisch setzen und gar nicht wissen, warum, stiften Sie nur Verwirrung.

Vielleicht war Ihre erste Verabredung so von flatternden Nerven, schwitzigen Händen und verlegenen Momenten überschattet, dass sich kaum feststellen ließ, ob die Chemie zwischen Ihnen stimmen könnte. In diesem Fall gibt Ihnen das zweite Date die Möglichkeit, ihn genauer unter die Lupe zu nehmen und eine Entscheidung über diesen Typen zu fällen, der Ihnen da gegenübersitzt. Natürlich könnten Sie diesmal auch noch ein wenig nervös sein. Nervosität im Sinne von gespannt sein und Schmetterlinge im Bauch haben ist was Tolles. Dann können Sie ihm sogar sagen: »Wow, ich bin echt ein bisschen nervös!« Wahrscheinlich wird er das ganz entzückend finden. Aber wenn Sie nervös sind, weil Sie sich zu viele Gedanken machen, dann sagen Sie sich, dass Sie schon einen Abend mit diesem Kerl verbracht haben und auch noch einen zweiten schaffen werden. Er mag Sie und will Sie wiedersehen, also nur Mut!

Es ist gut möglich, dass Sie beim ersten Date nicht ganz Sie selbst waren, weil Sie sich so darauf konzentriert haben, die Sache heil über die Bühne zu bringen und das Gespräch kein einziges Mal abreißen zu lassen. Diesmal lassen Sie diese Vorsichtsmaßnahmen bitte einfach außer Acht und gewähren ihm einen Blick auf die Frau, die Sie wirklich sind. Und während Sie ganz entspannt dort sitzen, horchen Sie aufmerksam auf Ihre Intuition. Hören Sie dem Mann gut zu und achten Sie darauf, ob Sie auf einer Wellenlänge sind (oder nicht), wie Sie miteinander umgehen und ob nicht irgendwann die Alarmglocken♥ bei Ihnen losgehen.

Sie müssen gut aufpassen, denn am Ende dieser Verabredung sollen Sie eine Entscheidung darüber fällen, ob Sie ihn weiter sehen wollen oder nicht. Und wenn Sie Ihre Arbeit gut gemacht haben, dann wissen Sie das zu diesem Zeitpunkt auch. Vielleicht sind Sie nicht sicher, ob er der Vater Ihrer Kinder werden wird oder ob Sie in der nächsten Zeit einfach nur viel Spaß miteinander haben werden. Aber Sie werden sehr wohl wissen, ob er genügend von den Eigenschaften hat, die Sie sich wünschen, sodass es sich lohnt, mehr Zeit und Energie auf ihn zu verwenden.

Gemischte Gefühle

So frustrierend es ist, aber ob wir uns weiterhin mit jemandem treffen oder nicht, ist nicht zu 100 Prozent unsere Entscheidung. Leider wird uns die Option auf weitere Rendezvous oft genug von einem Idioten aus der Hand genommen, der uns nie wieder anruft, drei Wochen nach einem traumhaften♥ Date eine SMS schickt oder sich in einen gruseligen Stalker verwandelt, nachdem er uns das erste Mal heimgebracht hat. Sie können sich nur klarmachen, was Sie wollen, und ansonsten unsere Ratschläge befolgen. Wir wollen Ihnen damit helfen, diese heiklen Szenarien glücklich hinter sich zu bringen, die dem großen Spaß im Wege stehen.

Er liebt Sie, Sie lieben ihn nicht

Was soll eine Traumfrau tun, wenn sie mit einem Typen ausgeht und merkt, dass er sich Hals über Kopf in sie verliebt hat, während sie ihn nie wiedersehen will? Jetzt, wo Sie wissen, dass Sie eine umwerfende Frau sind, wird Ihnen das immer öfter passieren. Die Jungs werden sich in Ihre tollen Vibes verknallen, und dann müssen Sie ihnen den Laufpass geben, bevor die Sache richtig angefangen hat. Es ist schon schade, wenn ein Kerl bei unserem Quiz eine schlechtere Leistung abliefert als Bush als Präsident, aber manchmal steht er etwas auf der Leitung und verschwindet nicht so prompt, wie Sie das gerne hätten. Wissen Sie, wenn er sich so heftig in Sie verliebt oder so eingebildet ist, dass er gar nicht glauben kann, eine Frau könnte ihn nicht wollen, dann müssen *Sie* sich nicht den Kopf darüber zerbrechen. Sie müssen sich nicht entschuldigen, weil Sie ihn nicht zurücklieben, und Sie brauchen ihm auch keine zweite (oder dritte) Chance zu geben, nur weil er Sie darum anfleht. Sie schulden ihm gar nichts!

Wenn Sie also wissen, dass er mehr von Ihnen will, als Sie ihm geben können, dann klären Sie ihn so bald wie möglich auf. Je länger Sie damit warten, je länger Sie das Telefon klingeln lassen und seine Mails nicht öffnen, umso hartnäckiger wird er. Bitte, meine Damen, denken Sie an die goldene Regel♥! Sie würden doch auch nicht wollen, dass ein Mann Sie so am langen Arm verhungern lässt, oder? Dann tun Sie ihm das auch nicht an. Ersticken Sie das Ganze so rasch wie möglich im Keim, indem Sie eine unserer idiotensicheren Schlussmachempfehlungen benutzen. Sie können sie als Vorlage für Ihre Mails nehmen oder auch für ein persönliches Gespräch. Vom Schlussmachen per SMS und auf Post-its raten wir Ihnen allerdings ab.

Variante 1:
Seien Sie halbehrlich

Wir finden nicht, dass Sie den Mann anlügen oder missverständliche Botschaften aussenden sollten, aber ab und zu ist es okay, nicht die ganze brutale Wahrheit zu sagen. So sollten Sie vorgehen, wenn Sie der Meinung sind, dass er die ganze Wahrheit nicht besonders gut verkraften könnte, zum Beispiel wenn er der hypersensible Typ ist, der beim ersten Date in Tränen ausgebrochen ist, oder das Gegenteil, der aggressive Typ, der sonst was anstellen würde, wenn Sie ihm einfach ins Gesicht sagen würden: »Du gefällst mir nicht.« Wenn Sie sich für Variante 1 entscheiden, müssen Sie aber trotzdem klar und deutlich sagen, was Sache ist. Denn Sie können die Situation weder umgehen noch können Sie ein ausgeklügeltes Lügennetz spinnen. Hier sind ein paar Beispiele, wie das aussehen könnte:

Hallo Mike, es ist echt nett, dass du noch mal mit mir ausgehen wolltest, aber leider ist es gerade einfach kein guter Zeitpunkt, die Antwort heißt also leider Nein.

Hallo Mike, tut mir leid, aber ich glaube, wir zwei wollen verschiedene Dinge, deswegen finde ich, es ist besser, wenn wir nicht mehr miteinander ausgehen.

Diese Sprüche wirken, weil sie nett und gleichzeitig vage sind, aber auch keine Lügen. Sagen Sie nicht, dass Sie sich wieder mit Ihrem Ex ausgesöhnt haben oder zu viel Arbeit haben, um weiter mit ihm auszugehen. Das ist Blödsinn, und wenn Sie so was anfangen, handeln Sie sich bloß Ärger ein.

Variante 2:
Seien Sie ehrlich

Wenn er das nächste Mal anruft, gehen Sie einfach ans Telefon und sagen ganz ruhig, deutlich und nett, dass Sie nicht interessiert sind. Oder Sie antworten auf seine Mail und erklären ihm, dass Sie nicht den Wunsch haben, weiter mit ihm auszugehen. Vergessen Sie nicht, dass Sie eine starke Frau sind, die keine Angst hat, auszusprechen, was sie will. Also los, bringen Sie es hinter sich, bevor er sich noch mehr in Sie verliebt.

Hallo Oliver, ich hoffe, es geht dir gut. Hey, es war echt nett, dich kennenzulernen, und danke auch noch mal für das Date. Ich fand es wirklich lustig, aber ganz ehrlich gesagt bin ich an weiteren Unternehmungen nicht interessiert. Du bist ein toller Kerl, aber ich suche etwas anderes. Ich bin sicher, du findest eine andere Frau, die perfekt zu dir passt.

Hallo Oliver, ich habe mir neulich vorgenommen, dass ich ab jetzt immer ganz ehrlich sein will, und ich muss sagen, dass ich nicht sicher bin, ob wir zwei überhaupt was gemeinsam haben und ob aus uns jemals was werden könnte. Tut mir leid, wenn ich so direkt bin, aber ich möchte keine Spielchen spielen und die Zeit anderer Leute verschwenden.

Der Trick ist der, dass Sie ihn mittendrin daran erinnern, dass Sie ja nur ehrlich sind. Selbst wenn er der absolut eingebildete Vollidiot ist – da kann er schlecht widersprechen!

Variante 3:
Seien Sie mehr als ehrlich

Das ist schon ein bisschen schwieriger, und das sollten Sie sich auch für Fälle aufheben, in denen Sie den Typen so ätzend finden, dass Sie den brennenden Wunsch verspüren, ihm zu sagen, warum Sie ihn niemals wiedersehen wollen. Oder wenn er auch das x-te Nein nicht akzeptieren kann und Sie ein bisschen gröber werden müssen. Seien Sie bitte aber auch in solchen Momenten nicht grausam. Man weiß schließlich nie, ob man diesem Mann nicht plötzlich als Kollegen oder Nachbarn oder Freund der Freundin wieder begegnet, also versuchen Sie (wenn möglich), ohne Misstöne auseinanderzugehen.

Hallo Stefan, ich fand unseren gemeinsamen Abend wirklich interessant, aber ich glaube, ich möchte die Sache nicht weiterverfolgen. Ich hatte das Gefühl, wir haben überhaupt nichts gemeinsam, und will weder deine noch meine Zeit verschwenden. Versteh bitte, dass ich auch an einer Freundschaft nicht interessiert bin. Ich möchte im Moment mit Männern ausgehen und denjenigen finden, der perfekt zu mir passt. Missversteh meine Ehrlichkeit bitte nicht als Grobheit – ich wünsch dir wirklich alles Gute.

Hallo Stefan, ich weiß es wirklich zu schätzen, dass du mir deine Gefühle so aufrichtig mitteilst, aber ich befürchte, ich erwidere sie nicht. Bitte respektiere das endlich. Ich werde meine Meinung nicht ändern, und je hartnäckiger du mich verfolgst, umso weiter vertreibst du mich. Irgendwo auf der Welt wartet auch auf dich eine tolle Frau, aber ich bin sicher, ich bin es nicht.

Sie lieben ihn, er liebt Sie nicht

Wenn Sie mit jemandem ausgegangen sind, den Sie unbedingt wiedersehen wollen, er aber Ihre Gefühle nicht erwidert – wow, das ist so richtig übel! Liebe Traumfrauen, wir wissen, wie sich das anfühlt. Es ist einfach grässlich! Da verzehrt man sich nach einem Mann, der einem traumhafte♥ Momente beschert, und kaum ist er da, kriegen Sie auch schon wieder einen Korb von ihm. So, liebe Traumfrauen, jetzt hören Sie uns mal gut zu: Er ist nicht der Richtige! Wir wissen, Sie finden ihn perfekt und könnten ihn von oben bis unten abküssen, aber wir wissen auch, dass dieser Mann absolut nichts für Sie ist. Wenn er es wäre, würde er Sie nicht zurückweisen.

Sollte er Sie nach dem ersten oder zweiten Date nicht mehr anrufen oder Ihnen gleich im Anschluss eröffnen, dass er Sie nicht mehr sehen will, fangen Sie bitte nicht an zu heulen oder ihn wegzuschubsen oder sonst wie auszuflippen. Wenn er weiß, dass er Sie nicht will, dann können Sie nichts tun, um ihn umzustimmen. (Nein, auch nicht *das*. Egal, wie gut Sie Ihrer Meinung nach sind – wenn er Sie vorher nicht als Freundin wollte, wird er Sie auch hinterher nicht wollen.)

Befolgen Sie stattdessen diese drei Schritte, um ihn sich aus dem Kopf zu schlagen, damit Sie sich mit ganzem Einsatz demjenigen widmen können, der es verdient.

Trost Nummer 1:
Seien Sie ehrlich

Starke Frauen sind ehrlich und gehen auf ihre Ziele los. Wenn Sie ihn also wollen, er Sie aber nicht anruft, dann sollten Sie unbedingt zum Hörer greifen! Vielleicht ist er schüchtern oder GSG♥ und muss erst begreifen, dass Sie wirklich interessiert sind. Rufen Sie ihn an und sagen Sie schlicht und einfach: »Hallo Andreas, ich fand's total lustig letzte Woche mit dir. Ich hoffe, wir können das mal wiederholen!« Wenn er Ihren Anruf nicht erwidert, dann war's das. Schicken Sie ihm bitte keine sexy SMS nachts um drei, fahren Sie nicht an seinem Haus vorbei und verkneifen Sie sich auch alles andere, was irgendwie nach Stalking aussehen könnte. Geben Sie ihm zu verstehen, dass Sie ihn toll finden, und wenn er zu lahm ist, sich aufzuraffen und Sie um ein Date zu bitten, dann können Sie wenigstens gut schlafen, weil Sie wissen, dass Sie alles versucht haben.

Trost Nummer 2:
Seien Sie dankbar

Wenn der Typ Sie rundheraus zurückgewiesen hat, dann tut er Ihnen im Grunde einen Riesengefallen, so sehr es auch wehtun mag. Er spart Ihnen Zeit und Energie und – was noch viel schlimmer wäre – Herzschmerz. Je länger Sie sich mit jemandem treffen und je tiefer Ihre Gefühle werden, umso schlimmer schmerzt es, wenn er Sie fallen lässt. Also machen Sie sich klar, dass dieser Mann Sie nicht wollte und daher auch nicht der Richtige für Sie ist. Wir sind ziemlich sicher, auf Ihrer Liste stand *nicht:* »Ich wünsche mir einen Mann, der mich nicht zurückruft und den ich mühsam überreden muss, ein zweites Mal mit mir auszugehen.« Er ist es eben nicht, und das Universum♥ prüft Sie nur, um zu sehen, wie gut Sie sich selbst behandeln.

Trost Nummer 3:
Seien Sie selbstbewusst

Lassen Sie nicht zu, dass ein Korb Ihnen GSG♥ macht! An Ihnen ist überhaupt nichts verkehrt. Sie sind heiß genug und gut genug, und wenn er Sie nicht zurückrufen oder sich sonst wie interessiert zeigen kann, dann ist das *sein* Problem. Wenn Sie beim ersten Date nicht wirklich etwas ganz Dummes getan haben (zum Beispiel über Ihre imaginären Babys geredet oder sich betrunken und dann in Ihre Pasta geheult haben), liegt es höchstwahrscheinlich einfach an ihm. Er weiß nicht, was er will, und höchstwahrscheinlich will er sich nicht festlegen, weil er noch nicht reif genug für eine Beziehung ist, er BMS♥ hat, schwul ist, noch an seiner Ex hängt oder einfach ein Lahmarsch ist. Das sind alles verdammt gute Gründe, warum Sie ihn sowieso nicht mehr wollen.

Sie lieben ihn, er könnte Sie auch lieben, aber er verwirrt Sie maßlos mit seinen widersprüchlichen Signalen

Diese Variante ist wahrscheinlich die schlimmste von allen, und sie ist leider so verbreitet, dass wir wohl ein ganzes Buch über Männer und ihre seltsamen widersprüchlichen Signale schreiben könnten. Tatsächlich hat jemand auch ein Buch dazu geschrieben (Behrendt u. Tuccillo: *Er steht einfach nicht auf dich*) und hat auch ganz gut erklärt, dass diese widersprüchlichen Signale meistens dasselbe bedeuten sollen wie ein klares und deutliches Nein. Aber unser Buch dreht sich eben nicht darum, worauf er steht, hier geht es um Sie, und wir möchten Ihnen helfen, seine Signale richtig zu deuten, damit Sie bekommen, was *Sie* wollen. Das finden wir nämlich viel wichtiger.

Was tun Sie also, wenn ein großartiges erstes Date damit endet, dass er Ihnen einen Gutenachtkuss gibt und sich mit einem herzlichen »Ich ruf dich morgen an« verabschiedet – und Sie dann nie wieder von ihm hören? Oder wenn er Ihnen neun Tage später eine SMS schickt mit dem Text: »Tut mir leid, hatte voll den Stress in der Arbeit, denk an dich, ruf dich bald an.« Tja, Herr Behrendt würde wahrscheinlich sagen, dass er einfach nicht auf Sie steht, und wissen Sie was? Wahrscheinlich hat er sogar recht. Wir sind mit so vielen Typen dieser Sorte ausgegangen und haben herausgefunden, dass es ganz egal ist, warum er nicht auf uns steht oder was er für ein Problem hat oder warum er einfach nicht kapiert, was für ein traumhaftes♥ Leben wir zusammen haben könnten. Es kommt einzig und allein darauf an, wie eine Traumfrau mit der Situation umzugehen, und dabei wollen wir Ihnen helfen.

Methode Nummer 1:
Sagen Sie die Wahrheit

Meistens empfehlen wir Ihnen als Erstes, mit der schlichten Wahrheit zu beginnen, und das hat einen guten Grund. Es ist einfach die klügste Vorgehensweise, und wenn Sie verwirrenden Verhältnissen mit einer ordentlichen Dosis Aufrichtigkeit begegnen, klären sich die Dinge oft sofort. Sagen Sie ihm auf den Kopf zu, wie Sie fühlen, aber erinnern Sie ihn auch daran, wie beschäftigt, wunderbar und unabhängig Sie sind! Versuchen Sie's mal. Sagen Sie:

> *Hey, ich mag dich wirklich, und ich würde dich gern wiedersehen,*
> *aber es sieht mir so aus, als wärst du dir überhaupt nicht sicher.*
> *Also sag mir einfach Bescheid, wenn du wieder mit mir ausgehen*
> *willst. Aber mit diesem endlosen Hin und Her möchte ich bitte kei-*
> *ne Zeit mehr verschwenden.*

Wir versprechen Ihnen, wenn Sie ihm so kommen, wird er Flagge zeigen. Entweder können Sie ihn sofort aus Ihrem Gedächtnis streichen oder Ihre Traumfrauen-Ehrlichkeit macht ihn so an, dass er innerhalb einer Stunde bei Ihnen auf der Matte steht.

Methode Nummer 2:
Verrennen Sie sich nicht in unnütze Grübeleien

Aus Erfahrung wissen wir (leider), dass es einen wahnsinnig machen kann, wenn ein Kerl mysteriöserweise nie erreichbar ist oder uns ständig ausweicht. Dann sitzen Sie da und gehen immer und immer wieder gedanklich durch, warum er dies gesagt und jenes getan hat, und was er jetzt wohl tut, und wen oder was er hatte, bevor er Sie kennengelernt hat. Bitte – dazu dürfen Sie sich keinesfalls hinreißen lassen! Wen interessiert schon, was der Typ gesagt oder getan hat? Er ist eine lahme Ente, und wahrscheinlich ist er einfach nicht der Richtige für Sie. Hören Sie auf, darüber nachzudenken, wer dieser Kerl wirklich ist und warum er sich so verhält. Sie wissen genau, wer er ist. Ein Spieler, der sich niemals festlegen will und Ihnen nur Ihre Zeit stiehlt. Wir wiederholen uns ungern, aber wir möchten Sie doch noch einmal daran erinnern, dass Sie Ihren Traummann nicht so beschrieben haben: »Ich wünsche mir einen Mann, an den ich meine Zeit verschwende, weil ich ständig drüber nachgrübeln muss, was er mir mit seinen missverständlichen Signalen sagen will.« (Sollten Sie doch so etwas geschrieben haben, tut es uns sehr leid – dann können wir Ihnen auch nicht mehr helfen!)

Methode Nummer 3:
Kümmern Sie sich um Ihr eigenes Leben

Wenn Sie ein tolles Date mit einem Mann hatten, und nun ist er plötzlich verschwunden oder spielt Versteck mit Ihnen, sind Sie bestimmt geneigt, über ihn nachzugrübeln. Wir wissen, Sie wollen jetzt keine Pläne fürs Wochenende schmieden, denn er könnte ja noch anrufen, und Sie wollen auch die Seite Ihrer Online-Singlebörse nicht aufrufen, denn sonst könnte er ja entdecken, dass Sie sich seit Ihrem tollen Date andere Profile angesehen haben. Aber Sie verschwenden Ihre Traumfrauenkraft an einen Typen, der nicht den Mumm hat, Sie richtig zu lieben, und das ist überhaupt nicht in Ordnung! Also sitzen Sie nicht zu Hause rum, um ihn zu analysieren oder abzuwarten, ob er Sie nicht doch noch in der letzten Minute anruft, um etwas mit Ihnen zu unternehmen. Starren Sie nicht auf Ihren Posteingangsordner, weil Sie sich so sehr eine Mail von ihm erhoffen, oder auf Ihr Telefon, weil Sie sich einen Anruf von ihm wünschen, und lesen Sie auch nicht seine gesammelten alten Mails noch mal durch, während Sie sehnsüchtig warten. Solches Benehmen raubt Ihnen die Energie, und die sollten Sie lieber in Ihre tollen Vibes stecken, damit Sie jemanden finden, der Ihre sexy Ausstrahlung wert ist.

Methode Nummer 4:
Spielen Sie keine Spielchen

Oh Mann, wir wissen, wie verführerisch das ist. Wenn er sich mit seinem Anruf eine Woche Zeit gelassen hat, kann es ja so einen Spaß machen, das Telefon mit einem zufriedenen Grinsen einfach ins Leere klingeln zu lassen. Wir wissen, dass ein paar von Ihnen dieses Spielchen sehr gut kennen. Sie schmachten danach, dass er sich meldet, und sobald er es tut, beschließen Sie, dass *er* jetzt mal warten darf. Sie glauben, dass Sie ihn damit nervös oder eifersüchtig machen oder er es sogar toll findet, aber der einzige Mensch, dem Sie damit eins auswischen, sind Sie selbst.

Wenn Sie es ihm mit gleicher Münze heimzahlen, geben Sie ihm doch nur, was er will. Wenn er Sie schließlich anruft und Sie lassen es einfach klingeln, sagt er wahrscheinlich zu seinem Kumpel: »Gott sei Dank, sie geht nicht ran.« Oder er denkt sich: »Cool, der hinterlass ich jetzt eine Nachricht, und wenn sie mich zurückruft, lass ich sie bei mir eine Nachricht draufsprechen, und dann hab ich wieder eine Woche Zeit gewonnen, bevor ich sie wieder anrufen muss.« Ganz schön blöd, oder? Wenn Sie sich mit solcher Zeitverschwendung abgeben, dann machen Sie überhaupt keine Fortschritte, und bei all seinem kindischen Theater vergessen Sie ganz, sich wie die ehrliche umwerfende Frau zu verhalten, die Sie doch schließlich sind. Aus zweimal Unrecht wird kein Recht, also hören Sie auf mit den Spielchen!

Methode Nummer 5:
Sägen Sie ihn ab

Wenn Sie versucht haben, immer aufrichtig zu sein, während er seine Spielchen fortsetzt, dann sollten Sie ihn langsam, aber sicher loswerden. Für so einen Schrott haben Sie nämlich keine Zeit. Also schlagen Sie sich den Mann aus dem Kopf, sehen Sie zu, dass Sie Ihr Leben weiterleben, und wenn er das nächste Mal anruft oder eine SMS schickt, antworten Sie: »Danke, dass du dich meldest, aber ich suche jemanden, der ehrlich zu mir ist und keine Spielchen spielt, und ich glaube, das bist einfach nicht du.« Vergessen Sie nicht, dass Sie zu diesem Mittel erst greifen sollten, wenn Sie es mit Methode 1 schon probiert haben, sonst hat er das Gefühl, Ihre Ablehnung kommt aus dem Nichts. Höchstwahrscheinlich wird er Ihnen aber eher dankbar für diesen Gefallen sein. Manche Typen haben einfach null Rückgrat und benehmen sich möglichst vage, weil sie Angst haben, Ihnen zu sagen, dass sie nicht auf Sie stehen. In diesem Fall sollten Sie nicht zögern, ihm mitzuteilen, dass *Sie* nicht auf *ihn* stehen.

Date-Desaster

Dates können peinlich und grässlich sein, auch wenn Sie weder Essen gehen noch ins Bett hüpfen. Ob beim ersten oder beim zehnten Date, wahrscheinlich kommt Ihnen mindestens einmal so eine haarsträubende Situation unter. Aber keine Angst! Wir helfen Ihnen über alle Hindernisse hinweg, die sich Ihnen in den Weg stellen, oder zumindest über die fünf häufigsten Desaster, die Ihnen die Tränen in die Augen treiben könnten. Es kann nicht immer nur alles eitel Sonnenschein sein, aber wenn Sie unsere Ratschläge befolgen, überstehen Sie all diese kleinen Katastrophen zumindest unversehrt an Leib und Seele.

Desaster Nummer 1:
Peinliche Gesprächspausen

Wir reden hier nicht von 08/15-Verlegenheit, die sich einfach mal ergeben kann, sondern von der Art schmerzlicher Peinlichkeit, die das Etikett »Desaster« verdient. Irgendwann ist man echt so verzweifelt, dass man Dinge sagt wie: »Diese Stühle sind echt toll, ich find die total bequem«, nur um eine lahmarschige, dümmlich zustimmende Antwort zu bekommen, bei der Sie ihm am liebsten eins auf die Nase hauen würden. Dieses eherne Schweigen kann so grauenvoll sein, dass Sie sich wünschen, Sie könnten sich auf der Stelle in Luft auflösen. Aber wir haben ein paar Vorschläge, wie Sie damit umgehen können.

Eisbrecher Nummer 1:
Stellen Sie Fragen

Wenn Sie diese Schweigepausen ohne Panikattacken überstehen wollen, müssen Sie sich eben zusammenreißen und die Dinge in die Hand nehmen. Sehen Sie das Ganze einfach als Schauspielübung. Tun Sie interessiert und stellen Sie ihm jede Menge Fragen, die er nicht mit einem einzigen Wort beantworten kann, zum Beispiel: »Hey, erzähl doch mal von deinem Job. Was genau machst du eigentlich, also, an einem ganz typischen Arbeitstag?« Oder: »Echt, du arbeitest im Finanzwesen? Kannst du mir den Unterschied zwischen Riester und Rürup erklären?« Ein schweigsamer Mann ist entweder entsetzlich GSG♥ oder einfach ein Idiot, wenn Sie ihm also die Chance geben, sich als Experte aufzuspielen, könnte er doch noch ins Reden kommen. Kann sein, dass es langweilig wird, aber immer noch besser als nichts, und am Ende lernen Sie vielleicht noch was. Diese Riester-Rürup-Kiste hat doch keiner so richtig im Kopf, oder?

Eisbrecher Nummer 2:
Nennen Sie das Kind beim Namen

Wir wollen nicht, dass Sie rumzicken, aber wenn er überhaupt keine Anstrengung unternimmt, Sie kennenzulernen, ist es Ihr gutes Recht, sich zu verteidigen. Sie müssen nicht die ganze Zeit dasitzen und lächelnd nicken. Wenn sein befremdliches Schweigen den Punkt erreicht, an dem es langsam unhöflich wird, sprechen Sie ihn darauf an. Sagen Sie:

»Tut mir leid, Jonas, aber ich fühl mich echt unwohl mit diesem Schweigen. Ist irgendwas?« Oder etwas indirekter: »Puh, peinlich, diese Schweigepausen immer, oder?« Manchmal wird eine Situation besser, wenn man die Dinge beim Namen nennt. Vielleicht merkt er dann ja, wie komisch er sich benimmt, und reißt sich zusammen, und vielleicht lachen Sie in 20 Jahren gemeinsam über Ihr missglücktes erstes Date.

Eisbrecher Nummer 3:
Hauen Sie ab

Wenn er nicht nur still ist, sondern sich komplett in düsteres Schweigen hüllt, und Sie sich langsam seine ausgestopfte Mutter im Schaukelstuhl vorstellen können, sollten Sie sich selbst schützen und einfach gehen. Deswegen ist es immer ganz praktisch, wenn man mit dem eigenen Auto zum Date kommt, oder eine andere Möglichkeit hat, sich davonzumachen – vor allem beim ersten Date oder bei einem Blind Date, wenn Sie keine Ahnung haben, wie peinlich das Ganze werden könnte. Hören Sie auf Ihre Intuition, und wenn Sie schlechte Vibes auffangen, müssen Sie nicht alle vier Gänge absitzen. Sagen Sie einfach: »Tut mir leid, Christian, aber ich geh jetzt nach Hause.« Und dann gehen Sie eben. Wir wollen schließlich nicht, dass *Sie* in diesem Schaukelstuhl enden, meine Damen.

Desaster Nummer 2:
Er redet von seiner Ex

Wie wir festgestellt haben, haben viele, viele Männer (gute, aber auch ein paar nicht so gute) die dumme Angewohnheit, bei ihrem Date mit uns die Ex-Freundin ins Gespräch zu bringen. Und das nervt ohne Ende. Er ist nicht mehr mit dieser Tusse zusammen, sondern sitzt mit uns hier. Aber manchmal sieht es so aus, als könnten sie nur diese eine Einbahnstraße entlang denken »Verabredung – Freundin – Ex-Freundin«, und so kommt sie ihnen öfter in den Sinn, als uns lieb ist. Wie ätzend. Unserer Meinung nach ist es respektlos, uninteressant und sollte die Alarmglocken♥ schrillen lassen, wenn sich so ein Typ offensichtlich nicht auf die Gegenwart konzentrieren kann. Aber wir haben auch gemerkt, dass alles seine Gründe hat, und es gibt tatsächlich viele Gründe, warum ein Typ bei einer Verabredung seine Ex erwähnen könnte. Sie sind nicht alle schlimm. Wir haben mal zusammengefasst, was er ungefähr sagen könnte, haben übersetzt, was er damit ausdrücken will, und erklären Ihnen, wie Sie als selbstbewusste Traumfrau darauf reagieren sollten.

Ex-Beispiel Nummer 1:
Kein Vergleich

Wir werden Sie nicht anlügen. Wenn ein Typ bei einem Date seine Ex aufs Tapet bringt, vergleicht er Sie mit ihr. Das kann allerdings auch sein Gutes haben. Man darf hoffen, dass er aus seiner gescheiterten Beziehung etwas gelernt hat, also las-

177

sen Sie sich nicht gleich abschrecken von Fragen wie: »Wie bist du, wenn du betrunken bist? Also, meine Ex-Freundin wurde immer voll zur Wildkatze.« Okay, das lässt einen innerlich erst mal zurückzucken, aber wir finden eigentlich, dass solche Fragen gewisse positive Eigenschaften verraten. Dieser Mann wäre nicht nur aufrichtig, mit seiner Frage zeigt er auch, dass er weiß, was er will. Aus seiner Beziehung hat er nützliche Lehren gezogen und zu seiner Liste ein weiteres Knockout-Kriterium hinzugefügt: Keine Frau, die zur Wildkatze wird, wenn sie trinkt. Von so einem Mann können Sie sich noch eine Scheibe abschneiden, meine Damen!

Ihr Gegenüber will also keine nuttige, betrunkene Freundin mehr. Wie reagieren Sie? Also, *auf keinen Fall* sollten Sie sich jetzt selbstzerstörerischen Fantasien♥ hingeben, in denen diese Ex die Hauptrolle spielt. Sie malen sich nicht aus, wie diese sexy Wildkatze den guten Jungen in Stücke gerissen hat, und auch nicht, wie der Arme physisch wie psychisch bluten musste. Er erzählt Ihnen, was er an ihr *nicht* mochte, also geben Sie ihm zu verstehen, dass Sie anders sind. Antworten Sie ganz ehrlich und nützen Sie die Gelegenheit vielleicht gleich, um ein wenig mit ihm zu flirten. Sagen Sie etwas wie: »Oh, wenn ich trinke, werde ich eher lustig, wahrscheinlich hab ich dann einfach ein bisschen mehr Flirtlaune als sonst.« Wir versprechen Ihnen, dass er seine Ex in null Komma nichts vergessen wird.

Ex-Beispiel Nummer 2:
Glückliche Erinnerungen (Würg!)

Und wenn seine Ex nun keine Schreckschraube war? Wenn sie hübsch und nett war und er nur positiv über sie spricht? Na, das ist auch okay. Wir finden, dass ein Mann, der seine Verflossene nicht absolut hasst und verachtet, wahrscheinlich tatsächlich ein wenig reifer ist. Wenn er eine positive Beziehung hatte, ist es weit wahrscheinlicher, dass er wieder eine gute haben wird – und die hoffentlich mit Ihnen! Also flippen Sie nicht gleich aus, wenn er seine Ex echt gemocht zu haben scheint. Gut für ihn. Und er lädt schließlich *Sie* zum Essen ein, nicht die andere, also beruhigen Sie sich. Wechseln Sie einfach das Thema und reden Sie über die Dinge, die Sie gemeinsam haben. Irgendwann kriegt er schon mit, dass Sie auf diesem Date nicht die ganze Zeit in der Vergangenheit wühlen wollen, egal, wie schön sie war.

Natürlich müssen Sie aber auch Ihren Selbstrespekt wahren, meine Damen, und genug ist genug. Wenn er öfter als einmal völlig zusammenhangslos seine Ex erwähnt, sollten Sie ihn darauf ansprechen. Warum sagen Sie nicht einfach ganz direkt: »Und – bist du immer noch in sie verliebt?«, und warten ab, was zurückkommt. Wir lieben Männer, aber sie sind nicht immer so besonders schlau. Vielleicht kapiert er ja wirklich nicht, was er da tut, dann könnten Sie ihm eine gute Reaktion entlocken. Und vergessen Sie eins nicht: Wenn Sie mit jemandem ausgehen, der am Ende immer noch in seine Ex verliebt sein könnte, haben Sie sowieso nichts zu verlieren. Seiner Antwort können Sie entnehmen, was Sie wissen müssen, also los!

Ex-Beispiel 3:
Liebe oder Hass?

Bei bestimmten Ex-Freundinnen-Gesprächen sollten bei Ihnen sämtliche Alarmglocken♥ schrillen. Ein, zwei beiläufige Bemerkungen sind verzeihlich, aber passen Sie auf, wenn ein Mann unablässig von seiner Ex redet. Vielleicht ist er immer noch verliebt, aber vielleicht ist er auch immer noch so hasserfüllt, dass er für Sie den miesesten Freund aller Zeiten abgeben würde! Manchmal ist das schwer auseinanderzuhalten – die Linie zwischen Liebe und Hass kann wirklich dünn sein. Wenn er sich immer und immer wieder darüber auslässt, was für eine unfassbare Ziege sie war, ist er nicht der Richtige für Sie. Es ist gut möglich, dass er sich einfach nicht eingestehen will, wie fest sie ihn immer noch im Griff hat. Alles, was hasserfüllt oder wütend klingt, ist grundsätzlich ungünstig. Sie wollen doch keinen Typen, der mit einem Luder namens Mandy ausgegangen ist und deswegen ausrastet, wenn Ihre Freundin Mandy zum Brunchen vorbeikommt. Leidenschaftlicher Hass ist immer noch Leidenschaft, meine Damen, und Sie wollen doch keinen Mann, der leidenschaftliche Gefühle für eine andere Frau empfindet!

Ex-Beispiel 4:
Der Sex und die Ex

Es gibt gewisse Dinge, die wollen wir nie, nie, niemals bei einem Date hören, und dazu gehört, was seine Lieblingsstellung mit seiner Ex war und wie sie seinen Schniedel immer genannt hat. Tut uns leid, aber unserer Meinung nach ist es unverzeihlich, wenn ein Typ Sex mit einer anderen Frau auch nur erwähnt, wenn er mit Ihnen ausgeht! Wir finden, wenn ein Mann bei einer Verabredung vom Sex mit seiner Ex spricht, sollten Sie sofort Klartext mit ihm reden. Sie müssen ihm erklären, dass seine Bemerkungen unangebracht sind und Sie nichts davon wissen wollen. Wenn er es dann immer noch nicht kapiert, können Sie den Spieß ja umdrehen und sagen: »Weißt du was, wenn wir wieder zu mir fahren, zeig ich dir den Pokal, den ich beim überregionalen Blowjob-Wettbewerb gewonnen habe.« Dann hält sicher auch er die Klappe.

Desaster Nummer 3:
Wenn er unhöflich zum Kellner ist

Es kann so richtig peinlich sein, wenn der Typ, mit dem man ausgeht, unhöflich zum Kellner oder Barkeeper ist. Wir haben Bemerkungen gehört wie: »Hey, Kumpel, kannst du uns mal ein bisschen Eis für unser Agua bringen, por favor!« (zu einem Italiener). Das macht nicht nur einen miesen Eindruck auf uns, es lässt uns auch noch schlecht dastehen, und das ist nicht mehr fair. Wir haben jedoch drei Taktiken, wie

Sie sich als charmante Diva aus so einer Situation herauswinden können.

Taktlosigkeitstaktik Nummer 1:
Bleiben Sie ruhig, aber schlau

Fangen Sie nicht an, mit ihm zu streiten, wenn er den Hilfskellner runterputzt. Mit noch mehr Geschrei wird es bloß schlimmer. Bleiben Sie einfach sitzen und starren Sie aus dem Fenster, und sobald der Kellner gegangen ist, entschuldigen Sie sich bei Ihrem Gegenüber für eine Toilettenpause, suchen den Kellner und sagen: »Es tut mir echt leid. Ich kenne den Typen noch gar nicht, das ist unser erstes Date, und er ist einfach ein Vollidiot.« Dann wird sich der arme Kerl gleich wieder besser fühlen und muss auch keinen Anpfiff oder Schlimmeres von seinem Chef erwarten.

Taktlosigkeitstaktik Nummer 2:
Geben Sie ein zusätzliches Trinkgeld

Wenn er den ganzen Abend über den Vollidioten gespielt und den Kellner respektlos behandelt hat, wird sich diese Attitüde sicher auch in seinem Trinkgeld widerspiegeln. Gleichen Sie das doch einfach aus, indem Sie heimlich noch ein bisschen aufstocken. Das hässliche Benehmen Ihres Gegenübers können Sie nicht wiedergutmachen, aber Sie können die Dinge durch Ihre Großzügigkeit auf jeden Fall besser machen.

Taktlosigkeitstaktik Nummer 3:
Sagen Sie ihm, dass er aufhören soll

Wir möchten zwar nicht, dass Sie einen Streit vom Zaun brechen, aber Sie haben definitiv unsere Erlaubnis, ihn auf seine Unhöflichkeit anzusprechen. Sie können sagen: »Anton, hör mal, ich hab früher auch gekellnert, das ist wirklich ein harter Job. Warum lässt du den armen Kerl nicht mal in Frieden?« Wenn Ihnen das für eine Kanaille wie ihn zu subtil ist, geht auch: »Anton, du behandelst den Kellner wie Dreck, und ehrlich gesagt macht das keinen besonders guten Eindruck auf mich.« Dann weiß er zumindest gleich, warum Sie ein zweites Date mit ihm ablehnen werden.

Desaster Nummer 4:
Wenn Sie es verkorksen♥

Wir geben's nicht gerne zu, aber diese ganzen Desaster sind nicht immer nur *seine* Schuld. Manchmal gehen unsere Nerven einfach mit uns durch, dann präsentieren wir uns nicht in Bestform, und am nächsten Tag ist uns das alles schrecklich peinlich. Doch wenn Ihnen wirklich eine Panne passiert ist, liebe Traumfrauen, müssen Sie jetzt trotzdem nicht in Panik geraten! Wir haben nie behauptet, dass Sie perfekt sein müssen. Schließlich haben wir das auch schon alles mitgemacht, und wir haben mehr Fehler gemacht, als wir gedruckt sehen möchten. Folgendermaßen können Sie Ihre Ausrutscher so geschickt wie möglich ausbügeln.

Ausrutscher Nummer 1:
Sie haben sich betrunken

Das passiert leicht, wenn Sie vor dem Date zu aufgeregt zum Essen sind und dann ein paar Drinks kippen, um mutiger zu werden. Und ehe Sie sich's versehen, stopfen Sie sich ganz un-ladylike mit Erdnüssen voll, fummeln in Ihrem Ausschnitt nach den Krümeln und stolpern auf dem Weg zum Klo. Das ist natürlich nicht das Benehmen einer umwerfenden Frau, aber wir können Ihnen helfen, die Scharte wieder auszuwetzen. Sie müssen einfach aufpassen, und sobald Sie merken, dass Ihnen die Drinks zu Kopf gestiegen sind, hören Sie auf mit dem Alkohol und steigen auf Wasser um. Gestehen Sie es Ihrem Gegenüber so schnell wie möglich ein und sagen Sie: »Tut mir leid, das passiert mir sonst echt nicht, aber ich hab wirklich ein bisschen zu viel erwischt. Kannst du mich nach Hause bringen, und wir verschieben dieses Date auf ein andermal?«

Wenn es zu spät ist und Sie sich schon restlos zum Affen gemacht haben (und vielleicht nicht mal mehr wissen, wie Sie nach Hause gekommen sind), sollten Sie sich tatsächlich aufraffen und sich entschuldigen. Rufen Sie ihn an und sagen Sie: »Michael, es tut mir echt leid, dass ich gestern Abend so viel getrunken habe. Ich weiß, ich muss einen furchtbar schlechten Eindruck auf dich gemacht haben, aber normalerweise passiert mir so was wirklich nicht. Ich hoffe, du gibst mir noch eine Chance, das wiedergutzumachen?« Vielleicht gibt er Ihnen diese Chance nicht, aber zumindest wird er Sie nicht mehr hassen (nachdem Sie am Vorabend seine neuen Autositze vollgereihert haben).

Ausrutscher Nummer 2:
Sie haben geweint

Hey, so was kann schon mal passieren, liebe Traumfrauen. Da trifft so ein Kerl einen empfindlichen Nerv, und schon tropfen die Tränen in die Guacamole. In diesem Fall sollten Sie eine kurze Toilettenpause einlegen, um sich wieder zusammenzureißen, und wenn Sie an den Tisch zurückkommen, sagen Sie: »Tut mir echt leid. Ich hatte heute einen schlimmen Tag, und irgendwie ist es grade einfach zu viel geworden.« Vergessen Sie nicht, dass Sie auch bloß ein Mensch sind, und manchmal ist es gar nicht das Schlechteste, wenn man seine emotionale Seite zeigt. Wichtig ist nur, wie Sie dann mit der Situation umgehen. Bleiben Sie bloß nicht flennend vor Ihrem Teller sitzen und sagen Sachen wie: »Oje, ich bin echt so ein Wrack. Mit einer wie mir willst du bestimmt nichts zu tun haben!« Reißen Sie sich zusammen, erklären Sie, was los war, und dann überlassen Sie ihm die Entscheidung.

Ausrutscher Nummer 3:
Sie waren zu rechthaberisch

Du liebe Güte! Sie haben wirklich gesagt, er sei ein Riesenkamel, weil er für einen anderen *DSDS*-Kandidaten gestimmt hat? Oder haben Sie sich wegen der nächsten Bundestagswahl ein Schreiduell mit ihm geliefert und ihm zum Schluss die Tortillachips um die Ohren geworfen? Tja, wahrscheinlich haben Sie ihm vor allem Ihren Verrücktheits-Vibe gezeigt, und jetzt können Sie nur noch einen Rettungsversuch unternehmen. Zuallererst sollten Sie sich natürlich aufrichtig entschuldigen. Und dann zeigen Sie ihm, dass Sie *nicht* verrückt sind, weil Sie die ganze Sache auch humorvoll sehen können: »Wow, wir haben uns gestern Abend ganz schön in die Wolle gekriegt, was? Ich frag mich, wie es bei uns im Bett aussehen würde bei so viel Leidenschaft.« Das wird Ihnen garantiert ein zweites Date einbringen, und dann können Sie entscheiden, ob es weitergeht.

Ausrutscher Nummer 4:
Ihr GSG♥ hat Ihnen einen Streich gespielt

So selbstbewusst wir auch sein mögen, manchmal macht sich unser GSG♥ in den unpassendsten Momenten bemerkbar, und dann verhalten wir uns seltsam oder einfach desinteressiert oder unsicher. Damit kann man die Männer ziemlich verwirren. Wenn Sie bei Ihrer Verabredung befremdlich schweigsam sind, könnte er annehmen, dass Sie ihn nicht mögen. Halten Sie sich vor Augen, dass er wahrscheinlich auch nervös ist, also können Sie sich einfach so weit aus dem Fenster hängen, Ihre Gefühle auszusprechen. Sagen Sie: »Mann, ich bin so nervös! Komisch, oder?« Wenn der Abend schon vorüber ist und es Ihnen im Magen liegt, wie Ihr GSG♥ sich in den Vordergrund gedrängt hat, rufen Sie ihn an und sagen: »Tut mir echt leid, wenn ich gestern Abend ein bisschen komisch war, ich hatte so viel im Kopf. Aber ich würde dich zu gern an einem anderen Abend einladen und es wiedergutmachen.« Direktheit und Mut sind richtig sexy, Mädels! Gestatten Sie ihm nicht, Sie vorschnell abzuschreiben, versuchen Sie zumindest, noch eine Chance zu bekommen, ihm Ihr wahres Ich zu zeigen.

Desaster Nummer 5:
Wenn er nicht küssen kann

Ungeschickte Küsse gibt es öfters, aber sie verblassen neben den katastrophalen Küssen. Ein katastrophaler Kuss kann ein schreckliches Erlebnis sein: Da ist dieser intime Moment nun völlig in die Binsen gegangen, und Sie stehen da und kommen sich vor wie der letzte Trottel mit dem ganzen Sabber im Gesicht. Igitt! Leider haben auch wir so einige miese Küsser getroffen, hier also unsere Tipps, wie Sie damit umgehen können.

Kuss-Killer Nummer 1:
Das Schaf im Wolfspelz

Waren Sie schon mal auf einem Date mit einem Typen, der Ihnen absolut nett, bescheiden und klug vorkam, und als er Ihnen einen Gutenachtkuss geben wollte, führte er sich plötzlich auf wie ein verruchter, supersexy Soapstar? Sie kennen sie doch, oder? Diese Typen, die einen plötzlich mit einem Kuss überfallen, der nach *Vom Winde verweht* aussehen soll, und dann kommen sie sich mit ihren ganzen vogelwilden Zungenkunststückchen so unglaublich sexy vor. So was kann einem wirklich die Laune verderben, aber wir wissen eine einfache Lösung: Hören Sie auf, ihn zu küssen. Finden Sie einen Ausweg. Tun Sie irgendwas, aber setzen Sie dem Wahnsinn ein Ende. Es gibt keine Art, wie man so einem eingebildeten Küsser etwas Positives abgewinnen könnte, also sehen Sie zu, dass Sie da rauskommen. Traumfrauen sind ehrlich, und wenn Ihnen bei diesem Typ mit seinen arroganten Quasi-Casanova-Küssen ganz ehrlich das Kotzen kommt, dann sagen Sie gute Nacht und bewegen Ihren Allerwertesten geradewegs nach Hause.

Kuss-Killer Nummer 2:
Der zaudernde Züngler

Das ist noch so ein Spielverderber. Wir reden hier von einem Mann, der Sie auf eine total befremdliche, irgendwie halbherzige Art küsst, gleichzeitig Ihren Kopf aber so festhält, dass Sie nicht auskommen können. Das Seltsame an ihm ist, dass er Sie entweder total vollsabbert oder aber so gerade eben an Ihren Lippen leckt – so oder so bringt er einen absolut auf die Palme. Und manchmal macht er den Mund kaum auf. Trotzdem hält er Sie eisern fest, auch wenn er irgendwie nichts Rechtes mit Ihren Lippen anzufangen weiß. Wir haben zwei Vorschläge, wie Sie sich aus dieser unglücklichen Lage befreien können. Erstens: Zeigen Sie ihm, wie man richtig küsst. Soll echt schon funktioniert haben. Es kann auch sein, dass er langsam angefangen hat, um erst mal das Terrain zu sondieren, also geben Sie ihm zu verstehen, dass Sie kein kleines Schulmädchen sind, und küssen Sie ihn so richtig. Wenn das nicht funktioniert – hören Sie auf, ihn zu küssen. Weichen Sie zurück, lächeln Sie und sagen: »Gute Nacht.« Und dann nichts wie weg.

Kuss-Killer Nummer 3:
Der Tollwütige ohne Timing

Manchmal, wenn so ein Date ganz gut gelaufen ist und Sie noch überlegen, ob Sie ihn mögen oder nicht, springt er Ihnen plötzlich an die Kehle wie ein brunftiger Pitbull. Und zwar bei einem Blind Date, mitten im 3-Sterne-Restaurant oder während Sie *Schindlers Liste* angucken. Das ist ihm alles ganz egal, der ist so high, ein Date zu haben, dass er glaubt, er könnte Ihnen überall jederzeit die Mandeln ablecken. Das ist so was von ungut. Sie wollen seine Gefühle ja nicht verletzen, andererseits kommen Sie sich vor wie eine vierzehnjährige Schlampenanwärterin, wenn Sie sich in einem unpassenden Rahmen so durchknutschen lassen. Weichen Sie einfach aus und versuchen Sie, seine Aufmerksamkeit auf etwas anderes zu lenken. Wenn er sich nicht von seinem Vorhaben abbringen lassen will, müssen Sie wohl ein bisschen deutlicher werden. Sagen Sie einfach: »Weißt du, ich bin bestimmt nicht prüde, und ich würde dich auch gerne küssen, aber irgendwie kommt mir der Zeitpunkt nicht ganz glücklich vor!« Wenn das auch nichts fruchtet, wissen Sie, was Sie zu tun haben: Schwingen Sie Ihren hübschen Hintern wieder nach Hause, aber ganz plötzlich.

Gedanken zum dritten Date

Das dritte Date ist unglaublich wichtig. Wenn Sie zum dritten Mal mit jemandem ausgehen, spielt er wirklich eine Rolle in Ihrem Leben, und Sie werden ihn auch so schnell nicht vergessen. Zwar besteht immer noch die Möglichkeit, dass nach der dritten Verabredung alles ganz schrecklich in die Hose geht, aber wenn Sie auf Ihre Vibes aufpassen und sich auch sonst in Acht nehmen, dürfte eigentlich feststehen, dass dieser Mann Ihnen jetzt eine Weile erhalten bleibt.

Sie sollten sich nicht dreimal mit einem Typen treffen, wenn Sie ihn gar nicht so sehr mögen oder wissen, dass er absolut der Falsche für Sie ist. Wir können es Ihnen gleich sagen, es wird einfach niemals gutgehen, wenn Sie in dieser Sache Ihrer Intuition zuwiderhandeln. Wir kennen alle diese Sorte Mädchen, das sich weiter von dem Jungen ausführen lässt, über den es im Grunde seit dem ersten Date meckert. Und immer wieder geschieht das Unvermeidliche – sie heult und streitet jeden zweiten Tag mit ihm, und einen Monat später trennen sie sich dann sowieso. Tun Sie das lieber nicht. Nehmen Sie sich die Zeit, innerlich einen Schritt zurückzutreten und zu entscheiden, ob Sie diesen Typen genug mögen, um sich weiter mit ihm zu treffen. Es ist wichtig, dass Sie sich nicht nur aus Jux auf so ein drittes Date einlassen – es sei denn, Sie stehen auf so was.

Doch es gibt drei Ausnahmen, je nachdem, wie Ihre Absichten aussehen. Wenn Sie um des Ausgehens willen mit Männern ausgehen und nicht sicher sind, ob Sie sich ein drittes Mal mit einem verabreden sollen, dann tun Sie's! Amüsieren Sie sich noch einmal und (wenn Sie wollen) schlafen Sie mit ihm. Feiern Sie Ihre Traumzeit♥, indem Sie mit einem Typen ausgehen, den Sie zumindest halbwegs interessant finden. Wenn Sie ihn aber gar nicht so doll finden und er Sie bloß davon abhält, andere Jungs kennenzulernen, dann sollten Sie sich die dritte Verabredung verkneifen. Und wenn Sie schon andere Männer kennengelernt haben, die Sie lieber mögen, dann setzen Sie diesen vor die Tür! Sie brauchen schließlich auch nicht seine Zeit zu verschwenden, und das tun Sie, wenn Sie von anderen Typen mehr hin und weg♥ sind als von ihm.

Für den Fall, dass Sie auf der Suche nach einem festen Freund sind, sieht unser Rat ein wenig anders aus. Wir finden, dass Sie ein drittes Mal mit ihm ausgehen sollten, wenn er die meisten der Eigenschaften besitzt, die Sie auf Ihrer Liste stehen haben, und bei Ihnen kein einziges Mal Ihre Alarmglocken♥ losgegangen sind. Vergessen Sie nicht: Sie wollen nicht *irgendeinen* Freund, Sie wollen einen guten. Also schauen Sie sich noch mal Ihre Liste an und denken Sie gut nach. Wenn Sie noch unsicher sind, dann sollten Sie vielleicht ein drittes Mal mit ihm ausgehen, um zu einer endgültigen Entscheidung über diesen Typen zu kommen. Das ist absolut in Ordnung. Aber wenn Sie eine Beziehung anstreben und dann weiter mit jemandem ausgehen, für den Sie nicht allzu viel empfinden können, dann tun Sie sich damit keinen Gefallen. Solche Notlösungen befriedigen einen vorübergehend, aber Sie haben etwas Authentischeres verdient.

Falls Sie nach einem Ehemann Ausschau halten, ist es noch

wichtiger, gründlich über dieses dritte Date nachzudenken. Sollten Sie schon sicher sein, dass er nicht der Richtige ist oder die Chemie zwischen Ihnen so gar nicht stimmt, dann verschwenden Sie Ihre Zeit und Energie nicht auf eine dritte Verabredung. Wenn Sie wissen, dass er nicht der Richtige ist, Sie aber trotzdem mit jemandem ins Bett oder ins Kino gehen wollen, dann können wir das vollkommen verstehen, raten aber trotzdem von einem dritten Treffen ab. Bei Ihrer Suche nach dem Richtigen ist jede Minute, die Sie mit dem Falschen verbringen, eine verpasste Gelegenheit, jemand anderen kennenzulernen.

5. Kapitel:
Lassen Sie sich lieben

Nachdem Sie nun schon eine Weile auf Dates gehen und Ihre Traumzeit♥ in vollen Zügen genießen, wird es Zeit, dass wir über Sex reden. Wir sind keine Sexpertinnen, wir sind nur zwei Freundinnen, die mit ihrer eigenen Unsicherheit und Verwirrung im Schlafzimmer kämpfen mussten, und wir haben eine Menge gelernt durch unsere Enttäuschungen und vergnüglichen Erlebnisse (und durch viele, viele Gespräche). Wir werden uns nicht in technische Fragen vertiefen, aber wir wollen Ihnen einen Rat geben, wann Sie es tun sollten, warum Sie es tun sollten und wie Sie sich dabei immer als sexy Traumfrau fühlen können.

Sex ist eine schmutzige Angelegenheit – das kann nun positiv oder negativ ausfallen. Die meisten Frauen setzen sich unabhängig von ihrer Erfahrung mit den gleichen Unsicherheiten und Fragen auseinander. Wir haben alle dieselben Probleme mit unserem Körperbild, Verlassenheitsängsten, Wunsch nach Aufmerksamkeit, Eifersucht und Unsicherheit bezüglich unserer »Leistung« im Bett. Und wenn es um Sex geht, sind wir eben alle leicht emotional.

Wenn Sie anfangen, mit Jungs auszugehen, werden Ihre Entscheidungen auf diesem Gebiet wahrscheinlich all Ihre späteren Beziehungen und Ihr Selbstwertgefühl beeinflussen. Und wir wollen nicht, dass Ihnen irgendwelche Unklarheiten im Weg stehen, wenn Sie die große Liebe finden wollen. In diesem Kapitel stehen wir Ihnen bei jeder sexuellen Entscheidung und jedem Hindernis zur Seite, und Sie werden sehen, schon bald werden Sie mehr Spaß im Bett haben, als Sie sich je erträumt hätten. Anschnallen, Mädels, das wird eine wilde Fahrt!

Die Sache mit der Jungfräulichkeit

Zu Anfang kurz ein Wort an alle Traumfrauen, die immer noch ihre wunderbare Jungfräulichkeit bewahren: Ob Sie sich nun für die Ehe aufsparen oder nur für Ihre erste wahre Liebe, wir finden es toll von Ihnen. Sex ist eine gewichtige Angelegenheit, und die Wahl Ihrer Sexualpartner hat Auswirkungen auf viele Aspekte Ihres Lebens. Es gibt keinen Grund, die Dinge zu überstürzen. Jeder ist zu einem anderen Zeitpunkt bereit für den ersten Sex, und auch Sie werden ganz sicher wissen, wann Ihrer gekommen ist. Hören Sie auf Ihren Körper und Ihr Herz, nicht auf irgendwen, der Sie unter Druck setzt, dass Sie endlich Sex haben sollten. Ihre ersten Erfahrungen auf diesem Gebiet werden den sexuellen Grundton für den Rest Ihres Lebens vorgeben. Wenn Sie warten, bis Sie den richtigen Menschen und die richtige Situation gefunden haben, kann das seine Vorteile haben, und wenn Sie es zu früh oder aus den falschen Gründen tun, wird es Ihnen langfristig garantiert wehtun.

Wenn Sie eine jungfräuliche Traumfrau sind, lassen Sie sich gesagt sein, wie stolz wir auf Sie sind! Bitte bewahren Sie sich diesen Zustand, bis der richtige Moment da ist, und lassen Sie sich von niemandem dreinreden, wann dieser Moment sein soll. Lassen Sie sich keinesfalls von einem notgeilen Jungen unter Druck setzen, sodass Sie Dinge tun, bei denen Ihnen unwohl ist. Wenn Ihnen nicht gefällt, wozu er Sie überreden will, dann sind Sie eben noch nicht bereit, und das ist absolut normal. Anderen unter Ihnen gefällt vielleicht, was er vorschlägt, aber das heißt noch lange nicht, dass Sie sich jetzt kopfüber hineinstürzen sollten. Denken Sie wirklich darüber nach, ob Sie so einen besonderen, intimen Akt mit dieser Person vollziehen wollen. Nur weil etwas toll klingt, bedeutet das nicht, dass Sie nicht trotzdem so lange warten können, bis der richtige Partner dafür gekommen ist.

In der Zwischenzeit können Sie ja so einiges lernen, über Sex im Allgemeinen und was Ihnen vielleicht gefallen könnte. Experimentieren Sie mit sich selbst herum, bis Sie den Richtigen gefunden haben. Es ist völlig gesund, neugierig zu sein und möglichst viel darüber zu lernen – das heißt ja nicht, dass Sie es sofort tun müssten. Und wenn Sie noch Jungfrau sind, vergessen Sie nicht, sich wie eine umwerfende Frau zu benehmen und sich niemals kleinzumachen♥. Es gibt nichts, wofür Sie sich entschuldigen müssten, also seien Sie stolz auf das, was Sie sind! Auch ohne Sex können Sie sich eine großartige Traumzeit♥ machen. Genießen Sie Ihre Jungfräulichkeit und warten Sie so lange, bis Sie eben nicht mehr warten wollen.

(Wenn Sie jedoch aus unguten Gründen Jungfrau bleiben, zum Beispiel weil Sie als Kind missbraucht wurden, kümmern Sie sich bitte um sich! Besorgen Sie sich Hilfe! Arbeiten Sie diese Themen auf, damit Sie am Schluss bereit sind für die Liebe.)

Nervige Jungfrauen

Noch ein Wort an die Mädels, die sich Jungfrauen nennen, sich aber aufführen wie Schlampen und so die wunderbaren echten Jungfrauen in Verruf bringen. Wir meinen diejenigen, die sich Quasi-Jungfrau nennen, weil sie seit einem Monat mit keinem Mann mehr im Bett waren, oder sich als Jungfrau bezeichnen, während sie der gesamten Football-mannschaft ihrer Schule Blowjobs verpassen und jeden mit der Zunge ranlassen. Echte Jungfräulichkeit ist eine heilige, wunderschöne Sache, und wenn Sie sich im oben beschriebenen Verhalten wiedererkennen, dann sind Sie nicht nur keine Jungfrau, Sie sind auch keine Traumfrau. Sie benehmen sich eher wie ein GSG♥-Mädchen mit total verkorksten♥ Vibes, das alles tut, um ein bisschen Aufmerksamkeit zu bekommen.

Wenn Sie so sind, dann schmeicheln Sie sich nicht selbst, wie toll Sie sind, weil Sie keinen Geschlechtsverkehr haben – Sie sind kein Jota besser als jede andere auch. Also bezeichnen Sie sich nicht in jeder Dürreperiode als Jungfrau und geben Sie vor den Jungs nicht mit Ihrer Jungfräulichkeit an, um sich zwei Sekunden später den Hintern von ihnen ablecken zu lassen. Tut uns leid, wenn wir ein bisschen grob klingen, aber Sie sind nicht besser als eine Traumfrau, die ehrlich mit ihrer Sexualität umgeht. Sie verhalten sich wie ein Mädchen, das mit seiner vegetarischen Ernährung prahlt, sich aber regelmäßig Big Macs reinpfeift, wenn es einen Kater hat.

Bitte – wir sagen nicht, dass Sie sexuelle Beziehungen als

Jungfrau nicht genießen können! Wenn Sie rumknutschen und ein bisschen experimentieren wollen, sich aber ganz genau überlegen wollen, wer alles von Ihnen bekommen soll, sagen wir ja gar nichts. Das klingt toll. Wir reden nur von Frauen, die sich als Jungfrauen ausgeben, um damit sexuelle Aufmerksamkeit von den Männern zu bekommen. Wenn Sie damit herumprahlen und sich vor lauter Eitelkeit kaum mehr einkriegen können, sind Sie wie der Abgeordnete, der gegen Prostitution kämpft, um sich hinterher mit einer Edelnutte im Bett erwischen zu lassen. Wenn Sie rumschlafen oder mit jedem Typen, den Sie kennen, knutschen wollen, dann tun Sie das. Wir werden den Stab sicher nicht über Sie brechen. Aber spielen Sie bitte nicht die Jungfrauenkarte. Seien Sie aufrichtig und respektieren Sie sich selbst, dann wird es Ihrer Umgebung auch gleich viel leichter fallen, Sie zu respektieren.

Schlafzimmerknigge

Okay, es wird Zeit, dass wir über diejenigen unter Ihnen sprechen, die wirklich Sex haben. Leider ist das mit der Liebe nicht so glamourös, wie es im Film immer aussieht. Es ist sogar sehr außergewöhnlich, dass Sex mühelos perfekt und harmonisch abläuft, aber wir wollen dafür sorgen, dass Sie keine Peinlichkeiten oder unangenehmen Situationen erleben, damit Sie sich so richtig den Wonnen des Schlafzimmers hingeben können. Hier sind ein paar wichtige Traumfrauenregeln, mit denen man sein Liebesleben traumhaft♥ gestalten kann.

Schlafzimmerspielregel Nummer 1: Nehmen Sie die Dinge in die Hand

Damit meinen wir nicht, dass Sie den Kerl gegen die Wand drücken und alles immer selbst initiieren sollen (es sei denn, Sie stehen drauf), aber wir möchten Sie doch daran erinnern, dass Sie nicht einfach wie eine Puppe daliegen sollten. Es gehören immer zwei dazu, Mädels, und der Mann ist nicht allein dafür verantwortlich, dass der Sex gut wird. Sie müssen schon auch etwas leisten. Übernehmen Sie auch ein wenig Kontrolle und lenken Sie die Dinge in die richtige Richtung. Es liegt ganz in Ihrer Macht, dieses Erlebnis denkwürdig und erfreulich für Sie beide zu gestalten.

Schlafzimmerspielregel Nummer 2: Stehen Sie zu sich selbst

Sie sind eine aufregende Frau und brauchen nichts zu tun, womit Sie sich nicht wohlfühlen, nur um einen Typen zu beeindrucken. Führen Sie sich nicht wie eine verrückte, nymphomanische Schlampengöttin auf, weil Sie glauben, dass er dann mehr auf Sie abfahren wird. Natürlich sollten Sie Neuem gegenüber aufgeschlossen sein und auch bereit, etwas auszuprobieren, was er sich wünscht. Aber bleiben Sie sich dabei immer treu. Ihr Körper ist Ihr Körper, und wenn Sie jemandem erlauben, Sie auf eine Art zu besitzen, bei der Sie ein flaues Gefühl haben, dann verlieren Sie den Selbstrespekt und fangen an, den Mann dafür zu hassen.

Schlafzimmerspielregel Nummer 3: Reden Sie

Ob Sie Dirty Talk mögen oder nicht, halten Sie die Kommunikation mit ihm aufrecht. Manche Frauen verstummen beim Sex vor Angst, und dann fühlen sich die Männer GSG♥. (Und so was geht immer blöd aus.) Erlauben Sie nicht, dass Ihre Sprachlosigkeit Ihnen dieses Erlebnis ruiniert. Sie sollten ungeniert aussprechen können, was Sie mögen, ihn fragen, was er mag, oder zumindest zustimmende Laute von sich geben.

Schlafzimmerspielregel Nummer 4:
Gehen Sie auf Nummer sicher

Es gibt keine Entschuldigung dafür, sich von der Hitze des Augenblicks so hinreißen zu lassen, dass man jede Verhütungsmaßnahme vergisst und sich am Ende noch schwängern lässt. Übernehmen Sie Verantwortung für Ihren Körper, dann haben Sie hinterher weder ein ungewolltes Baby noch eine lebenslange Krankheit am Hals. Er soll sein Teil gefälligst ordentlich einpacken, und wenn er sich querstellt, dann suchen Sie sich eben jemanden, der entzückt sein wird, sich ein Kondom überzustreifen, wenn er dafür mit einer heißen Frau wie Ihnen Sex haben kann.

Schlafzimmerspielregel Nummer 5:
Seien Sie ehrlich

Sex ist der intimste Akt, den zwei Menschen begehen können, wenn Sie sich mit ihm also so wohlfühlen, dass Sie mit ihm zwischen die Laken springen können, dann sollten Sie sich auch wohl genug mit ihm fühlen, um ehrlich zu ihm zu sein! Haben Sie eine Geschlechtskrankheit? Die Pille vergessen? Egal was, wenn Sie kurz der Gedanke streift, dass Sie es ihm erzählen sollten – dann erzählen Sie es ihm bitte! Sie wollen doch auch nicht mit ihm schlafen und drei Tage später von seinem dunklen Geheimnis erfahren. Oder heute Abend mit ihm rumfummeln und morgen Pfeiffer'sches Drüsenfieber haben. Behandeln Sie ihn mit Respekt: Benehmen Sie sich wie eine Traumfrau und seien Sie ehrlich!

Schlafzimmerspielregel Nummer 6:
Seien Sie nicht GSG♥

Sie sind toll, sexy und ein Energiebündel, haben einen schönen weiblichen Körper, und der Kerl kann von Glück reden, dass er die Gelegenheit bekommt, Sie in Ihrem Geburtstagsoutfit zu sehen. Also wagen Sie jetzt bloß nicht, sich kleinzumachen♥ und ständig daran zu denken, was an Ihrem Körper alles nicht ganz perfekt sein könnte! Wenn Sie sich kleinmachen♥ und ihm sagen, dass er Sie bloß nicht angucken soll, beziehungsweise nur Sex unter der Decke in einem abgedunkelten Zimmer haben können, dann wollen wir Ihnen helfen. Sie sind eine heiße Frau und müssen sich für nichts entschuldigen! Er will doch Sex mit Ihnen, das heißt, dass er Sie attraktiv findet, also lassen Sie sich einfach gehen und genießen Sie diesen Augenblick. Wir versprechen Ihnen, dass es wesentlich mehr Spaß macht, sobald Sie richtig mitgehen.

Schlafzimmerspielregel Nummer 7:
Stellen Sie keine Vergleiche an

Das Schlafzimmer ist der ungeeignetste Platz, um über verflossene Liebhaber zu reden. Reden Sie nicht darüber, dass Sie einen riesigen Vorrat an Kondomen im Nachtkästchen haben, und erzählen Sie ihm nicht, wie Sie damals Ihre Lieblingsstellung entdeckt haben. Und fangen Sie niemals einen Satz mit den Worten an: »Ich fand es immer total geil, wenn mein Ex-Freund …«

Schlafzimmerspielregel Nummer 8:
Schluss mit der Grübelei

Es wird höchste Zeit, dass Sie Ihren inneren Monolog abstellen, um sich auf diesen Mann zu konzentrieren und auf das, was Ihre Körper gerade miteinander anstellen. Denken Sie nicht mehr an den Bericht, den Sie für die Arbeit schreiben müssen, was Sie morgen frühstücken könnten oder was die Nachbarn wohl denken. Und vor allem zerbrechen Sie sich bitte nicht den Kopf darüber, was er *denken* könnte. Sosehr Sie sich anstrengen, es wird Ihnen sowieso nicht gelingen, seine Gedanken zu lesen. Wenn Sie beim Sex in Gedanken abschweifen, wird er es wahrscheinlich bemerken und GSG♥ werden, und dann geht alles den Bach runter. Also hören Sie gleich auf mit der Grübelei, bevor Sie damit erst Ihr Hirn und dann Ihren Körper blockieren.

Schlafzimmerspielregel Nummer 9:
Sagen Sie keine komischen Sachen

In so intimen Momenten hat man ja meistens keinen klaren Kopf mehr, und dann sagt man plötzlich total seltsame Dinge. Wenn er es Ihnen gerade besorgt, fangen Sie bitte nicht an zu kichern und sagen: »Oh, tut mir leid, aber ich musste gerade an so eine Szene aus *Keinohrhasen* denken.« Glauben Sie wirklich, er möchte wissen, dass Sie beim Poppen an Til Schweiger denken? Wir sagen nicht, dass Sie sich zensieren sollen, aber denken Sie doch bitte zweimal nach, bevor Sie etwas sagen, was ihm nachts den Schlaf raubt.

Schlafzimmerspielregel Nummer 10:
Sagen Sie ihm, was Ihnen gefällt

Das geht Hand in Hand mit Ehrlichkeit und Initiative. Seien Sie nicht kritisch oder grausam, aber lassen Sie ihn ruhig wissen, aus welchem Winkel Sie es besonders mögen oder wie er Sie noch besser befriedigen kann. Wenn er gerade an einem Ihrer Körperteile saugt wie ein AEG-Staubsauger und Ihnen dabei alles vergeht, sagen Sie etwas wie: »Wenn du mich hier ganz zart küsst, macht mich das total an.« Wenn er Ihnen die Zunge ins Ohr steckt, woraufhin Sie pfeilgrade an die Decke schießen könnten, sagen Sie: »Tut mir leid, ich bin voll kitzlig an den Ohren, aber wenn du hier leckst, das mag ich total gern.« Ein guter Trick ist auch, mit *ihm* die Sachen zu tun, die er auch mit Ihnen tun sollte. Wenn Sie sich wünschen, dass er ein bisschen härter zupackt, dann beißen Sie ihn in den Nacken und kratzen Sie über seinen Rücken. Wenn Sie zusammenpassen, wird er im Handumdrehen richtig reagieren.

Sex und Dating: So lauten die Spielregeln

Wir möchten Ihnen bei ein paar wichtigen sexuellen Entscheidungen helfen, zum Beispiel wann und wie Sie Sex haben (oder auch nicht haben) sollten. Hand aufs Herz: Waren Sie sich immer ganz sicher, sich da richtig entschieden zu haben? Viele von Ihnen lassen sich wahrscheinlich entweder zu schnell darauf ein oder zögern es zu lange hinaus und verwirren das Universum♥ mit Ihren falschen Entscheidungen. Aber ob Sie nun jagdlustig, beziehungsbereit oder heiratswillig sind, wir haben die Antworten auf die Fragen, die Ihnen am meisten unter den Nägeln brennen. Außerdem gibt es noch eine Reihe von Ausnahmen, denn keine gute Freundin würde Ihnen erlauben, mit jemandem ins Bett zu gehen (oder auch nicht), ohne Ihnen zumindest einen Grund zu nennen, warum Sie das Richtige getan haben.

Sollten Sie schon beim ersten Date Sex haben?

Antwort:
Nein!

Grund:
Es ist uns ganz egal, wie krass Sie gerade in Stimmung♥ sind, es gibt einfach keinen guten Grund, warum man einem Kerl

schon am ersten Abend alles geben sollte. Wir wollen, dass Sie sich schützen, und damit meinen wir nicht nur das Kondom. (Obwohl wir das natürlich *auch* meinen.) Wir wollen, dass Sie Ihr Herz und auch Ihren hitzigen kleinen Kopf schützen. Wenn Sie zu früh mit einem Mann ins Bett steigen, bevor Sie richtig wissen können, ob Sie ihn überhaupt mögen, vernebeln Sie sich nur Ihr Urteilsvermögen und fühlen sich hinterher schrecklich GSG♥.

Kann schon sein, dass manche von Ihnen stark genug dafür sind, aber wir wissen, dass es die Emotionen völlig durcheinanderbringt, und dann investieren Sie am Ende viel zu viel Gefühl in diesen Typen, den Sie gerade erst getroffen haben. Was, wenn Sie glauben, ihn wirklich zu mögen, und dann ruft er Sie nie wieder an? Wie ist Ihnen dann zumute? Und wenn der Sex schrecklich war und Sie merken, dass Sie ihn nicht mal besonders mögen, und dann ruft er Sie pausenlos an? Oder wenn der Sex so furchtbar ist, weil Sie eben noch nicht unbefangen genug miteinander umgehen können? Dabei hätten Sie es vielleicht wirklich traumhaft♥ haben können, wenn Sie noch zwei weitere Dates abgewartet hätten. Also nehmen Sie sich die Zeit, ihn ein bisschen kennenzulernen, bevor er Sie nackt sehen darf. Wenn Sie zu früh mit ihm schlafen, kommen Sie keinen Schritt weiter, und am Ende stehen Sie in irgendeiner seltsamen Wohnung mit komischen Bettbezügen und haben keine Ahnung, wo das Badezimmer ist.

Ausnahmen:

Falls Sie nur um des Ausgehens willen mit den Männern ausgehen und sich selbst gut genug kennen, um zu wissen, dass Ihnen dieser Typ zu 100 Prozent guttun wird, dann nichts wie ran! Lassen Sie sich bloß nicht von uns abhalten. Wenn Sie sicher sind, hinterher kein Problem damit zu haben, dass Sie diesen Kerl sofort vom Sahnetopf haben naschen lassen, und wenn Sie voll und ganz akzeptiert haben, dass Sie ihn vielleicht nie wieder sehen oder von ihm hören werden, haben Sie unsere volle Zustimmung. In diesem Fall teilen Sie dem Universum♥ nämlich mit, dass Sie eine Jagdlustige sind, die keine größeren Verbindlichkeiten im Sinn hat. Genießen Sie es und denken Sie an den Gummi.

Sie können auch Sex beim ersten Date haben, wenn Sie einfach nur einen One-Night-Stand anstreben. Befolgen Sie nur unsere One-Night-Stand-Regeln im Abschnitt »Nur für eine Nacht« ab Seite 216. Seien Sie aber darauf gefasst, dass Sie am Ende nicht genau wissen, ob das nun ein Date war, das mit Sex endete, oder ein waschechter One-Night-Stand. Solange Sie mit beidem klarkommen, bitte, legen Sie sich keine Zügel an. Nur ihm ein Kondom. Wäre doch wirklich zu blöd, wenn Sie sich wegen so was eine lästige Krankheit einfangen oder am Ende schwanger dastehen würden.

Sollten Sie sich jedoch eine Beziehung oder einen Ehemann wünschen, tut es uns sehr leid, denn dann gibt es leider überhaupt keine Ausnahme. Wer bei der ersten Verabredung mit einem Mann schläft, stiftet beim Universum♥ nur Verwirrung, also beherrschen Sie sich noch ein Weilchen und checken Sie ab, ob Sie wirklich Potenzial sehen, bevor Sie mit ihm ins Bett gehen.

Sollten Sie beim zweiten Date Sex haben?

Antwort:
Wohl eher nicht.

Grund:
Es ist immer noch zu früh. Wirklich. Ist ja toll, wenn er Ihnen so gut gefallen hat, dass Sie zweimal mit ihm ausgehen wollten. Das bedeutet, dass es hier wohl wirklich Potenzial geben könnte! Aber Sie wissen immer noch nicht, ob er nicht total seltsam wird, sobald Sie mit ihm geschlafen haben, oder ob Sie total seltsam werden, sobald Sie mit ihm geschlafen haben, oder ob es einfach total seltsam wird, mit ihm zu schlafen. Genießen Sie die eventuelle Knutscherei und lassen Sie sich noch etwas übrig, worauf Sie sich freuen können. Vorfreude ist schließlich die schönste Freude, stimmt's?

Ausnahmen:
Wenn Sie nur um des Ausgehens willen mit den Männern ausgehen, schon beim ersten Mal mit dem Gedanken an Sex gespielt haben, aber lieber ganz sichergehen wollten – bestens! Wenn die zweite Verabredung genauso lustig war, dann gehen Sie doch miteinander ins Bett. Auch für die Jagdlustige gilt dieselbe Regel wie für den Sex beim ersten Date. Wenn Sie sich wohl damit fühlen oder sowieso nur auf einen One-Night-Stand aus sind, hauen Sie rein.

Diesmal gibt es für die anderen Frauen eine Ausnahme. Wenn Sie eine Beziehungsbereite oder Heiratswillige sind und sich absolut unglaublich traumhaft♥ magnetisch zu diesem Mann hingezogen fühlen, können Sie beim zweiten Date Sex mit ihm haben. Aber nur, wenn es bei den ersten zwei Verabredungen so gefunkt hat, Sie so viel gelacht und so heftig geflirtet haben, dass Sie einfach nicht mehr anders können. Hingegen sollten Sie sich nicht überreden oder sich aus den falschen Gründen dazu zwingen lassen, denn das wird Sie nicht glücklich machen, das können wir Ihnen versichern. Vergessen Sie auch nicht, dass zu diesem Zeitpunkt noch immer Risiken lauern, denn Sie wissen noch nicht wirklich genug über diesen Typen, um sicher zu sein, ob er gut für Sie ist oder dasselbe will wie Sie. Selbst wenn Sie so prima zusammenpassen, dass es Ihnen ganz normal vorkommt, es beim zweiten Date schon zu tun, machen Sie sich vorher trotzdem die potenziellen Konsequenzen klar. Es kann gut sein, dass er nicht der Richtige ist. Wenn Sie sich das vor Augen halten, können Sie das Erlebnis einfach genießen.

Sollten Sie beim dritten Date Sex haben?

Antwort:
Tendenziell ja.

Grund:
Wenn Sie nur um des Ausgehens willen mit den Männern ausgehen und noch keinen Sex hatten – entweder, weil Sie ihn nicht attraktiv genug fanden oder weil er zu lahmarschig war, Ihnen Avancen zu machen –, dann ist er wahrschein-

lich Ihre Zeit nicht wert. Sie wollen doch nicht mit einem Typen ausgehen, mit dem die Chemie nicht stimmt, und Sie als Jagdlustige müssen nicht warten, bis Sie Ihr Gegenüber eingehender kennengelernt haben. Wir sagen nicht, dass es bei einem Date nur um Sex geht, aber wir wollen doch auch nicht, dass Sie sich mit jemandem abgeben, der Ihre Traumfrauenqualitäten gar nicht wert ist, vor allem nicht an diesem Punkt Ihres Lebens.

Sollten Sie sich einen Ehemann oder Partner wünschen, gilt so ziemlich dasselbe. Sollten Sie die ersten drei Verabredungen erfolgreich hinter sich gebracht haben und sich zu ihm hingezogen fühlen, gibt es keinen Grund, warum Sie sich länger zurückhalten sollten. Jetzt ist der Moment, in dem Sie endlich Nägel mit Köpfen machen dürfen. Testen Sie, wie es läuft, bevor Sie sich noch mehr in ihn verknallen, nur für den Fall, dass der Kerl plötzlich noch das absolute Knockout-Kriterium aus dem Hut zaubert.

Ausnahmen:

Wenn Sie noch Jungfrau oder sehr jung sind – sagen wir mal unter 21 – und nur zum Spaß mit Jungs ausgehen, oder weil Sie einen Freund suchen, ist es auch völlig in Ordnung, wenn Sie nach drei Dates noch nicht mit ihm schlafen. In Ihrem Alter haben Sie noch jede Menge Zeit, sich mit vielen zu verabreden, Sie müssen nicht bei jedem gleich eine Kerbe in den Bettpfosten schnitzen. Und entschuldigen Sie sich nicht dafür: Sagen Sie den Typen, mit denen Sie ausgehen, einfach klipp und klar, wonach Sie suchen und dass Sie erst Sex mit ihnen haben wollen, wenn Sie absolut dazu bereit sind.

Weitere Ausnahme: Wenn Sie sich eine ernsthafte Beziehung oder einen Ehemann wünschen und glauben, dass dieser Mann der Richtige sein könnte. In diesem Fall könnte es ganz klug sein, sich noch ein kleines bisschen zu gedulden. Die ersten paar Verabredungen ohne Sex sind Ihre einzige Chance, einander kennenzulernen, ohne dass Ihnen die Hormone die Sinne vernebeln. Darüber hinaus: Wenn Sie denken, dass dieser Mann Potenzial für etwas Ernstes hat, dann wird der Sex mit ihm umso besser sein, je länger Sie darauf gewartet haben. Sie werden schon viel unbefangener miteinander umgehen und die erste Liebesnacht wird wirklich etwas bedeuten, wenn Ihre Gefühle vorher wachsen durften.

Sollten Sie beim vierten Date Sex haben?

Antwort:
Ja!

Grund:
Wenn Sie jetzt Sex mit ihm haben wollen, sollten Sie loslegen! Aber wenn Sie viermal mit jemandem ausgegangen sind und sich bei Ihnen immer noch nichts rührt, wird sich wahrscheinlich von Ihrer Seite auch nicht mehr viel rühren. Vier Verabredungen bedeuten eine ganze Menge Zeit und Energie, die Sie in Ihr Gegenüber gesteckt haben, und wenn Sie jetzt noch nicht danach lechzen, mit ihm in die Kiste zu springen oder einen Blick in seine Hose zu werfen, dann ist er höchstwahrscheinlich die Mühe nicht wert. Das heißt nicht,

dass mit ihm (oder Ihnen) irgendwas nicht stimmt. Nur waren Sie zwei wahrscheinlich nicht füreinander bestimmt, und die Chemie will einfach nicht stimmen. Verschwenden Sie Ihre Zeit nicht damit, sich über das Warum den Kopf zu zerbrechen oder die Situation irgendwie zu ändern – verlegen Sie Ihre Anstrengungen lieber darauf, jemand anderen zu finden, bei dem Sie gar nicht erst lange grübeln müssen.

Ausnahmen:
Die einzige echte Ausnahme wäre die, dass Sie noch Jungfrau sind. Wenn Sie bis zur Ehe oder zur Verlobung warten wollen, dann können Sie jederzeit auf Hunderte von Dates mit ihm gehen, ohne Sex zu haben. Natürlich sollten Sie ihm sagen, wie es bei Ihnen aussieht, und wenn ihm das nicht passt, dann machen Sie eben gleich wieder Schluss und sehen sich nach jemandem um, der damit klarkommt.

Wie Sie in drei einfachen Schritten erkennen, ob ein Mann gut im Bett ist

Viele von Ihnen haben bestimmt schon verstohlen seine Hände, Füße oder Ohren nach Anzeichen dafür abgesucht, ob er noch mit anderen Qualitäten gesegnet sein könnte. Doch wir kennen viel zuverlässigere Wege, um vorab herauszufinden, ob ein Mann Ihnen Vergnügen bereiten wird. Gehen Sie diese drei Schritte bei Ihrem ersten und zweiten Date durch, dann sparen Sie sich Reue, peinliche Momente und die Kohle für die Kondome.

Schritt Nummer 1:
Beobachten Sie ihn beim Essen

Wir haben einen direkten Zusammenhang zwischen dem Hunger eines Mannes am Esstisch und seinem Appetit im Schlafzimmer feststellen können. Deswegen versuchen wir immer, mit einem Mann essen zu gehen (oder, wenn wir besonders in Stimmung♥ sind, einen mitternächtlichen Snack mit ihm zu teilen), bevor wir ihn mit nach Hause nehmen: Wir wollen sehen, wie er isst. Nach unseren Beobachtungen sind wählerische oder Kalorien zählende Männer ebenso vorsichtig und zurückhaltend im Schlafzimmer – und wenn es eines gibt, was wir im Bett nicht verknusen können, dann Vernunft. Eine Freundin von uns ist mal mit einem Typen ausgegangen, der immer ein Mordsgedöns um sein Essen gemacht hat, und tatsächlich hat sich das in der Art widergespiegelt, wie er sie behandelt hat. Er musste immer erst seine Hose aufhängen, bevor er ins Bett ging, selbst wenn die Hose im Rausch der Leidenschaft ausgezogen wurde. So was finden wir nicht sonderlich sexy, und deswegen gehen wir nicht mit Männern aus, die einen Joghurt als vollwertige Mahlzeit betrachten oder nach einem Salat schon satt sind.

Ein Mann hingegen, der sich wie ein verhungertes Tier auf sein Essen stürzt, wird dasselbe mit Ihnen tun – hmm, so mögen wir das. Einer, der sich schon Hühnchenbrust und einen Milchshake zum Frühstück bestellt, oder betont, dass sein Riesensandwich ihn wahrscheinlich immer noch nicht satt machen wird, turnt uns schon irgendwie an. Wir hätten lieber einen Typen mit ein paar Pfunden mehr auf den Rippen als einen, der sich ständig zehnmal überlegt, was er sich in den Mund steckt.

Schritt Nummer 2:
Beobachten Sie ihn, wenn er etwas repariert
(egal was)

Wir sagen nicht, dass alle Männer handwerklich begabt sein müssen (obwohl uns das sicher ganz gut gefallen würde). Es kann ruhig so etwas Einfaches wie das Wechseln einer Glühbirne sein, aber das verrät viel darüber, wie er sich im Bett anstellen wird. Es geht hier um Präzision, meine Damen, und ein Mann, der einen Haufen Teile magischerweise zu einem Ganzen zusammensetzen oder mit einem Bündel Drähten

Funken sprühen lassen kann, wird wahrscheinlich ähnliche Ergebnisse bei Ihnen erzielen. Achten Sie auch darauf, wie er sich verhält, wenn nicht gleich alles klappen will – sollte er gleich kapitulieren, ist das sicher ein schlechtes Zeichen, aber wenn er weiter rumbosselt, um es doch noch hinzukriegen (und sei es nur, um seine Männlichkeit zu beweisen), dann können Sie den Mitternachtssnack gleich überspringen und ihn mit nach Hause nehmen – der Typ ist ein Volltreffer.

Schritt 3:
Beobachten Sie ihn, wenn er ein Fahrzeug lenkt

Wenn er herausfinden will, was wir drunter anhaben, muss er wissen, wie man ein Fahrzeug lenkt. Das kann ein Auto oder ein Ruderboot sein, oder auch ein riesiger Traktor (jawohl, das ist richtig heiß!). Ein Mann, der mit der Gangschaltung rumfummelt und nicht rückwärts einparken kann, während das Radio läuft, wird Sie höchstwahrscheinlich auch im Bett nicht herumwirbeln können, ohne Ihren Schädel gegen die Wand zu donnern. Wenn er das Fahrzeug so lenkt, als wäre es eine Verlängerung seines eigenen Körpers, ist es einer für langfristige Absichten. Stellen Sie sich vor, Sie wären das Objekt, das er gerade bedient, und wenn diese Vorstellung sich angenehm anfühlt, dann sind Sie wahrscheinlich in guten Händen.

Nur für eine Nacht

Nachdem wir beschlossen hatten, ab sofort unsere Traum-zeit♥ einzuläuten, haben wir einen Wahrsager aufgesucht, und der hat etwas sehr Tiefschürfendes gesagt: »Sie sollten mit One-Night-Stands anfangen.« Tja, ein guter Wahrsager war er sicher nicht, aber es war schön, dass uns jemand so eine Perspektive aufgezeigt hat. Bei dieser Bemerkung haben wir angefangen zu kichern und konnten es kaum erwarten, uns mit unserer neuen Einstellung und unserem unbeküm-merten Selbstvertrauen kopfüber ins Dating-Leben zu stür-zen. Wir haben bereits gewusst, was wir uns wünschten und welche Ziele wir verfolgten, aber dieser Rat hat uns gehol-fen, die Suche nach dem perfekten Mann lockerer anzuge-hen und die ganze Geschichte als Vergnügen zu betrachten.

Um der Wahrheit die Ehre zu geben – wir haben seinen Rat nie angenommen, weil wir es nicht mussten. Stattdessen wa-ren wir viel offener für den Gedanken, mit ganz unterschied-lichen Männern auszugehen – solche, die wir vorher nie in Betracht gezogen hätten. Und die Einstellung »Ach, wenn sonst nichts geht, kann ich ja immer noch mit ihm schlafen« hat uns geholfen, unsere große Liebe zu finden. Also wol-len wir Ihnen, liebe Traumfrauen, den gleichen Rat geben. Wenn Sie sexuell aktive, abenteuerlustige Frauen sind, freun-den Sie sich mit dem Gedanken an einen One-Night-Stand an. So was kann wirklich ein lustiges, einmaliges Traumzeit♥-Erlebnis werden. Und wenn Sie sich dieser Option nicht ver-schließen, sind Sie für so viel mehr offen.

Natürlich können One-Night-Stands ungute Nachwirkungen haben. Sie können klebrig und heikel sein, und manchmal müssen Sie einfach aufpassen, wo, warum, wie und mit wem Sie solche Begegnungen zulassen. Wenn Sie vorhaben, sich einen One-Night-Stand zu gönnen, befolgen Sie einfach die folgenden Regeln, dann wird daraus garantiert ein positives Erlebnis.

One-Night-Stand-Regel Nummer 1:
Tun Sie es aus den richtigen Gründen

Was für Absichten verfolgen Sie damit? Welche Vibes strahlen Sie aus? Sind Sie GSG♥? Wenn Sie es nur tun, um Aufmerksamkeit von ihm zu bekommen, dann sollten Sie es lieber lassen. Lassen Sie sich nur dann auf einen One-Night-Stand ein, wenn Sie sich dieses Erlebnis ganz für sich selbst wünschen. Sobald Sie es aus anderen Gründen tun, fühlen Sie sich hinterher nur mies.

One-Night-Stand-Regel Nummer 2:
Keine völlig Fremden

Gehen Sie nicht mit jemandem mit, den Sie gerade erst an der Bar oder im Internet kennengelernt haben. Viele Serienmörder sahen auch sexy und charismatisch aus, aber ihre Verabredungen endeten mit Schlimmerem als nur einem gebrochenen Herzen. Wir wollen Ihnen keine Angst machen, aber verlassen Sie sich auf Ihre Intuition und sehen Sie sich den Typen gut an, bevor Sie mit ihm ins Bett gehen.

One-Night-Stand-Regel Nummer 3:
Keine Kollegen

Einen One-Night-Stand mit jemandem zu haben, den Sie jeden Tag sehen müssen, wenn Sie nicht Ihren Job wechseln, ist einfach kein schlauer Schachzug, meine Damen. Lassen Sie's lieber.

One-Night-Stand-Regel Nummer 4:
Schützen Sie sich

Wir hoffen ja, dass wir Ihnen nicht noch einmal einschärfen müssen, unbedingt Kondome zu benutzen. Müssen wir doch? Okay: Benutzen Sie Kondome!

One-Night-Stand-Regel Nummer 5:
Schützen Sie ihn

Seien Sie ehrlich mit dem Mann. Vielleicht mag er Sie wirklich. Kann sein, dass er Sie gerne als Freundin hätte. Schützen Sie seine Gefühle, indem Sie ihm aufrichtig sagen, dass Sie dieser Nacht nicht so viel Bedeutung beimessen.

One-Night-Stand-Regel Nummer 6:
Ihre Wohnung, nicht seine

Wir halten es für die bessere Variante, wenn Sie in solchen Situationen auf Ihrem eigenen Territorium bleiben. Vielleicht ziehen Ihre Mitbewohner pikiert die Augenbrauen hoch,

aber in Ihrer Wohnung haben Sie zumindest saubere Bettwäsche, saubere Handtücher und saubere Unterwäsche. So
was ist wahnsinnig angenehm am Morgen danach.

One-Night-Stand-Regel Nummer 7:
Keine Angebeteten

Lassen Sie sich zu keinem One-Night-Stand mit einem Mann
hinreißen, den Sie schon seit einem halben Jahr insgeheim
anbeten! Wenn der am nächsten Morgen seine Sachen
packt – oder sich am Ende sogar noch vor Morgengrauen
auf den Weg macht –, werden Sie maßlos traurig und niedergeschlagen sein. Wenn Sie sich ein gemeinsames Frühstück
am nächsten Morgen mit ihm ausmalen, ist er nicht die richtige Wahl für einen One-Night-Stand.

One-Night-Stand-Regel Nummer 8:
Keine Ex-Freunde

Wenn Sie ab und zu mit Ihrem Ex-Freund schlafen, fällt das
nicht unter die Kategorie One-Night-Stand. Es ist einfach nur
eine dumme Entscheidung.

One-Night-Stand-Regel Nummer 9:
Keine Reue

Bevor Sie sich auf einen One-Night-Stand einlassen, stellen
Sie sich folgende Fragen: Werde ich es bedauern, wenn ich
nie wieder von ihm höre? Werde ich mich am Morgen danach

wie die letzte Schlampe fühlen oder total beschwingt sein? Würde mir der Sex mit diesem Mann mehr Spaß machen, wenn ich ihn ein bisschen besser kennen würde? Wir möchten nur, dass Sie hinterher nicht den großen Katzenjammer kriegen, meine Damen, denn Reue ist ein ätzendes Gefühl! Sie müssen sich kennen und tun, was für Sie das Richtige ist, dann werden Sie Ihre Zeit hinterher auch nicht mit Scham verschwenden.

One-Night-Stand-Regel Nummer 10: Keine betrunkenen Entscheidungen

Wenn Sie nach einer langen Nacht ordentlich beschwipst sind, nehmen Sie keinen Mann mit nach Hause. Wenn Sie das tun, brechen Sie wahrscheinlich eine der oben genannten Regeln und müssen es am Morgen danach bitterlich bereuen.

Wie Sie erkennen, ob die Chemie stimmt (ohne Sex zu haben)

Wenn Sie mit einem Mann ausgehen, wissen Sie manchmal nicht recht, ob Sie sich nun zu ihm hingezogen fühlen oder nicht. Sie mögen ihn, es ist lustig mit ihm, vielleicht haben Sie auch gewisse gemeinsame Interessen und Ziele und diesen ganzen langweiligen Kram, vielleicht hat er auch manche Eigenschaften, die Sie auf Ihre Liste geschrieben haben – aber finden Sie ihn nun wirklich attraktiv oder nicht? Manchmal wünschen wir Singlefrauen uns so sehr, uns in einen Typen zu verlieben – weil er nett und klug ist und sich auch mit unserem Vater gut verstehen würde –, aber irgendwie können wir nicht sagen, ob er nur theoretisch so toll aussieht oder ob wir ihm tatsächlich die Kleider vom Leib reißen wollen. Doch auch wenn unser Gehirn überwältigt und verwirrt ist, weiß unser Unterbewusstsein doch, was wir wirklich wollen. Wir möchten Ihnen helfen, Ihre unbewussten Wünsche zu erkennen.

Chemieversuch Nummer 1:
Hören Sie auf Ihre eigenen Worte

Dieser Punkt ist enorm wichtig. Nachdem Sie einen Mann kennengelernt und sich mehrmals mit ihm getroffen haben, achten Sie darauf, was Sie zu Ihren Freundinnen sagen, wenn er nicht da ist. Wenn Sie sich Bemerkungen machen hören wie: »Ich weiß nicht, der Gedanke, mit ihm Sex zu haben, ist irgendwie … ich weiß auch nicht …«, dann möchten wir Ihnen lieber gleich eröffnen, dass die Chemie zwischen Ihnen und diesem Mann wahrscheinlich nicht stimmt. Zumindest wird er niemals brodelnde Leidenschaften in Ihnen wecken, und das ist die Art von Chemie, die Traumfrauen verdienen! Es ist leicht, einen Mann zu finden, mit dem man am Telefon plaudern oder sich einen Eisbecher teilen kann, aber das macht ihn noch lange nicht zu Ihrem perfekten Liebhaber. Sie wollen einen Mann, der Ihnen Eiscreme von der nackten Haut lecken will, stimmt's? Das ist Chemie! Unterschätzen Sie niemals die Macht Ihrer Worte. Wenn Sie immer wieder sagen, dass Sie nicht sicher sind, ob sie da ist, dann ist sie nicht da, die Chemie.

Chemieversuch Nummer 2:
Schnuppern Sie mal

Es ist mehr oder weniger bewiesen, dass die Chemie niemals stimmen kann, wenn wir den Geruch des Mannes unangenehm finden. Damit meinen wir keinen penetranten Schweißgeruch – das ist sowieso ein Abturner. Wir reden vom natürlichen männlichen Geruch. Umarmen Sie ihn doch mal, vergraben Sie Ihre Nase an seinem Nacken und schnuppern Sie genau nach. Wenn die Chemie hundertprozentig stimmt, riecht er für Sie nach frisch gebackenen Plätzchen oder Zimt. Dann können Sie gar nicht genug kriegen von seinen behexenden Pheromonen.

Wenn Sie traumhafte♥ Chemie mit jemandem haben, stellen Sie wahrscheinlich fest, dass Sie sogar den Geruch seines getragenen T-Shirts lieben oder seine schwitzigen Socken für Sie fast nach Popcorn duften. Das liegt alles nur an den Pheromonen, und wenn Sie sich wirklich zu einem Mann hingezogen fühlen, kann sogar sein Gestank in Ihrer Nase wie warmer Apfelkuchen oder Großvaters Pfeifentabak riechen. Eine Freundin von uns hat uns anvertraut, dass Sie keinen Orgasmus bekommt, wenn sie dem Mann beim Sex nicht die Nase in die Achselhöhle stecken und seinen Schweißgeruch einatmen kann. Tja, finden wir auch ein bisschen schräg, aber ehrlich gesagt – wir haben schon von schrägeren Methoden gehört, mit denen Frauen kommen. Es ist nur natürlich, dass der Geruch Ihres Auserwählten Sie anturnt. Sie müssen keinen Sex haben, um festzustellen, ob zwischen ihm und Ihnen die Chemie stimmt. Drücken Sie ihn, schnüffeln Sie und warten Sie ab, wie Sie sich fühlen.

Chemieversuch Nummer 3:
Stellen Sie sich Ihre gemeinsamen Kinder vor

Eines vorweg: Wir wollen nicht, dass Sie sich irgendwelche albernen, hysterischen Szenarien ausmalen! Es ist alles andere als cool, nach dem ersten Date schon Wunschfantasien♥ von Brautkleid, Kindern und Altersruhesitz zu haben. Davon reden wir hier auch gar nicht – unser Vorschlag ist wesentlich konstruktiver. Haben Sie schon mal gedacht, wenn Berlin und München ein Baby hätten, würde wahrscheinlich Hamburg rauskommen? So, und dieses Konzept sollen Sie auch hier anwenden – Ihr imaginäres Baby wird all die Eigenschaften haben, die er und Sie ineinander hervorbringen.

Wenn Sie furchtbar viel miteinander lachen, können Sie sich vorstellen, wie Ihr Baby schon Witze reißend und mit einem Mikro in der Hand auf die Welt kommt. Wenn zwischen Ihnen öfters Drama herrscht, könnte Ihr Baby aussehen wie der ausrastende Student, der eines Tages vor lauter Wut Feuer in seinem Wohnheim legt. Oder er wird ein toller Schauspieler, der brillante Monologe halten kann. Natürlich stellen Sie sich ein superhübsches Kind vor, wenn Sie zusammen auch ein schönes Paar abgeben. Wenn Ihr imaginäres Kind ein schwuler Junge wird, dann befürchten Sie vielleicht, der Vater könnte im Bett enttäuschen. Und die strippende Tochter steht vielleicht für Ihre Sorge, der Kerl könnte zu niveaulos sein. Sie verstehen schon, wie wir es meinen – wenn Sie das Kind mögen, dann könnte der Mann vielleicht auch infrage kommen. Aber wenn Sie beim Gedanken an dieses Baby am liebsten die Flucht ergreifen und sich sterilisieren lassen wollen, dann sind wir ziemlich sicher, dass Sie und der Nicht-Vater nicht füreinander bestimmt sind.

6. Kapitel:
Über die Jungs

Wir könnten kein Buch über die Liebe schreiben, ohne mindestens ein Kapitel über die zu verfassen, die wir lieben wollen. In diesem Abschnitt wollen wir Ihnen helfen, die Männer in Ihrem Leben zu analysieren, damit Sie eine klare Entscheidung darüber treffen können, ob einer von denen Ihnen die Liebe geben kann, die Sie verdienen.

Männer und Frauen sind verschieden gepolt, daran können wir nichts ändern, aber Männer sind auch Menschen. Und wie bei allen Menschen gibt es unter ihnen gute und schlechte. Es warten tonnenweise supercoole Typen darauf, eine Traumfrau wie Sie kennenzulernen, auszuführen und sich in sie zu verlieben. Aber daneben gibt es eben auch einen ganzen Haufen unreifer Volltrottel, die nicht wissen, was sie wollen, und nur mit Ihnen herumspielen.

Wir können Ihren Auserwählten nicht ändern (und wir hoffen, Ihnen ist klar, dass Sie ihn wahrscheinlich auch nicht ändern können), aber wir können Ihnen helfen herauszufinden, mit was für einem Mann Sie sich da verabreden, und Ihnen Tipps geben, wie Sie jeweils am besten mit ihm umgehen. Natürlich wollen wir Ihnen bei der Gelegenheit auch eintrichtern, was für Typen Sie auf keine zehn Meter an Ihren Traumbody heranlassen sollten. Manchmal klingen wir vielleicht ein bisschen zu krass, aber wir wollen eben nicht, dass Sie sich mit weniger zufriedengeben als einem wunderbaren Mann, der Sie wunderbar behandelt. Im Liebesleben sollten Sie sich bitte hohe Ziele stecken, und in diesem Kapitel zeigen wir Ihnen, wie Sie sie erreichen.

Böse Jungs tun keiner Frau gut

Bevor wir die Typen analysieren, mit denen Sie ausgehen, müssen wir über die Sorte Mann reden, mit denen sich eine umwerfende Frau niemals verabreden sollte. Weil sie Ihnen nämlich nichts als Dramen und Komplikationen bescheren und Ihnen die Energie aussaugen, die Sie lieber auf die Jungs verwenden sollten, die es verdienen. Vermeiden Sie diese Männer um jeden Preis, sonst landen Sie früher oder später auf einem Talkshow-Sofa.

Rotes Tuch Nummer 1:
Verwandte

Wir wissen, dass Sie in mindestens einen Ihrer Cousins so richtig verschossen sind. Und wir wissen, dass Sie sich informiert und gelesen haben, dass das Risiko genetischer Defekte bei der Nachkommenschaft gar nicht so hoch ist, wie viele Leute meinen. (Wir haben uns nämlich auch informiert.) Aber selbst wenn Ihre Babys ganz perfekt wären, sind wir sicher, dass Ihre Mutter es nicht so prickelnd finden wird, wenn Sie mit dem Sohn ihrer Schwester poppen, und Ihrer Großmutter würden die Haare zu Berge stehen, wenn sie hören würde, dass zwei ihrer Enkel einander heiraten wollen. Es gibt genügend Männer auf der Welt, die genauso gut aussehend und lustig sind wie Ihr Cousin und auf die Ihre Familie stolz sein könnte, also vergeuden Sie Ihre Energie nicht damit, in der Familie zu suchen.

Rotes Tuch Nummer 2:
Gefängnisinsassen

Sie verdienen einen Mann, neben dem Sie jede Nacht einschlafen können, nicht einen, mit dem Sie nur per Brief oder bei gelegentlichen Besuchen kommunizieren können. Uns ist klar, dass Sie der Ansicht sind, er sei unschuldig oder habe sich geändert. Aber wir möchten doch lieber, dass Sie jemanden finden, dem Sie hundertprozentig vertrauen können – und nicht einen, der sich bei Ihrer ersten Verabredung bei seinem Bewährungshelfer melden muss.

Rotes Tuch Nummer 3:
Die Ex-Freunde Ihrer Freundin

Egal, wie gut er aussieht – ein ganz großes Nein! Es schwimmen so viele Fische im Meer, Sie brauchen keinen, der schon mal an der Angel der Traumfrau hing, die Ihnen am Herzen liegt. Wir wissen, dass es ein paar Ausnahmen gibt – bitte mailen Sie uns nicht, wie Sie sich in den Ex-Mann Ihrer Schwester verliebt haben und die ganze Familie es gutheißt. Schön für Sie. Aber im Allgemeinen lässt Sie dieser Gedanke wirklich nicht gut dastehen. Lassen Sie die Finger von solchen Jungs und holen Sie sich Ihren eigenen!

Rotes Tuch Nummer 4:
Die Freunde Ihres Ex-Freunds

Wir wissen, wie verlockend es sein kann, sich mit dem besten Freund Ihres Ex-Freunds einzulassen – entweder, weil Sie schon immer überlegt haben, wie der wohl im Bett ist, oder einfach aus Rache. Das wird nicht gut ausgehen, und wenn Sie aus Rache mit jemandem schlafen, fühlen Sie sich hinterher nicht besonders toll. Mit solch geschmacklosem Benehmen sorgen Sie unnötig für Eifersucht, und eine feste Beziehung wird sicher nicht daraus.

Rotes Tuch Nummer 5:
Die Freunde Ihres Bruders

Warum sind Sie eigentlich nicht fähig, in die Welt hinauszumarschieren und sich selbst einen zu suchen? Ist es wirklich nötig, dass Ihr Bruder Ihnen welche mit nach Hause bringt? Kann schon sein, dass Ihr Bruder die heißesten Freunde der Welt hat, aber der Gedanke, dass seine kleine Schwester mit ihnen rumvögelt, gefällt ihm sicher nicht besonders. Und was, wenn Sie sich trennen? Ihr Bruder möchte bestimmt nicht zu hören kriegen, was für ein Vollidiot sein bester Kumpel ist. Schlechte Idee. Ersparen Sie allen Beteiligten das Drama und suchen Sie sich selbst einen Mann.

Rotes Tuch Nummer 6:
Die Freunde Ihrer Eltern

Egal, wie heiß Richard in *Friends* war – Sie sollten nicht mit Freunden Ihrer Eltern ausgehen oder mit Typen im Alter Ihrer Eltern. Ein Vater, der sich vorstellen muss, wie sein Golfpartner seine Tochter befummelt, kann uns nur leidtun. Also tun Sie uns den Gefallen und ersparen Sie Ihrer Familie diesen Albtraum, der einer griechischen Tragödie würdig wäre.

Rotes Tuch Nummer 7:
Ihr Chef

Wir haben es schon einmal erwähnt, aber wir können nicht über Männer reden, ohne auch Ihren Chef noch einmal zu erwähnen. Es ist uns ganz egal, ob Sie ihn wirklich lieben (oder es glauben). Sobald Sie mit Ihrem Chef schlafen, sehen Sie einfach aus wie eine Goldgräberschlampe. Sollten Sie wirklich so verliebt in ihn sein, suchen Sie sich eine andere Stelle und poppen dann mit ihm, dann muss er zumindest nicht für den Rest Ihrer Romanze einen Prozess befürchten.

Rotes Tuch Nummer 8:
Ihr Assistent

Vielleicht haben Sie's noch nicht ganz kapiert, aber das ist genauso dumm, wie mit dem eigenen Chef zu schlafen. Warum sollte jemand, der genau über Ihre Terminplanung im Bilde ist, Sie nackt zu sehen bekommen? Dieser Weg führt geradewegs ins Desaster. Ersparen Sie sich das.

Rotes Tuch Nummer 9:
Ihr Schüler

Wir hoffen aufrichtig, dass Sie nicht zu diesen Lehrerinnen gehören, die sich in pickelige 15-Jährige verknallen. Solche Frauen sind wirklich krank, da gibt es überhaupt nichts zu verharmlosen. Also eifern Sie nicht diesen Tussen nach, die im Fernsehen beteuern, wirklich in ihren ehemaligen Schüler verliebt zu sein. Wenn Sie Lehrerin sind, bringen Sie ihm bei, was Sie wollen, aber Sex sollte nicht auf dem Lehrplan stehen.

Männliche Vibes

Okay, nachdem wir das alles geklärt haben, können wir endlich zu den Jungs kommen, mit denen Sie wirklich ausgehen wollen. Tja, perfekt sind die auch nicht. Eines vorweg: Wir lieben Männer. Wir vergöttern jeden Zentimeter an ihnen. Aber manchmal können sie echt ganz schön Probleme machen, stimmt's? Sogar die guten wissen manchmal nicht, wie sie eine Frau behandeln sollen oder wie sie sich in Gegenwart einer Dame benehmen müssen. Manche haben keinen Schimmer, wie sie überhaupt jemanden behandeln sollten, sich selbst eingeschlossen. Wie wir Traumfrauen haben auch viele Männer verkorkste♥ Vibes. Und das Schlimmste an einem Mann mit schlechten Vibes ist, dass 90 Prozent der Männer nie und nimmer zugeben würden, dass sie ein Problem haben. (Das war jetzt allerdings eine ganz unwissenschaftliche statistische Angabe.)

Wenn Sie sich also einen angeln wollen, müssen Sie genau aufpassen, was für Vibes die Kerle ausstrahlen. Wenn Sie seine Vibes auffangen, wissen Sie meistens schon alles, was Sie über ihn wissen müssen. Manche Fehler sind vielleicht prompte Knockout-Kriterien für Sie, aber mit manchen könnten Sie auch leben. Die nehmen Sie zwar zur Kenntnis, müssen sich aber nicht weiter den Kopf darüber zerbrechen. Unsere Männer sind nicht perfekt. Sie haben ihre verkorksten♥ Vibes, aber wir lieben sie trotzdem, und wir sind ja auch nicht perfekt. Machen Sie sich also ganz unvoreingenommen daran, seine Vibes zu erkunden, und passen Sie auf solche auf, die Ihnen bekannt vorkommen. Dann werden Sie eine Menge über Jungs lernen und vielleicht auch über sich.

Zehn verkorkste♥ männliche Vibes (und wie Sie damit umgehen können)

Der kindische Vibe

Symptome:

Dieser Vollidiot im Peter-Pan-Gewand will einfach nie erwachsen werden. Vielleicht hat er sogar einen Job (wir wollen es hoffen), aber er wird wirklich alles tun, um zu vermeiden, dass er sich wie ein verantwortungsvoller Erwachsener benehmen muss. Er sagt wahrscheinlich Dinge wie: »Ich bin 34, aber alle sagen mir, dass ich aussehe wie 24.« Wenn er nicht mehr bei Mama und Papa wohnt, hat er wahrscheinlich mindestens einen männlichen Mitbewohner, der das gleiche Problem hat. Er spielt jeden Abend Videospiele und liebt lächerliche, gefährliche Hobbys (am Wochenende Sachen in die Luft sprengen oder Bungee-Jumping nach dem siebten Wodka-Red-Bull). Dieser Typ benutzt Laken als provisorische Vorhänge und macht sich nicht mal die Mühe, seine Pornosammlung wegzuräumen, wenn Sie zu Besuch kommen. Außerdem sind wir überzeugt, dass er gar nicht mehr weiß, wann er zum letzten Mal die Bettwäsche gewechselt hat. Er geht mit jeder aus, die gerade daherkommt – Nachbarinnen, Kolleginnen oder Freundinnen seines Mitbewohners. Wir geben ja zu, dass diese Art Mann sehr, sehr gut im Bett sein kann, aber seien Sie gewarnt: Wenn etwas Unerwartetes geschieht (zum

Beispiel dass Sie schwanger werden), wird er Ihnen nicht die geringste Hilfe sein.

Unser Rat:

Eine Prise von so einem kindischen Vibe kann ganz lustig sein. Doch wenn Sie nach einer stabilen Beziehung mit einem fürsorglichen Partner suchen, dürften Sie mit einem extrem kindischen Mann auf Probleme stoßen. Er kann ein toller Freund sein, wenn Sie sich gerade in der gleichen Lebensphase befinden, aber wir empfehlen Ihnen doch jemanden, der sein Leben schon etwas besser im Griff hat, vor allem, wenn Sie heiraten wollen.

Der Männer-WG-Vibe

Symptome:

Dieser Mann lebt nicht unbedingt in einer Männer-WG, und nicht alle, die in einer Männer-WG leben, strahlen diesen Vibe aus. Wir meinen Typen, die sich ständig aufführen müssen wie die totalen Blödmänner. Sie reden so gut wie ununterbrochen über ihre sexuellen Eroberungen, und zwar nicht nur mit ihren Kumpanen, sondern auch mit *Ihnen.* Bei einem Date! Normalerweise verbringt dieser Mann auch eine Menge Zeit in Sportsbars, und er kann sehr emotional, launisch oder sogar gewalttätig werden, wenn seine Mannschaft verliert. Typen mit massivem Männer-WG-Vibe sind normalerweise nie besonders lang mit einer Freundin zusammen – in erster Linie deswegen, weil tolle Frauen es irgendwann über haben, sich seine Sexprahlereien anzuhören und während der ganzen Bundesligaspielzeit um seine Aufmerksamkeit kämpfen zu müssen. Auch diese Sorte Mann kann sehr gut im Bett sein, aber jede Wette: Sobald Sie gegangen sind, ruft er seinen Kumpel an und beschreibt ihm detailliert Ihren Busen und Ihre oralen Fähigkeiten.

Unser Rat:

Wir haben Freunde, die so sind, und es macht einen Riesenspaß, mit ihnen einen trinken zu gehen, aber mit ihnen etwas anzufangen wäre eine Zumutung. Wenn Sie nur um des Ausgehens willen mit den Männern ausgehen, dann tun Sie sich keinen Zwang an und kippen Sie mit so einem Typen ein paar Kurze, während Sie sich das Champions-League-Finale ansehen. Aber wenn Sie mehr wollen, sieht es düster aus. Bei diesem ganzen Gerede über den Sex, den er vor Ihnen hatte, sollten Ihre Alarmglocken♥ losgehen – nicht weil Sie eine männliche Jungfrau wollen, sondern weil es ein Zeichen von schwerem GSG♥ ist, wenn er immer wieder erwähnt, wie viele Kollegstufenschönheiten er flachgelegt hat. Außerdem kommen Sie sich vielleicht irgendwann so vor wie das x-te Mädel auf der Liste seiner Eroberungen.

Der Supermodel-Vibe

Symptome:

Wir reden hier von durchschnittlich aussehenden Männern, die behaupten, nur mit Models auszugehen. Sie selbst sind meistens plumpe, kleine, dumme Jungs, die schon von Geburt an hochnäsig waren. So ein Typ hält es für okay, Frauen als fett oder hässlich zu bezeichnen, und wenn es ihm einmal gelingt, eine Freundin zu finden, wird er sie immer mit den Worten beschreiben: »Als sie jünger war, hat sie gemodelt.« Oder: »Sie war richtig heiß, als wir uns kennengelernt haben.« Wenn Sie mit so einem Mann zusammen sind, wird er Ihnen wahrscheinlich eine Schönheitsoperation zum Geburtstag schenken oder Sie ermutigen, sich wie eine Nutte anzuziehen. Er möchte einfach nur ein schönes Accessoire am Arm hängen haben, mehr nicht.

Unser Rat:
Wenn Sie nicht gerade ein Supermodel *sind,* empfehlen wir Ihnen, nicht allzu viel Energie in diesen Typen zu investieren. Eigentlich würden wir es niemandem empfehlen. Das ist nicht die Art Mensch, in den Sie sich verlieben sollten. Obwohl Sie eine Traumfrau sind und es wissen, wird dieser »Ich gehe nur mit den schönsten Mädchen«-Scheiß Ihr GSG♥ wieder zum Leben erwecken. Er hat nicht sonderlich viel Respekt vor Frauen und legt unerreichbar hohe Maßstäbe an andere an – an sich selbst natürlich nicht. Wir ziehen Männer vor, die wissen, was für Glückspilze sie sind, dass sie uns haben, und die sogar unsere kleinen Cellulitepölsterchen lieben.

Der Angst-Vibe

Symptome:
Um diesen Jungen tut es uns wirklich leid, denn er hat solche Angst vor der ganzen Welt. Er ist zu schüchtern, um nach der

Rechnung zu fragen, zu nervös, um eine Vorspeise zu bestellen, und zu verängstigt, um Sie zu küssen oder Ihnen an die Brust zu fassen oder ähnliche Späßchen.

Unser Rat:
Diese Jungs lernt man schwer kennen, denn ihr GSG♥ hindert sie daran, ihre wahre Persönlichkeit zu zeigen. Doch wenn er Ihnen gefällt und Sie einen Weg finden, seiner Nervosität ein Schnippchen zu schlagen, dann könnten Sie eine gute Beziehung mit ihm haben. Wenn Sie gerne die Initiative ergreifen und die Hosen anhaben, könnte er genau der Richtige für Sie sein. Vielleicht verstecken sich hinter all der Angst ja ein großes Herz und ein rasanter Sexualtrieb.

Der GSG♥-Vibe

Symptome:
Alle Männer und Frauen mit verkorksten♥ Vibes haben eine Prise GSG♥. Und GSG♥ ist die Wurzel allen Übels. Doch wenn ein Junge sein ganzes Leben von seinem GSG♥ beherrschen lässt, erkennen Sie das an seinen Vibes. Solche Typen gehen gern mit Frauen aus, von denen sie wie Fußabtreter behandelt werden. Sie haben bloß nicht den Mumm, für sich selbst einzutreten und den Respekt einzufordern, den sie verdienen. Oft sind diese Männer total cool, lustig und klug, aber sie glauben es nicht! Eigentlich sollten sie dieses Buch auch lesen. Auf jeden Fall brauchen sie jemanden, der ihnen sagt, dass sie heiß sind, denn sie verdienen eine tolle Beziehung zu einer Frau, die sie liebt.

Unser Rat:

Wenn Sie auf so einen GSG♥-Typen treffen, versuchen Sie ihm das Gefühl zu vermitteln, dass er okay ist, wie er ist. Er braucht nur jemanden, der ihn abküsst und ihm sagt, wie süß, lustig und schlau er ist. Manchmal kann das GSG♥ so stark sein, dass ein Mann noch den letzten Funken Attraktivität einbüßt. Sollte das der Fall sein, lassen Sie lieber die Finger von ihm. Solche extremen GSG♥-Fälle werden Sie nie richtig lieben können, weil sie sich selbst nicht lieben. Aber ein netter Mann, der nie gedacht hätte, dass eine Traumfrau wie Sie mit ihm ausgehen würde, kann ein toller Partner werden, wenn Sie sein Selbstvertrauen stärken und ihn überzeugen, dass Sie sich ebenfalls glücklich schätzen, ihn gefunden zu haben.

Der Ich-bin-ja-so-sexy-Vibe

Symptome:

Oh Gott, wie ätzend. Wir hassen diese Typen. Die führen sich auf, als würde sich die ganze Welt um sie und ihren Jahreswagen drehen. Normalerweise nähert er sich bloß Mädchen, die er für etwas weniger hübsch hält als sich, damit er der Schöne in der Beziehung ist. Nur selten macht er anderen ein Kompliment, aber er selbst bettelt geradezu darum. Ein Mann mit diesem Vibe verbringt viel zu viel Zeit im Fitnessstudio, rasiert sich am ganzen Körper (wenn er nicht gleich mit Heißwachs epiliert) und liegt regelmäßig auf der Sonnenbank. Er isst nur das Weiße vom Ei und gekochtes Hühnerfleisch, und wenn er zu viel Bier getrunken hat, jammert er rum, wie fett er jetzt geworden ist. Ach ja, falls Sie's noch nicht geahnt haben sollten – dieser Mann ist eher nicht so die Granate im Bett. Wer die ganze Zeit damit beschäftigt ist, heiß und sexy auszusehen, hat in der Hose meistens nicht viel zu bieten.

Unser Rat:

Wir können Ihnen leider keinen Rat geben, wie Sie mit dem Ich-bin-ja-so-sexy-Vibe umgehen sollen, weil wir solche Typen einfach abstoßend finden. Wir machen einen Riesenbogen um sie. Wenn Sie was für diese selbstgefälligen Metrosexuellen übrighaben, bitte, viel Spaß mit ihren Eitelkeiten. Vergessen Sie bloß nie, dass *Sie* die Traumfrau sind in dieser Beziehung – auch wenn er fünfmal mehr Zeit als Sie mit Abdeckstift und Faltencremes verbringt.

Der Stalker-Vibe

Symptome:

Dieser Mann ruft Sie mindestens dreimal am Tag an, schickt viel zu viele SMS und führt sich auf wie der letzte Armleuchter, wenn Sie ihm einen Korb geben. Auch wenn Ihre Großmutter *wirklich* im Krankenhaus liegt, wird er versuchen, Sie zu einem Date breitzuschlagen und sich in Ihre Abendgestaltung zu drängen. Das Wörtchen Nein versteht er nicht. Wenn Sie ihm erklären, dass Sie ihn nie wiedersehen wollen, wird er plötzlich Mitglied in Ihrem Fitnessstudio und starrt Ihnen auf den Po, während Sie auf dem Laufband sind. Wenn Sie mit ihm ausgehen, wird er zu den unangemessensten Gelegenheiten absurd eifersüchtig, und das wahrscheinlich schon beim zweiten Date. Vielleicht versucht er den Kellner zusammenzuschlagen, weil der in Ihren Ausschnitt geschielt hat. Typen mit Stalker-Vibe versuchen die Beziehung auch mit Lichtgeschwindigkeit voranzutreiben. Es kann Ihnen passieren, dass er nach dem ersten Date mit seinen Einkäufen bei Ihnen auftaucht, sich ein Sandwich macht und den Fernseher einschaltet.

Unser Rat:

So einen Typen verlässt man nicht so leicht, also drücken Sie sich mehr als klar aus, wenn Sie sich von ihm trennen wollen. Sagen Sie: »Kai, ich bin nicht an dir interessiert und werde es auch niemals sein, also hör endlich auf, hier den Stalker zu spielen. Ich finde das nicht nur unheimlich, ich fange auch langsam an, dich zu hassen.« Wenn das nicht funktioniert, erwirken Sie eine einstweilige Verfügung oder drohen Sie zumindest damit.

Der Bulldozer-Vibe

Symptome:

Dieser Mann wird Sie umrennen, Sie vollsabbern und nonstop zulabern, bis Sie ein schweres KÜHE♥-Syndrom erleiden. Vielleicht ist er extrem romantisch, vielleicht aber auch extrem aggressiv und/oder extrem überschwänglich. Wenn er einen seiner Anfälle oberflächlicher Romantik hat, füttert er Sie mit Trauben oder schreibt ein Lied für Sie. Er könnte auch versuchen, Sie nach dem ersten Date schon auf seiner Motorhaube flachzulegen, und wenn das nicht läuft, schiebt er Ihnen vielleicht doch noch schnell die Hand ins Höschen, wenn Sie sich verabschieden. Ein Mann mit Bulldozer-Vibe achtet nie darauf, wie Sie sich fühlen, was Sie denken oder ob Sie ihn überhaupt mögen. Der schämt sich für gar nichts. Er geht einfach pfeilgrade auf sein Ziel los, egal was es ist.

Unser Rat:

Ein winzig kleines bisschen Bulldozer-Vibe kann ganz sexy sein, denn ein Mann, der im Schlafzimmer die Initiative ergreift, hat schon was. Der Unterschied liegt darin, dass der echte Bulldozer nicht auf seine Umwelt achtet. Der kann Sie mitten in einem höllisch verlegenen Date plötzlich mit massiven Annäherungsversuchen überfallen, während ein Mann mit dem richtigen Vibe schon merken würde, ob die Chemie zwischen Ihnen beiden stimmt oder nicht. Falls Sie mit einem echten Bulldozer ausgehen, sagen Sie etwas wie: »Toni, kannst du bitte mal ein bisschen vom Gas gehen – wir wollen uns doch erst mal kennenlernen, dann können wir besser entscheiden, ob solche romantischen Gesten angebracht sind oder nicht.« Wenn er Sie einfach weiter überrollt, dann ergreifen Sie die Flucht, bevor er Ihnen noch das Bild zeigt, das er vor Ihrem ersten Date von Ihnen gemalt hat.

Der Leidens-Vibe

Symptome:

Seufz. Dieser Leidens-Vibe kann schon ganz schön verführerisch sein. Vielleicht hatte der Arme ja wirklich ein hartes Leben, oder vielleicht wird ihm leicht mal alles zu viel, und dann braucht er jemanden, der ihm die Tränen wegküsst und seine Welt wieder in Ordnung bringt. Aber das Problem mit diesen Typen ist, dass sie meistens gehöriges emotionales Gepäck mit in die Beziehung bringen. Der Tod seines Vaters hat ihn nicht einfach nur verletzlich gemacht, dieser Mann hat vielleicht wirklich einen dauerhaften Schaden davongetragen. Es ist gut möglich, dass er Schwierigkeiten mit verbindlichen Beziehungen hat, schwer Vertrauen fassen kann und wahrscheinlich eine große Wut in sich herumträgt. Das kann ganz sexy sein, aber man wird ihm nie wirklich nahekommen. Wenn er viel Zeit auf Friedhöfen verbringt, bei seinen plötzlichen Wutanfällen Teller gegen die Wand wirft oder öfters alleine Trips in die Wildnis unternimmt, dann hat er höchstwahrscheinlich einen Leidens-Vibe.

Unser Rat:

Wir wissen, dass Sie ihm helfen wollen. Solche Typen haben wir nämlich auch schon erlebt. Wenn er Ihre Hilfe annehmen und Ihnen seinen Kummer anvertrauen kann – wunderbar! Dann könnte Ihre Beziehung funktionieren. Doch wir müssen Ihnen leider mitteilen, dass der Leidens-Vibe meistens eine dicke, unüberwindliche Mauer aufbaut, und dann wird dieser Mann niemals mit Ihnen über seine Vergangenheit sprechen, und Sie werden niemals an seinem Seelenleben teilhaben. So eine Beziehung hat letztlich keine Chance, und diese Typen gehen meistens sowieso keine Verbindlichkeiten ein. So ein Mann weiß, dass sein Leidens-Vibe sexy ist, und wir können Ihnen garantieren, dass Sie nicht die erste Frau sind, die ihn unwiderstehlich findet. Übrigens sind sie auch noch die Wucht im Bett – das macht es gleich noch viel schwieriger, diese armen, verletzten Welpen vor die Tür zu setzen. Aber wir versprechen Ihnen, wenn Sie es tun, werden Sie jemand anderen finden, der genauso heiß, aber wirklich offen für Sie ist und sich von Ihnen lieben lässt.

Der Schwulen-Vibe

Symptom:

Nein, wir reden nicht von den Jungs, die mit den Händen reden, lispeln oder Sex mit anderen Jungs haben. Die sind nämlich schwul, und mit denen brauchen Sie sowieso nicht auszugehen. Aber Männer mit Schwulen-Vibe sind heterosexuell, lieben Windbeutel und Kissenschlachten und tragen Fliege statt Krawatte.

Unser Rat:

Hier heißt es gut aufpassen. Wenn Sie genau hinsehen, wird Ihnen schnell klar, dass er nicht wirklich schwul ist. Irgendetwas an der Art, wie er Sie ansieht, oder seine Körpersprache verrät Ihnen, dass er die weibliche Anatomie sehr liebt. Jungs mit einem kleinen Schuss von diesem Vibe können tatsächlich sexy wirken, denn sie fühlen sich wohl in ihrer Haut, und man fühlt sich wohl in ihrer Gegenwart. Wenn Sie also nichts dagegen haben, dass Ihre Freunde tuscheln, ob er am Ende schwul ist, oder dass Ihr Mann die Planung der Hochzeit an sich reißen wird, dann gehen Sie ruhig mit ihm aus. Wir haben die dumpfe Ahnung, dass er überraschend gut im Bett sein könnte – und zwar mit einer Frau.

Wo hat der Kerl seine Eier?

Wenn Sie Männer kennenlernen, werden Sie feststellen, dass manche Männer nicht nur verkorkste♥ Vibes haben, sondern viele auch nicht wissen, wo sie ihre Eier haben. Wir haben so viele Männer getroffen, die sich irgendwie seltsam verhalten haben, obwohl mit ihren Vibes eigentlich alles in Ordnung war. Eines Tages ging uns auf, dass diese Typen einfach nicht wussten, wo sie ihre Eier hatten. Je nachdem, wo sie sie gelassen haben, kann man eine Menge Schlüsse auf ihr Verhalten ziehen. Wenn der Mann Ihrer Wahl keine Eier hat, wenn sie schief sitzen oder er sie gänzlich verloren hat, dann wird das seine Art, Sie zu lieben, stark beeinflussen. Sie wollen doch einen Mann, der seine Eier am richtigen Platz hat, oder? Sie wollen einen Mann, der Sie liebt und respektiert und dem alles andere egal ist. Sie wollen einen Mann, der selbstbewusst auftritt und sich sein Leben nicht von seinem GSG♥ diktieren lässt. Tja, meine Damen, und so ein Mann trägt seine Eier am richtigen Ort und legt sie niemals ab.

Wenn Ihr Liebster also ein bisschen seltsam ist, schauen Sie doch mal nach, wo er seine Eier verloren hat. Vielleicht ist es ja nicht zu spät, sie wieder anzunähen.

1. In seiner Schreibtischschublade im Büro

Bei Männern mit BMS♥ kommt es häufig vor, dass sie ihre Eier in der Arbeit lassen. Viele Männer haben keinen Schimmer von Liebe und Beziehungen, aber im Büro sind sie die absoluten Stars. Normalerweise verstecken sie sich hinter ihren dicken, großen Jobs und schleichen völlig GSG♥ durch ihr Alltagsleben, aber sobald sie am Morgen ihr Büro betreten, ziehen sie die Schublade auf, schnallen sich ihre Eier wieder an und begegnen der Welt mit so einem Elan und so einer Kraft, die Sie sich so manches Mal im Bett von ihm wünschen würden.

2. In der Porzellanvitrine seiner Mutter

Hier haben wir das ultimative Mamasöhnchen. Seine Mutter war so erdrückend und besitzergreifend, dass sie ihrem Sohn beim 18. Geburtstag die Eier abgenommen und in die Zuckerdose ihrer altmodischen Porzellanvitrine gelegt hat. Der arme Junge kriegt gar nichts auf die Reihe – er kann einfach kein Mädchen kennenlernen, lieben oder gar halten. Jede, mit der er ausgeht, wird er mit Mami vergleichen, und am Ende geht er wahrscheinlich mit einer, die ihn nur herumscheucht. Wenn Sie einen Mann treffen, dessen Eier bei seiner Mutter in Verwahrung sind, dann sollten Ihre Alarmglocken♥ schrillen. Schwiegereltern sind auch so schon schlimm genug. Aber wenn Ihre Schwiegermutter die Eier Ihres Ehemanns nicht rausrückt, dann wird es wirklich übel.

3. In der Handtasche seiner Ex-Freundin

Absolut grässlich! Da treffen Sie nun einen total süßen, sexy, coolen und klugen Typen, aber schon beim ersten Date merken Sie, dass seine Ex-Freundin ihm die Eier abgenommen und in ihre Handtasche gesteckt hat, während sie selbst ihr eigenes Leben weiterlebt und schon längst mit anderen Kerlen schläft. Und die Eier Ihres Gegenübers sind begraben unter klebrigem Lipgloss und alten Kaugummipapieren. So einen Mann möchte man packen und schütteln und ihm zurufen: »Du könntest so cool sein! Warum lebst du immer noch in der Vergangenheit und gibst dieser Zimtzicke so viel Macht über dich?« Es ist schwierig, einen Mann zu lieben, der seine Ex Einfluss auf seine gegenwärtige Beziehung nehmen lässt, also seien Sie auf der Hut.

4. In seinem Nachtkästchen

Dieser Mann ist absolut GSG♥ in jedem Bereich seines Lebens – außer im Schlafzimmer. Er scheint nicht zu wissen, wie man ein Mädchen in der Öffentlichkeit behandeln muss, aber sobald Sie mit ihm unter die Laken schlüpfen, ist er der Ritter in der glänzenden Rüstung. Wir verstehen diesen Typen nicht. Vielleicht ist Sex einfach seine Lieblingsbeschäftigung, oder vielleicht glaubt er, das ist das Einzige, worin er wirklich gut ist. Wenn Sie einen Mann kennenlernen, der seine Eier bei den Kondomen aufbewahrt, dann haben Sie mit ihm Ihren Spaß im Bett, aber erwarten Sie sich nicht viel mehr.

5. In seinem Auto

Männer, die ihre Eier im Handschuhfach aufbewahren, können einen furchtbar verwirren. Es sieht aus, als würde er Sie mögen – aber dann plötzlich doch wieder nicht. Sie gehen einmal mit ihm aus und amüsieren sich köstlich – aber dann treffen Sie sich ein zweites Mal, und er ist seltsam GSG♥. Und beim dritten Date ist er auf einmal wieder supercool! Darauf folgt jedoch ein Telefonat mit tausend peinlichen Schweigepausen. Das bedeutet, dass er seine Eier im Auto hat liegen lassen – manchmal legt er sie an, manchmal vergisst er sie. Vielleicht hat er einfach ein schlechtes Gedächtnis oder auch ein schweres KÜHE♥-Syndrom, das ihn ablenkt.

6. In seiner Geldbörse

Hier lassen sich zwei Typen unterscheiden: Der eine liebt sein Geld so sehr, dass er am liebsten schmutzigen Sex mit Hundert-Euro-Scheinen haben würde, und versucht, Frauen zu beeindrucken, indem er mit der Kohle nur so um sich wirft. Der andere Typ dreht jeden Pfennig so oft um, dass Ihnen schlecht wird, und jammert ständig, wie viel das Leben doch kostet. Zwei sehr unterschiedliche Menschen, aber beide tragen ihre Eier plattgedrückt im Portemonnaie, weswegen sie sich auch nur selten auf eine Frau konzentrieren können.

7. In der Männer-WG

Solche Männer sind total GSG♥, wenn es um Frauen, Sex und Beziehungen geht. Sie sind nur stark in Gesellschaft ihrer Kumpel, und wenn sie keinen Freund dabeihaben, der ihnen den Rücken deckt, würden sie niemals eine Frau ansprechen. Er bringt die blödesten Anmachsprüche, gibt seinem Freund High-Five, wenn er einen dummen Kommentar über Ihren

Allerwertesten abgelassen hat, und gibt Ihnen einen Tequila aus, ohne sich von seinem Platz am anderen Ende der Bar wegzubewegen. Aber niemals hätte er die Courage, Sie um ein Date zu bitten. Das ist ja auch schlecht möglich, solange seine Eier irgendwo unter einem Pizzakarton zwischen seinen Kumpel liegen.

8. In seinem Schulranzen

Diese Art Mann lebt in seiner Vergangenheit und ruht sich so gründlich auf seinen früheren Errungenschaften aus, dass er völlig passiv durch die Gegenwart treibt. Sind Sie schon mal mit so einem Typen ausgegangen, der gar nicht mehr aufhören konnte zu erzählen, wie sein Fußball-Team damals die regionalen Schulmeisterschaften gewonnen hat, oder wie er es schon in seinem ersten Studienjahr in die Uni-Mannschaft geschafft hat, und überhaupt hätte er gute Chancen gehabt, eine Sportkarriere hinzulegen, wenn er sich nicht das Knie verletzt hätte und ihn sein Kreuzbandriss nicht zu einem Leben in Mittelmäßigkeit verdammt hätte? Wir wünschten nur, diese Typen könnten ihre Abi-Zeitung endlich wegräumen und ihre Eier in die Gegenwart holen.

9. Er hatte noch nie welche!

Leider gibt es Männer, die sind schon ohne Eier auf die Welt gekommen, und daran sind weder sie noch ihre armen Mütter schuld. Sie kriegen es einfach nie auf die Reihe. Verwirrt und unglücklich stolpern sie durchs Leben und sind nicht in der Lage, jemals eine Frau wirklich zu lieben. Eigentlich ist alles in Ordnung mit ihnen, aber sie können keine verbindlichen Beziehungen eingehen, sie schlafen nur selten mit vielen Frauen und geben sich im Grunde immer gleich mit dem Erstbesten zufrieden. So taumeln sie durchs Leben und kommen überhaupt nur an ein Date, wenn eine Frau *ihre* Eier anlegt und sie um eine Verabredung bittet.

10. Er hat sie an, hat sie aber ganz vergessen

Hin und wieder trifft man Männer, die haben ihre Eier zwar an, haben es aber ganz vergessen. So ein Mann verhält sich GSG♥ und wartet meistens darauf, dass die Frau den ersten Schritt macht. Doch sobald ein Mädchen bemerkt, dass er seine Eier umhat, und ihn daran erinnert, benimmt er sich wieder ganz normal. So ein Typ ist schwer zu fassen, aber sobald Sie ihn mal haben, gibt er einen fantastischen Freund oder Ehemann ab. Er braucht nur eine tolle Frau, die ab und zu auf seine Eier zeigt und sagt: »Guck, Schatz, sie sind immer noch da!«

Auch die Jungs brauchen Liebe

Trotz aller Witze über männliche Vibes und verlegte Eier wissen wir die Kerle wirklich zu schätzen. Die Frauen weinen viel zu oft wegen Männern, und wir wollen Ihnen helfen, stattdessen über sie zu lachen! Aber zuerst noch zu seinen anderen Körperteilen – seinem Herz, seinem Kopf und seiner Seele.

Männer sind wirklich genauso GSG♥, sensibel und liebesbedürftig wie wir Frauen, und es ist wichtig, dass wir sie lieben und bemuttern. Sie verdienen dieselbe Liebe und denselben Respekt wie alle Traumfrauen. Man muss ihnen zeigen, dass sie auch traumhaft♥ sind, und sie sollen sich genauso geschätzt und begehrt und bewundert fühlen wie Sie. Viele Frauen vergessen das. Sie gehen mit einem Mann aus oder heiraten ihn sogar und sagen ihm nie, wie gut aussehend oder sexy oder wunderbar er ist. Wir kennen tatsächlich ein paar Diven, die zugegeben haben, noch niemals in ihrem Leben einem Mann ein Kompliment gemacht zu haben. Das ist wirklich mies, meine Damen! Sie wollen, dass Ihr Mann Ihnen erzählt, wie schön Sie sind, und Ihren Körper bewundert, aber er braucht dieselben aufmunternden Worte auch von Ihnen. Genau wie wir haben die meisten Männer mindestens eine Eigenschaft, wegen der sie GSG♥ sind – zum Beispiel ihren zurückweichenden Haaransatz, ihren Beruf oder ihre Körpergröße. Wenn Sie wissen, dass Ihr Auserwählter wegen irgendetwas GSG♥ ist, dann halten wir es für Ihre Aufgabe, ihm das Gefühl zu geben, dass er ganz großartig ist. Zumindest sollten Sie es versuchen.

Das ist enorm wichtig, ob Sie nun in einer Beziehung leben oder nur mit Männern ausgehen. Wir haben es schon einmal erwähnt, aber wenn Sie sich mit den Jungs verabreden, sollten Sie auch dafür sorgen, dass sie sich gut fühlen. Die sind doch so nervös, wenn sie mit einer Traumfrau wie Ihnen ausgehen, also nehmen Sie dem Ganzen den Schrecken, indem Sie ihnen Komplimente machen. Als wir unsere Männer kennengelernt haben, haben wir ihnen gesagt, wie heiß und süß und nett sie sind, und sowieso die absoluten Stars im Bett – und sie haben uns verraten, dass ihnen das noch keine andere Frau so gesagt hatte. Keine ihrer Ex-Freundinnen hat ihnen jemals das Gefühl gegeben, toll zu sein, und wir sind sicher, dass das für viele Jungs gilt.

Das soll nun nicht heißen, dass Sie ständig übertreiben, ihm die Füße küssen und den Boden anbeten sollen, auf dem er geht. Wir reden von ganz schlichten, netten, ehrlichen Worten, die ihm das Gefühl geben, geliebt zu werden. Wollen Sie denn nicht, dass er sich wie etwas ganz Besonderes fühlt, wenn er morgens bei Ihnen aus der Tür tritt? Doch, das wollen Sie. Sehen Sie es doch mal so: Viele Männer gehen fremd, weil die Geliebte – im Gegensatz zur Ehefrau oder Freundin – ihnen das Gefühl gibt, etwas ganz Besonderes zu sein. Wir wollen Ihnen nicht drohen, aber Sie tun sich selbst einen Gefallen, wenn Sie Ihrem Mann zu Hause all die Liebe geben, die er braucht.

Behandeln Sie ihn nicht wie einen Hund

Wir verstehen nicht, warum manche Frauen ihren Mann in der Öffentlichkeit oder vor Freunden beleidigen oder herabsetzen. Wir finden das niederträchtig, unnötig und schlichtweg mies! Manche Diven schnauzen ihren Freund wegen nichts und wieder nichts an. Dabei reden wir nicht von PMS-Anschnauzern – die sind nämlich absolut verzeihlich. Wir reden von Frauen, die sich ständig über ihre Männer beklagen, die Augen bei allem verdrehen, was er sagt und tut, und ihm im Allgemeinen das Gefühl geben, er sei ein nerviger Fünfjähriger.

Wir nehmen an, dass es sich dabei um eine Form von GSG♥ handelt – unbewusst wollen sie ihren Männern das Gefühl geben, so minderwertig zu sein, dass sie ohne ihre Frauen nicht leben könnten. Dann sind diese Megären sicher, dass er sie niemals verlassen wird. Doch das ist ein großer Irrtum, den Sie als Traumfrau niemals begehen sollten. Wenn Sie Ihren Mann so herunterputzen, wird er Sie dafür hassen, und Sie sehen nur aus wie eine nervtötende Nörgeltante. Wenn er wirklich einen Fehler gemacht hat, werden Sie ruhig wütend auf ihn, aber führen Sie sich nicht auf, als wäre seine bloße Existenz ein Ärgernis. Wir hoffen aufrichtig, dass Sie Ihren Mann wirklich lieben. Und dann behandeln Sie ihn bitte auch so.

Männer bleiben eben Männer

Obwohl wir in diesem Kapitel die Eier und Vibes der Kerle gründlich beschrieben haben, möchten wir Sie trotzdem daran erinnern, dass Sie Ihren Mann im echten Leben nicht zu sehr analysieren sollten. Die Jungs sind oft launisch, unsicher, emotionslos, grob, ängstlich und was weiß ich noch alles. Und das nicht immer, weil sie verkorkst♥ sind oder ihre Eier verlegt haben – manchmal sind sie einfach so komisch, weil sie auch Menschen sind! Wir glauben *nicht* an diesen Unsinn, dass Männer und Frauen von verschiedenen Planeten kommen. Tief in unserem Innersten sind wir alle gleich, aber das heißt eben noch lange nicht, dass die Menschen mit allen Situationen gleich umgehen.

Sollten Sie also bei Ihren Verabredungen oder im Eheleben Probleme mit ihm haben, zerpflücken Sie nicht gleich jede Kleinigkeit, die er sagt und tut. Das würde Sie auf lange Sicht nur in den Wahnsinn treiben. Wenn er ansonsten ein guter Kerl ist und Sie nett behandelt, müssen Sie schon über ein paar kleine Ärgernisse hinwegsehen. So ist das Leben nun mal, liebe Traumfrauen. Vielleicht bringt er Sie immer wieder auf die Palme oder lässt Sie so am Rad drehen, dass Sie sich vor lauter Wut die Wimpern einzeln ausreißen könnten, aber in einer Beziehung müssen Sie sich Ihre Auseinandersetzungen genauso gut überlegen wie zu Anfang die Wahl Ihres Partners. Ständiges Kabbeln und Streiten und Herumkritteln tut auf Dauer keiner Beziehung gut. Natürlich dürfen Sie niemals zulassen, dass ein Mann Sie mies behandelt, aber

Sie sollten den Unterschied zwischen ärgerlichem Benehmen und Lieblosigkeit schon erkennen. Der Punkt ist der: Selbst der perfekteste Mann wird sich irgendwann mal aufführen wie ein Volltrottel, und das ist auch okay. Geben Sie es doch zu, Sie benehmen sich manchmal auch wie ein weiblicher Volltrottel, genau wie wir. Niemand ist perfekt, also erwarten Sie es auch nicht von ihm. Was Sie erwarten sollten, ist, dass er Sie mit der Liebe und dem Respekt behandelt, den Sie beide verdienen.

7. Kapitel:
Verlieben Sie sich

Jede Frau auf der Welt hat es verdient, sich zu verlieben. Manche von Ihnen, die vielleicht noch nie verliebt waren, könnten jetzt versucht sein, dieses Kapitel zu überblättern, weil es zu schmerzhaft wäre, von den Wonnen der Verliebtheit zu lesen, aber tun Sie es nicht! Es wird passieren. Wir versprechen es Ihnen. Wenn Sie sich Ihren Freund nach unseren Anweisungen zusammengebastelt haben und unsere Tipps auf Ihren Dates befolgt haben, ist Ihr Traumprinz schon unterwegs. Vielleicht steckt er noch in China oder sonst wo, aber glauben Sie uns, Sie werden die Liebe bekommen, die Sie verdienen. Und wenn sie dann vor Ihnen steht, dann sollten Sie bereit sein, denn so wunderbar die Liebe ist – sie kann manchmal auch ein ganz schönes Aas sein!

Erst wollten wir an dieser Stelle schreiben, dass Verliebtheit sich so anfühlt, als wäre man auf Droge, aber dann hätten die Leute am Ende geglaubt, dass wir Drogen nehmen, und das wäre uns nicht so recht gewesen. (Nur um das klarzustellen: Nein, wir nehmen keine Drogen!) Die Liebe reißt einen so mit und macht solchen Spaß, aber manchmal geschehen eben auch seltsame Dinge. Es gibt dramatische Höhen und ebenso heftige Tiefen. Sie fühlt sich gigantisch an, kann aber auch beträchtliche Verwirrung und Ängste auslösen. Und das ist alles absolut normal. Jeder wird nervös und doof, wenn er sich verliebt, aber wir haben schon Frauen erlebt, die so weit gingen, sich bis zum Wahnsinn zu verlieben, und dann haben sie sich alles verdorben, weil ihr GSG♥, ihr KÜHE-Syndrom♥ und ihre schlechten Vibes die Oberhand gewonnen haben. Wir wollen auf keinen Fall, dass Ihnen so etwas passiert. Es wäre doch ein Jammer, wenn Sie so hart gearbeitet hätten, um die Liebe zu finden, und sie sich dann wieder entschlüpfen ließen, weil Sie nicht wussten, wie Sie damit umgehen müssen. Also verraten wir Ihnen in diesem Kapitel all die Tricks und Tipps, die Sie brauchen, um in jedem Moment des freien Falls das Richtige zu tun.

Die Gesetze der Liebe

Es ist so wunderschön und überwältigend, wenn man sich verliebt, und wir wollen, dass Sie jede Sekunde dieser großartigen Phase Ihres Lebens genießen. Manche Leute behaupten, dass es in der Liebe keine Gesetze gibt, aber das halten wir für Unsinn. Als wir uns verliebt haben, wollten wir jede Vernunft über Bord werfen und hätten wirklich jemanden brauchen können, der uns den Weg weist. Wir hätten eine Freundin gebraucht, die uns ein bisschen ausbremste, uns andererseits aber unseren euphorischen Zustand in vollen Zügen genießen ließ. Diese Freundin wollen wir für Sie sein. Wenn Sie sich an den folgenden acht Gesetzen der Liebe orientieren, können Sie diese wundervolle Zeit ganz furchtlos und unbefangen auskosten.

V: Verlassen Sie sich auf Ihr Gefühl

Wir wollen nicht herumunken, aber wir kennen viele Mädchen, die in ihrem Innersten durchaus wissen, dass sie sich in den falschen Jungen verliebt haben. Hören Sie auf Ihren Bauch. Wenn Sie wissen, dass es nicht sein soll oder nicht halten kann, dann sparen Sie sich eine Menge Zeit und – noch schlimmer – den Herzschmerz und kommen Sie lieber gleich über ihn weg.

E: Ehrlich währt am längsten

Liebe und Aufrichtigkeit gehören zusammen wie Brot und Butter – das eine ohne das andere ist irgendwie nichts Rechtes. Und ganz bestimmt nicht traumhaft♥. Viele Diven begehen hier einen Fehler. Sie verlangen, dass ihr Neuer aufrichtig mit ihnen ist, halten ihrerseits aber hinter dem Berg. Oder sie vertrauen ihm ein Geheimnis an und fallen dann aus allen Wolken, wenn er irgendetwas aus seiner Vergangenheit erzählt. Wir möchten Ihnen wirklich ans Herz legen, ehrlich zu sein, wenn Sie sich verlieben. Sagen Sie ihm die Wahrheit und vermitteln Sie ihm so ein Gefühl von Sicherheit, dass er ebenso aufrichtig mit Ihnen sein kann. Wenn Sie einander nicht vertrauen, wird die wonnige Zeit des Verliebtseins nicht von Dauer sein.

R: Raus mit dem Giftmüll

Wenn Sie sich verlieben, müssen Sie unbedingt alles und jeden aus Ihrem Leben entfernen, was die Verbindung zwischen ihm und Ihnen irgendwie stören könnte. Das bedeutet, dass Sie ab heute nicht mehr stundenlang mit Ihrem Ex-Freund plaudern, der immer noch verliebt in Sie ist, und dass Sie Ihr MySpace-, Ihr Facebook- und auch jedes andere Internet-Profil ändern und bekanntgeben, dass Sie nicht mehr Single sind. Außerdem erklären Sie Ihren eifersüchtigen Freundinnen und liebesbedürftigen Familienmitgliedern, dass sie Sie ab jetzt mit jemandem teilen müssen. Wenn Sie wirklich in jemanden verliebt sind, sollte dieser Mensch Priorität haben.

Das soll nun nicht heißen, dass Sie Ihre ganze Zeit nur noch mit ihm verbringen dürfen und alles andere vernachlässigen müssen. Aber wir wollen, dass Sie sich Ihrer Beziehung wirklich widmen, damit sie gedeihen kann.

L: Lassen Sie sich fallen

Wenn Sie merken, wie es geschieht, lassen Sie sich einfach fallen und schweben Sie mit ihm einen Meter über der Erde. Kämpfen Sie nicht dagegen an, analysieren Sie es nicht, grübeln Sie nicht. Lassen Sie einfach Ihr ganzes GSG♥ fahren und springen Sie auf dieses wunderbare Karussell auf. Vielleicht wird es eine Achterbahn der Gefühle für Sie, aber haben Sie keine Angst. Gehen Sie aus sich heraus, werfen Sie Ihre Ängste über Bord und lassen Sie sich fallen! Wenn Sie das nicht tun, haben Sie viel mehr zu verlieren.

I: Immer raus damit!

Sie müssen wirklich nicht warten, bis er die traumhaften♥ drei Worte sagt, meine Damen! Wenn Sie sich wirklich verliebt haben und Ihre Augen sowieso pausenlos »Ich liebe dich!« sagen, sollten Sie alle Vorsicht fahren lassen und es auch mit den Lippen aussprechen. Wir wissen, dass Sie sich ein bisschen davor fürchten, aber wenn Sie diesen Typen wirklich lieben, dürfen Sie ihm absolut sagen, wie Sie fühlen. Sollten Sie sich Sorgen machen, dass er ausflippen und Sie verlassen könnte, dann heißt das wohl auch, dass die große Verliebtheit nicht so wirklich erwidert wurde. Wenn Sie jemanden wirklich lieben, sollten Sie losziehen und es von jedem Berg schreien – oder warten Sie einfach einen intimen Moment ab und flüstern Sie es ihm ins Ohr.

E: Er hat auch ein eigenes Leben

Nur weil Sie verliebt sind, bleibt deswegen das Alltagsleben nicht stehen. Sie haben immer noch Verpflichtungen – Ihre Arbeit, Familie und Freunde. Und wissen Sie was? Er auch! Auch wenn er völlig vernarrt in Sie ist, wird er trotzdem noch seine Kumpel treffen wollen oder auf Dienstreise gehen müssen oder die Feiertage bei seiner eigenen Familie verbringen, während Sie zu Ihrer fahren. Also seien Sie nicht beleidigt und ziehen Sie kein langes Gesicht♥, wenn der Alltag an Ihre Tür klopft. Lassen Sie ihm seine Freiräume, ermutigen Sie ihn, sich auch um andere wichtige Dinge in seinem Leben zu kümmern, und wir versprechen Ihnen, danach wird er ruck, zuck wieder in Ihrem Bett liegen.

B: Beruht die Verliebtheit auf Gegenseitigkeit?

Wir vertrauen Ihnen voll und ganz, aber wir haben schon die seltsamsten Dinge erlebt, also müssen wir es doch erwähnen. Wenn Sie sich verlieben, vergewissern Sie sich, dass er sich auch in Sie verliebt. Wir reden nicht von Lust oder Verblendung. Wir reden von der guten alten Liebe. Wir wollen schließlich nicht, dass Ihnen ein Blödmann das Herz bricht, in dessen Herz und Kopf es nicht so aussieht wie in Ihrem.

Also gehen Sie auf Nummer sicher und zögern Sie nicht, ihn nach seinen Gefühlen zu fragen. Sie müssen sicher sein, dass hier Einigkeit herrscht, bevor Sie ihm Ihr ganzes Herz schenken.

T: Trauen Sie Ihrem Herzen

Sobald Sie wissen, dass Sie beide gleichermaßen verliebt sind, haben Sie unsere Erlaubnis, ihm Ihr Herz zu schenken. Wenn Sie richtig lieben wollen, müssen Sie auch richtig vertrauen. Sie dürfen keine Angst davor haben. Wenn Sie die Hälfte zurückbehalten, für den Fall, dass es doch nichts wird, geben Sie dieser Liebe keine faire Chance. Vertrauen Sie ihm und vertrauen Sie sich. Sie haben ihn sich ausgesucht, und wir sind sicher, wenn Sie all unsere Ratschläge befolgt haben, ist dieser Kerl Ihr Herz schon wert.

Frischverliebt auf Wolke sieben

Nachdem Sie jetzt mit den Gesetzen der Liebe vertraut sind, möchten wir, dass Sie aus Ihrer verliebten Phase das Beste rausholen. Single sein und sich verlieben sind gleich wichtige Bestandteile Ihrer Traumzeit♥. Und genauso, wie wir Ihnen eine Liste von Erfahrungen ans Herz gelegt haben, die Sie in Ihrer Singlezeit unbedingt machen sollten, möchten wir Ihnen an dieser Stelle ein paar Dinge empfehlen, die Sie tun sollten, während Sie verliebt sind – damit es einfach noch schöner wird. Wir wollen, dass Sie diese herrliche Zeit in vollen Zügen genießen, denn so sehr Sie sich auch wünschen mögen, dass diese lüsterne, romantische, verträumte Anhimmelphase ewig dauert – sie wird es nicht. Sie wird sich ändern und zu etwas anderem heranwachsen. Hier ist also unsere Liste von Dingen, die jede Traumfrau tun sollte, während sie verliebt ist. Lesen Sie sie sorgfältig, auch wenn Sie glauben, dass Ihnen das so schnell nicht passieren wird. Sobald es dann passiert, wissen Sie, was Sie zu tun haben.

Liebelei Nummer 1: Führen Sie Tagebuch

Wir empfehlen Ihnen unbedingt, jeden dieser wunderbaren Augenblicke schriftlich festzuhalten. Das hat zwei Gründe: Einerseits können Sie den echten Mann so besser mit Ihrem zusammengebastelten vergleichen, andererseits können Sie dieses Tagebuch später wieder lesen, wenn Sie schon jahrelang zusammen sind. Machen Sie sich keine Sorgen um Ihre Rechtschreibung, notieren Sie sich einfach alles, was er tut, wovon Sie Schmetterlinge im Bauch kriegen, all die kleinen intimen und lustigen Momente, die Sie miteinander erleben, und Details Ihrer ersten paar Dates. Eines Tages werden Sie unheimlich viel Freude daran haben, und Sie werden die traumhafte♥ Zeit umso mehr zu schätzen wissen, wenn Sie sie heute festhalten.

Liebelei Nummer 2:
Machen Sie eine kleine Reise

Wir wissen, dass die meisten von Ihnen es sich nicht leisten können, mit dem Privatjet nach Venedig zu düsen, um dort mit Ihrer neuen Liebe in der Gondel herumzuknutschen. Können wir auch nicht. Aber Sie finden bestimmt einen Weg, wie Sie zumindest zwei, drei Tage wegfahren können. Wenn man einfach mal ein paar Tage gemeinsam die Stadt verlässt, lernt man sich gleich viel besser kennen und erlebt neue Seiten am anderen. (Achtung: Manchmal ist diese Seite gar nicht so toll, aber lieber erfahren Sie früh genug, ob Ihre Beziehung das abfedern kann.) Außerdem ist es einfach schön, sich eine kleine Auszeit zu nehmen, um die neue Liebe zu feiern. Schauen Sie sich die ganze Nacht in die Augen, trinken Sie billigen Sekt im Bett und genießen Sie jeden Zentimeter aneinander, ohne von alltäglichen Dingen abgelenkt zu sein.

Liebelei Nummer 3:
Schreiben Sie Liebesbriefe

Wir geben Ihnen hiermit die Erlaubnis, sich aufzuführen wie eine 16-Jährige. Na los, schreiben Sie verliebte kleine Zettelchen! Ja, Sie dürfen Liebesmails und Liebes-SMS schreiben, aber ganz ausdrücklich möchten wir Ihnen empfehlen, die Uhr 20 Jahre zurückzudrehen und Liebes*briefe* zu schreiben. Schicken Sie ihm schöne Postkarten und stecken Sie ihm heimliche Botschaften zu. Schreiben Sie ihm, was Sie fühlen. Heute wird er es zu schätzen wissen, und in ein paar Jahren werden Sie sich diese Briefchen mit Vergnügen wieder anschauen.

Liebelei Nummer 4:
Experimentieren Sie

Nein, das müssen Sie nicht, wenn Sie nicht wollen … aber wenn Sie Lust haben, warum nicht? Sie sind beide erwachsen, Sie sind über beide Ohren verliebt und trauen diesem Mann, also wann, wenn nicht jetzt? Tun Sie, was Sie schon immer neugierig gemacht hat. Übrigens reden wir hier nicht nur von Sex, liebe Traumfrauen! Sie können auch mit ihm zum Angeln oder Golfspielen gehen, einen Hotdog essen und mit einem Guinness runterspülen, oder ihrem Liebsten dabei helfen, seinen Motor wieder zusammenzusetzen. Sollten sich Experimente im Schlafzimmer spannender für Sie anhören, dann experimentieren Sie eben nur dort …

Liebelei Nummer 5:
Schwelgen Sie gemeinsam in Erinnerungen

Wenn Sie sich gerade bis über beide Ohren verliebt haben, macht es wahnsinnigen Spaß, immer wieder zusammen durchzukauen, wie Sie sich getroffen haben, wie romantisch-ungeschickt Ihr erster Kuss war und was für einen Spaß Sie doch beim dritten Date hatten. Kuscheln Sie sich zusammen und fühlen Sie sich, als wären Sie die einzigen zwei Menschen auf diesem Planeten. Ihre Liebe ist etwas ganz Besonderes, also führen Sie sich immer wieder jedes Detail vor Augen, bevor Sie sich aneinander gewöhnt haben.

Übertreiben Sie's nicht

Manchmal glauben wir, sobald wir verliebt sind, lösen sich all unsere Probleme in Luft auf, und wir werden für immer zufrieden und geborgen sein, weil uns diese große, liebevolle Hand festhält. (Übrigens, was man über die Größe der Hände sagt, trifft durchaus zu.) In Wirklichkeit wirft das Verliebtsein – vor allem in *den* Richtigen – so manche Fragen auf, die Ihnen vorher noch gar nicht so bewusst waren. Nachdem wir uns verliebt hatten, kamen uns plötzlich die seltsamsten Gedanken und Gefühle, und wir stritten uns mit dem Neuen – bis uns eine kluge Frau Gott sei Dank sagte: »Die Liebe bringt auch alles zum Vorschein, was ihr unähnlich ist.« Und genau das wollen wir allen Traumfrauen mitteilen. Ist es nicht absurd und unfair, dass das schönste Gefühl der Welt einem auch ein paar der hässlichsten Gefühle beschert? Wir finden diesen Part am Verliebtsein wirklich ätzend, aber glücklicherweise (für Sie, nicht für uns) haben wir diese Phase durchgestanden und können Ihnen jetzt besser helfen, mit diesen negativen Gefühlen umzugehen, die unweigerlich aus dem neunten Kreis der Hölle aufsteigen, wenn Sie sich mit Ihrem Adonis gerade im siebten Himmel wähnen.

Was tut die Traumfrau, wenn die Liebe auch Eifersucht mit sich bringt?

Wir haben niemals zu den eifersüchtigen Frauen gehört. Wir haben uns sicher und geborgen gefühlt und gelebt wie die Traumfrauen und uns nie den Kopf über andere Mädels zerbrochen. Aber sollen wir Ihnen mal was verraten? Kaum, dass wir uns verliebt hatten (also, so *richtig* verliebt), fing es an. Okay, das war eine Lüge. Es brach geradezu aus uns heraus! Wir fanden es furchtbar, dass unsere neue Liebe eine Ex hatte, wir entwickelten Mordgelüste, wenn eine andere unseren Mann vor unseren Augen anmachte, und wir heulten, weil er »Titten!« schrie, wenn ein paar barbusige Hupfdohlen über den Bildschirm flimmerten. Was tun, wenn einem so was passiert? Tja, solange keine Anti-Eifersuchtspille erfunden wird, legen wir Ihnen folgende einfache Schritte nahe:

Achtung: Passen Sie gut auf, ob Sie hier wirklich ein Problem mit Ihren eigenen Gefühlen haben, oder ob Ihr Mann Sie bewusst eifersüchtig machen oder verunsichern will. Wenn er einen auf Vollidiot macht, verlassen Sie ihn, aber wenn Ihnen nur die eigenen Hormone einen Streich spielen, lesen Sie weiter.

Eifersuchtstherapie Nummer 1: Wie hieß der kluge Spruch noch mal?

Rufen Sie sich immer wieder ins Gedächtnis: »Die Liebe bringt auch alles zum Vorschein, was ihr unähnlich ist.« Wenn Sie wissen, dass eine gewisse Eifersucht normal ist, kommen

Sie sich gleich weniger verrückt vor. Und wer weiß, dass er nicht verrückt ist, kommt gleich viel besser mit seiner Eifersucht klar.

Achtung: Ja, wir sind durchaus der Meinung, dass ein gewisses Maß an Eifersucht normal ist. Doch sobald Sie anfangen, Ihrem Liebsten heimlich nachzufahren, ihm hinterherzuspionieren oder sonst was, können wir Ihnen leider nicht mehr helfen.

Eifersuchtstherapie Nummer 2: Knuddeln Sie's weg

Sagen Sie ihm, warum Sie sich so fühlen, wie Sie sich fühlen. Vergessen Sie nicht: Solange sich Ihre Eifersucht in einem normalen Rahmen bewegt, muss sie Ihnen nicht peinlich sein. Bitten Sie ihn, Ihnen über diese negativen Gefühle hinwegzuhelfen. Das kann funktionieren, auch wenn Sie jetzt die Augen verdrehen. Schließlich erfordert es einige Stärke, in seiner Verletzlichkeit aufrichtig zu bleiben. Wir wissen, dass sich das jetzt kitschig anhören mag, aber wenn Sie ihm sagen: »Ich bin so eifersüchtig, weil du bla bla bla … Nimm mich bitte in den Arm und sag mir, dass ich hübsch bin«, dann wird er bestimmt sofort die Arme ausbreiten.

Eifersuchtstherapie Nummer 3:
Drehen Sie den Spieß mal um

Das mag jetzt manipulativ klingen, aber wir versichern Ihnen, es ist völlig okay. Wenn er kein Verständnis für Ihr kleines Eifersuchtsproblem aufbringen kann, drehen Sie den Spieß einfach um. Sagen Sie zum Beispiel: »Weißt du, Schatz, ich bin sonst nicht der eifersüchtige Typ, aber wenn ich *dir* jetzt erzählen würde, dass *mein* Ex immer wahnsinnig gerne mit mir … (an dieser Stelle fügen Sie etwas ein, was Sie mit Ihrem Neuen noch nie gemacht haben), dann wärst du garantiert auch angefressen, oder?« Glauben Sie uns – über solche Sachen *will* er gar nicht nachdenken. Deswegen funktioniert der Trick auch so gut.

Eifersuchtstherapie Nummer 4:
Schauen Sie in den Spiegel

Wenn wir eifersüchtig sind, müssen wir uns mal wieder vor Augen führen, dass wir umwerfende Frauen sind! Blättern Sie zurück zu Seite 9 und lesen Sie sich noch einmal die Definition einer Traumfrau durch. Oder rufen Sie Ihre beste Freundin an, wenn Sie immer noch niedergeschlagen und durcheinander sind. Aber wir sind absolut sicher, wenn Sie sich als die Traumfrau fühlen, die Sie sind, und wenn Sie sich selbst sagen, was für ein Glück er hat, so einen heißen Feger wie Sie zu haben, dann werden Sie bald nicht mehr gelb vor Eifersucht sein, sondern hochrote Ohren kriegen.

Eifersuchtstherapie Nummer 5:
Lassen Sie sich nicht auf einen Wettbewerb mit
anderen Frauen ein

Was, wenn Ihr Neuer Tausende von weiblichen Bekannten hat, die Sie nicht gerade mit offenen Armen empfangen? Tja, das kommt sicher nicht daher, dass die alle Marathonsex mit ihm hatten oder auch nur wollten. Wahrscheinlich sind sie einfach bloß egoistisch und lahmarschig und können sich nicht für ihren Freund freuen, der so eine tolle Frau wie Sie abbekommen hat. Sie hätten seine Aufmerksamkeit lieber ganz für sich. Verschwenden Sie keine Sekunde damit, sich über solche Tussen den Kopf zu zerbrechen.

Außerdem sollten Sie sich niemals auf einen Wettbewerb mit seinen Ex-Freundinnen einlassen. Sie sind wirklich viel heißer und cooler – sonst wäre er doch jetzt nicht mit Ihnen zusammen, oder? Wir wissen, wie verführerisch es ist, die MySpace-Seiten dieser Frauen zu besuchen, um zu checken, ob sie dickere Möpse haben als wir, und wenn ja, wie viel dicker. Doch das sollten Sie sich schleunigst abgewöhnen. Wenn Ihnen nichts Besseres einfällt, um Ihre Zeit totzuschlagen, gehen Sie doch lieber ins Fitnessstudio und lassen Sie sich von Ihrer Eifersucht durch eine Stunde Step-Aerobic pushen.

Was tut die Traumfrau, wenn die Liebe auch die Vertrauensfrage mit sich bringt?

Vertrauen geht Hand in Hand mit Verliebtsein. Kann man denn überhaupt wirklich verliebt sein, wenn man dem anderen nicht vertraut? Wir glauben nicht. Deswegen stellt sich die Vertrauensfrage wahrscheinlich so schnell, wenn wir uns Hals über Kopf in jemanden verlieben. Wir müssen sichergehen, dass wir ihm wirklich vertrauen können, bevor wir am Ende auf der Nase landen.

Vertrauensfrage Nummer 1: Was ist es?

Wenn Sie sich schwertun, Ihrem Neuen Vertrauen entgegenzubringen, sollten Sie sich überlegen: *Ist es meine Angst, die mich zweifeln lässt? Oder meine Intuition?* Sobald Sie diese Frage zuverlässig beantworten können, können Sie das Problem anpacken, ohne ihn gleich zu verschrecken. Und zwar so:

Ist es Ihre Angst?
Haben Sie einfach nur Angst, dass er Sie betrügen könnte, ohne jeden konkreten Grund? Sind Sie so schrecklich verliebt in ihn, dass Ihnen der bloße Gedanke, er könnte Sie verlassen, das Herz bricht? Sind Sie nicht sicher, ob Sie ihm vertrauen wollen, weil Sie einfach solche Angst haben, einen Mann wie Ihren Vater zu heiraten, der Ihre Mutter tausendmal betrogen hat? Sind Sie vielleicht zum ersten Mal wahrhaftig verliebt? Und macht Ihnen das solche Angst, dass Sie

unbewusst nach Gründen suchen, wie Sie das Ganze verkorksen♥ können? Empfinden Sie Ihre neue Liebe als »zu gut, um wahr zu sein« – und machen sich daher Sorgen, er könnte ganz andere Ziele verfolgen, zum Beispiel sein Adressbuch mit einer Traumfrau pro Postleitzahl zu füllen?

Okay, wenn einer dieser Gründe auf Sie zutrifft (und sei es auch nur ein bisschen), sind Sie innerlich eben noch ein furchtsames kleines Mädchen, das Angst hat, ihm zu vertrauen. Das ist schon okay. Lesen Sie weiter.

Ist es Ihre Intuition?

Haben Sie ein ganz komisches Bauchgefühl? Haben Sie in anderen Bereichen Ihrer Beziehung den Eindruck, dass er Sie nicht respektiert? Macht er komische Sachen, etwa »bei einem Kumpel« übernachten, weil er zu besoffen zum Heimfahren war, und Sie nicht anrufen, weil er Sie angeblich nicht wecken wollte? Verlässt er für Telefongespräche den Raum? Schaltet er jedes Mal schnell den PC aus, wenn Sie in sein Zimmer kommen? Gibt er offensichtlich haufenweise Geld aus, und Sie wissen nicht recht, wofür? Hält er Sie vor wichtigen Leuten in seinem Leben geheim? Ist Ihnen jedes Mal ziemlich unwohl zumute, wenn er und Sie nicht körperlich zusammen sind?

Wenn Ihnen nichts davon bekannt vorkommt, haben Sie es wahrscheinlich einfach nur mit Ihren eigenen Ängsten zu tun. Jippieh! Aber wenn so einige Punkte davon auf Ihre Beziehung zutreffen, könnte es auch Ihre Intuition sein, die Ihnen sagt, dass Sie ihm nicht ganz trauen können. Tut uns leid. Kann sein, dass Sie Schluss machen müssen.

Vertrauensfrage Nummer 2:
Woher kommt es?

Wir gehen mal davon aus, dass es nur die gute alte Angst ist, die Ihnen zu schaffen macht. Sie sind in einen tollen Typen verliebt, Sie haben eine Scheißangst, und jetzt kommen alle möglichen Sachen an die Oberfläche. Tja, wollen Sie wissen, wie's jetzt weitergehen soll? Genau. Sie müssen sich an die Arbeit machen und herausfinden, woher Ihr Vertrauensproblem kommt und warum Sie zulassen, dass es Ihnen das Leben zur Hölle macht. Sie können keine Traumfrau sein, wenn Sie die ganze Zeit bibbernd durch die Gegend laufen, also reißen Sie sich zusammen und überlegen Sie, wo die Wurzeln des Übels liegen.

Vertrackte Vergangenheit

Sehr oft kann die Vergangenheit eine neue Beziehung ruinieren. Ist Ihnen in Ihrer Kindheit Schlimmes zugestoßen? Waren Ihre Eltern nicht vertrauenswürdig? Hat Ihr erster Freund Sie belogen und/oder betrogen, und jetzt haben Sie Angst, dass sich das Ganze wiederholen könnte? Haben *Sie* einen ehemaligen Freund belogen und befürchten, dass das Ganze jetzt auf Sie zurückfallen könnte? Macht die zwielichtige Vergangenheit Ihres Liebsten Ihnen Sorgen, nach dem Motto »einmal Betrüger, immer Betrüger«? Sollte wirklich Ihre Vergangenheit die Ursache Ihres Problems sein, dann atmen Sie jetzt bitte mal tief durch und vertrauen uns ein wenig. Mit Tipp Nummer 3 werden wir Ihnen helfen, die Vergangenheit hinter sich zu lassen.

Paranoide Gegenwart

Vielleicht sind Sie ja eine Traumfrau mit makelloser Vergangenheit, und nur die Gegenwart macht Ihnen Probleme. Werden Sie vielleicht ständig von verheirateten Männern angemacht? Müssen Sie im Büro oder auf Dienstreisen zuschauen, wie sämtliche Kollegen Ihre Ehefrauen und Freundinnen betrügen? Ist Ihr Süßer ein echter Hingucker, und Sie machen sich einfach Sorgen, dass ihm ständig andere Frauen nachstellen? Sind all seine Freunde völlig unreif und nicht vertrauenswürdig, sodass Sie befürchten, er könnte ähnlich handeln? Wenn das ganz nach Ihrer Situation klingt, dann haben sich die Vertrauensprobleme nur aus der Gegenwart ergeben. Wir werden Ihnen beibringen, wie Sie im Hier und Jetzt leben und lieben können, auch wenn Sie gerade das Gefühl haben, in einer Welt voller Lügen zu stecken.

Angst vor der Zukunft

Wenn Ihre Probleme weder aus der Vergangenheit noch aus der Gegenwart stammen, dann leben Sie vielleicht in einer Art Zeitmaschine. Malen Sie sich selbstzerstörerische Fantasien♥ von der Zukunft aus? Machen Sie sich Sorgen über Dinge wie: »Was, wenn ich den jetzt heirate, vier Kinder mit ihm in die Welt setze und er dann die Midlife-Crisis kriegt und mich für eine 25-Jährige verlässt, wenn ich 50 bin? Oh Gott! Ich glaube, ich kann ihm nicht trauen!« Haben Sie solche Angst, eines Tages als die Dumme dazustehen, dass Sie lieber ohne jeden Grund paranoid herumschnüffeln, um sich vor etwas zu schützen, was *vielleicht* in der Zukunft passieren könnte? Haben Sie Schwierigkeiten, ihm zu vertrauen, weil Sie Angst haben, er könnte eines Tages aufwachen und Sie nicht mehr lieben? Dann, meine Damen, sind Sie leider dumm, dann können wir Ihnen auch nicht helfen.

Von allem ein bisschen

Okay, wenn Sie sich das nun alles durchgelesen haben und zu dem Schluss gekommen sind, dass Ihr Problem teils aus der Vergangenheit, teils aus der Gegenwart *und* aus der Zukunft stammt … oje, dann brauchen Sie vielleicht wirklich Hilfe von einem Profi. Wir sind keine Psychiater, wir sind Freundinnen, und als Freundinnen müssen wir Ihnen sagen, dass Ihr Problem so tief in jedem Bereich Ihres Lebens verwurzelt ist, dass Sie für einen guten Rat mehr als 8,95 Euro zahlen müssen.

Vertrauensfrage Nummer 3: Kommen Sie damit klar!

Nachdem Sie jetzt ein wenig Mühe investiert und ergründet haben, woher Ihr Vertrauensproblem kommt, können Sie dem Wahnsinn ein Ende setzen und das Problem selbst lösen. Werden Sie jetzt nicht wütend auf uns, weil wir Ihnen scheinbar Ihre kostbare Zeit gestohlen haben – aber wir können Ihnen versichern, es ist ganz egal, *welches* der oben genannten Probleme Sie haben. Es ist nur wichtig, sich bewusst zu machen, *dass* Sie es haben. Das Leben ist zu kurz, um sich von so etwas die Liebe verhageln zu lassen. Wir wollen, dass Sie sich diesmal verlieben, ohne von negativen Gedanken abgelenkt zu werden, und dabei werden wir Ihnen helfen.

Nachdem Sie jetzt wissen, warum Sie das Problem haben und woher es kommt, möchten wir Ihnen erzählen, was Sie tun müssen, um wieder auf den Boden der Tatsachen zu kommen und ihm endlich zu vertrauen.

Reden Sie sich gut zu

Es ist egal, ob Ihr Vertrauensproblem seine Ursachen in der Vergangenheit, der Gegenwart oder der Zukunft hat, denn eines bleibt immer gleich: Es existiert nur in Ihrem hitzigen kleinen Kopf. Sie sind sexy und klug und stärker, als Sie glauben. Sobald Ihre Gedanken nur noch um die Vergangenheit kreisen, müssen Sie sich vor Augen halten, dass die Vergangenheit ihren Namen deshalb trägt, weil sie *vergangen* ist! Vorbei. Gewesen. Gegessen. Nein, das bedeutet nicht, dass Ihnen so etwas wieder passieren muss. Es heißt nur, dass Sie Ihre kostbare Zeit und Energie auf alte Kamellen verschwenden, während Sie sich lieber darauf konzentrieren sollten, Ihren Neuen in der Gegenwart zu lieben. Und wenn Sie sich ständig Sorgen um die Zukunft machen, was dann? Dann haben Sie vielleicht gar keine Zukunft mit diesem Mann, es sei denn, Sie können Ihre Ängste endlich überwinden und sich wieder in die Gegenwart zurückholen. Machen Sie sich klar, dass Ihr Kopf Ihnen einen Streich spielt. Wenn Sie Ihrer Angst die Zügel schießen lassen, hassen Sie Ihre Liebe, statt sie zu lieben. Also bitte, benehmen Sie sich doch lieber wie die Traumfrau, die Sie schließlich sind, und hören Sie auf mit Ihren negativen Gedanken.

Polen Sie Ihre Gedanken um

Sobald Sie merken, dass Sie Ihr Vertrauen mal wieder misstrauisch hinterfragen, polen Sie Ihre Gedanken um. Was wir denken, erschaffen wir uns wirklich. Wenn Sie sich lang und intensiv genug vorstellen, dass er Sie betrügen wird, weil er damals auch seine Freundin in der elften Klasse betrogen hat, dann wird er es wahrscheinlich irgendwann tun. Wir wollen Ihnen ja nicht drohen, aber denken Sie doch mal gut nach: Wenn Ihr Liebster das Gefühl hat, dass das Gericht den Schuldspruch sowieso schon beschlossen hat, wird er sich denken, dass er sich genauso gut den Spaß noch holen kann, bevor er seine Strafe antreten muss. Meine Damen, denken Sie doch lieber an all die Gründe, weswegen Sie ihm vertrauen können. Denken Sie daran, wie glücklich und froh Sie sind, weil Sie Ihr Leben mit so einem coolen Mann teilen. Und vor allem denken Sie daran, dass Sie einen Partner verdient haben, dem Sie vertrauen können.

Sagen Sie ihm, dass Sie ihm vertrauen

Das Wichtigste, was Sie in so einem Fall für sich, Ihren Mann und Ihre Beziehung tun können, ist, dass Sie ihm sagen, wie sehr Sie ihm vertrauen. Sprechen Sie genau diese Worte aus: »Ich vertraue dir.« Sagen Sie: »Geht schon klar, fahr ruhig auf die Faschingsparty mit deinen verrückten, unreifen Kumpel, denn ich vertraue dir.« Sagen Sie: »Ich weiß, dass wir eine schöne gemeinsame Zukunft haben können, denn ich liebe dich, respektiere dich und vertraue dir.« Worte sind mächtig, Mädels! Wir wissen alle, wie weh sie tun können, aber wussten Sie schon, dass Worte auch heilen können? Wenn Sie ihm

Ihre Ängste mitteilen und ihm sagen, wie sehr Sie ihm vertrauen, werden Ihre eigenen Worte Ihre Ängste heilen. Und wenn er weiß, dass Sie ihm vertrauen, wird er motiviert sein, sich Ihres Vertrauens würdig zu erweisen. Und damit haben Sie das Beste für alle Beteiligten erreicht!

Konzentrieren Sie sich auf Ihre Liebe, denn nur sie zählt
Was Sie und Ihr Liebster haben – diese tiefe Verbindung, ein intimes Band, solide Freundschaft, Leidenschaft, Spaß, Gefühle, Aufregung, Zufriedenheit –, all das ist *Liebe*, und zwar echte und greifbare. All die negativen Gedanken, die in Ihre perfekte kleine Liebesseifenblase eindringen und Ihnen Ihr Vertrauen rauben, sind nicht echt. Das sind nur Ängste, die aus Ihrem Hirn aufgestiegen sind. Ängste sind nicht greifbar, Sie können Sie weder anfassen noch küssen oder umarmen oder riechen oder Sex mit ihnen haben. Also weg damit. Konzentrieren Sie sich lieber auf Ihren Mann, der ist echt. Und er liebt Sie auch echt. Stecken Sie die Energie, die sonst in Ihren Ängsten verpufft, einfach in etwas Gutes und Echtes – Ihre Liebe!

Äh … schon vergessen? Sie sind ein heißer Feger!
Wir wollen nur sichergehen, dass Sie nicht vergessen, wie supersexy, klug, cool und selbstbewusst Sie sind. Das mussten wir nur noch einmal kurz klarstellen, für den Fall, dass Sie nicht mehr wissen, wie Sie die Dinge ändern können, die Ihnen in Ihrem Leben nicht passen. Wenn Sie also nicht wollen, dass Ihr Vertrauensproblem Ihre Liebesbeziehung ruiniert, dann machen Sie sich jetzt mal schön locker, setzen ein fröh-

liches Lächeln auf und lassen es einfach nicht zu! Wenn Sie wollen, dass sich etwas ändert, müssen Sie es ändern. Und manchmal müssen Sie nämlich nur eines ändern: Sie müssen sich einfach wieder vor Augen halten, dass Sie eine Traumfrau sind und alle Liebe und alles Vertrauen dieser Welt verdient haben. Glauben Sie uns – Sie sind eine umwerfende Frau! Und Sie haben es verdient!

Die Grenzen des Schlachtfelds

Wenn Sie Ihre Probleme mit Eifersucht oder mangelndem Vertrauen bewältigt haben, wird Ihre Beziehung unweigerlich noch ein paar ganz eigene Probleme aufwerfen. Es heißt ja, dass eine Beziehung ohne Streit eine Beziehung ohne Leidenschaften ist, und wir finden, da ist was dran. Wenn er und Sie nie verschiedener Meinung sind, stimmt wahrscheinlich irgendwas nicht. Entweder macht sich einer von beiden immer klein♥ und steht niemals für seine Gefühle ein, oder jemand hat Geheimnisse und solche Angst, erwischt zu werden, dass er nichts sagt, was Diskussionen verursachen könnte. In einer gesunden Beziehung sind Streitereien und Kabbeleien absolut normal. Irgendwann kommen auch Sie bestimmt mal an einen Punkt, an dem Sie ihm den Hals umdrehen oder ihm eins auf die Nase hauen könnten. Aber solange Sie nichts davon tun, ist noch alles in bester Ordnung. Solche Gedanken und Gefühle sind ganz natürlich und ereilen auch die Besten unter uns. Das heißt noch lange nicht, dass Sie ihn nicht lieben.

Liebe Traumfrauen: Shit happens. Irgendwann streiten Sie mal darüber, wo oder was Sie essen wollen, über seine Sucht nach gewalttätigen Videospielen, Ihr Make-up-Sammelsurium im Badezimmer, vergangene Liebhaber, Freunde, Familie, Arbeit, Geld, Benehmen, Fernsehen, Sex etc. Manchmal fetzen Sie sich bis aufs Blut, manchmal verdrehen Sie einfach nur genervt die Augen, aber solche Streitereien und bösen Kommentare können einer Beziehung wirklich Schaden zufügen. Wenn Sie unsere Regeln befolgen, werden Sie sich anschließend mit Versöhnungssex beschäftigen, statt sich die Seele aus dem Leib zu heulen.

Streitrezept Nummer 1:
Passen Sie den richtigen Zeitpunkt ab

Timing ist alles. Viele Streitereien könnten Sie vermeiden, würden Sie sich gleich den richtigen Moment für ein klärendes Gespräch aussuchen. Wenn Sie wissen, dass er abends immer besonders brummig ist, dann bringen Sie solche Themen nicht kurz vorm Einschlafen aufs Tapet. Natürlich sollen Sie sich nicht immer nur nach seinen Stimmungen richten, aber wenn Sie klug sind, passen Sie eine Zeit ab, zu der Sie eher die gewünschte Reaktion bei ihm hervorrufen können. Hunger spielt übrigens auch eine große Rolle beim Timing. Wenn Sie beide gerade an GSG♥ leiden, ist das vielleicht nicht der beste Zeitpunkt, um über die gemeine Bemerkung seines Vaters zu reden. Atmen Sie tief durch und warten Sie den richtigen Moment ab, bevor Sie die Boxhandschuhe rausholen.

Streitrezept Nummer 2:
Bringen Sie's auf den Punkt

Viele unter uns werden aus einem ganz bestimmten Grund wütend auf ihren Kerl, aber statt ihm zu sagen, weswegen wir uns so aufregen, bringen wir ungefähr 100 unwichtige Dinge auf den Tisch. Das ist einfach nur Zeitverschwendung und zieht viele Streitereien unnötig in die Länge. Wenn Sie wütend sind, weil er seinen Kumpel gegenüber geäußert hat, er halte Scarlett Johansson für die größte Sexbombe, die rumläuft, dann sagen Sie ihm das. Schreien Sie ihn nicht an, weil er seine schmutzigen Unterhosen auf dem Boden rumliegen lässt, den Toilettensitz nicht wieder runtergeklappt hat oder nicht mehr Geld nach Hause bringt. Halten Sie sich an Ihr Thema und sagen Sie, was Sie so wurmt, dann können Sie es ausfechten und hinterher ad acta legen.

Streitrezept Nummer 3:
Seien Sie ehrlich

Wir wissen, dass einige von Ihnen dazu neigen, Ihren Ärger eher runterzuschlucken, als auszusprechen, was Sie nervt. Aber wenn Sie ihm das alles immer durchgehen lassen, werden Sie ihn eines Tages hassen. Sie sind eine Traumfrau. Sie sind selbstbewusst und haben keine Angst, ihm zu sagen, wie Sie sich fühlen, und Respekt einzufordern. Sprechen Sie ehrlich aus, was Sie empfinden, und haben Sie keine Angst, für Ihre Bedürfnisse einzutreten.

Streitrezept Nummer 4:
Hören Sie zu

Tut uns leid, das sagen zu müssen, aber Sie sind auch nicht perfekt. Wir wissen, wie ätzend es sich anfühlt, im Unrecht zu sein, aber wenn Ihr Mann Ihnen etwas sagt, was ihn an Ihnen stört, dann gehen Sie nicht einfach darüber hinweg. Denken

Sie an die goldene Regel♥ und gestehen Sie sich ein, wie wütend Sie wären, wenn er über Ihre Klagen einfach hinwegginge. Wenn er sich also beschwert, dass Sie sich im Ton vergriffen haben, dann entschuldigen Sie sich für die Kränkung und passen in Zukunft besser auf, wie Sie mit ihm reden. Auf diese Art können Sie Streit viel schneller hinter sich lassen. Und er lernt hoffentlich von Ihnen und gibt klein bei, wenn er es verkorkst♥ hat.

Streitrezept Nummer 5:
Die Macht des PMS

Für manche von Ihnen mag es verrückt klingen, aber viele Traumfrauen wissen sehr gut, wovon hier die Rede ist. PMS ist ein Zustand, bei dem Ihre Hormone einfach aus dem Ruder laufen und Ihre Gefühle und Stimmungen beherrschen. (Wenn Sie das nicht kennen sollten, seien Sie sich unseres ganzen Neides gewiss!) Es kann ja verführerisch sein, jeden Monat wieder denselben Streit auszugraben, aber wir möchten Sie doch bitten, einmal kurz zu überlegen, ob die Sache den Streit wirklich wert ist. Wenn Sie es gerechtfertigt finden, dann tragen Sie den Kampf bitte erst aus, wenn Sie hormonell wieder im grünen Bereich sind. Aber sollten Sie in Ihrem Innersten wissen, dass Sie sich gerade völlig grundlos aufregen, dann atmen Sie bitte tief durch, gehen Sie spazieren, nehmen Sie ein Vollbad, aber lassen Sie es nicht an ihm aus.

Streitrezept Nummer 6:
Keine Handgreiflichkeiten

Ganz egal, wie zornig Sie sind oder wie bösartig Ihr Streit aus-
artet – Sie dürfen ihn nicht schlagen, boxen, kratzen, beißen
oder schubsen. Wenn Sie sich so heftig in die Haare geraten,
dass er und Sie handgreiflich werden, dann stimmt wirklich
was nicht mit Ihnen. Es ist absolut nicht in Ordnung, wenn
ihm bei einem Streit die Hand ausrutscht, und dasselbe gilt
auch für Sie! Wenn Sie sich nicht zusammenreißen können,
besuchen Sie einen Kurs, in dem Sie lernen, wie man seine
Aggressionen besser kontrollieren kann (dort können Sie sich
ja mit Naomi Campbell zusammentun), aber lassen Sie nicht
zu, dass es in Ihrer Beziehung zu Gewalttätigkeiten kommt.

Streitrezept Nummer 7:
Keine Gemeinheiten

Auch in der Hitze des Gefechts sollten Sie sich so weit zusammenreißen können, dass Sie keine gemeinen, hasserfüll-
ten, verletzenden Dinge sagen. Grausamkeiten, die einem
im Streit herausgerutscht sind, können eine Beziehung ganz
zerstören. Nur weil Sie wütend sind, dürfen Sie ihn nicht mit
Schimpfnamen belegen, respektlos reden oder Dinge aussprechen, von denen Sie wissen, dass sie ihn zutiefst verletzen.
Dadurch wird nur sein Vertrauen in Sie Schaden nehmen. Sie
wissen sehr gut, wo die Grenze verläuft, meine Damen, also
bleiben Sie schön bei dem Thema, über das Sie streiten, und
überschreiten Sie diese Grenze nicht.

Streitrezept Nummer 8:
Keine bösartigen Angriffe

Wir wissen, dass so manche Diva gewaltig Pfeffer im Hintern hat und ihr die Sicherung schneller durchbrennt als Prinz Ernst August von Hannover. Aber versuchen Sie sich ein bisschen zu beherrschen. Wenn Sie wirklich wütend sind, zählen Sie innerlich bis zehn und sagen Sie ihm dann in aller Freundschaft, was Sie so wütend gemacht hat. Wenn Sie anfangen, ihn anzuschreien und auszurasten, hört er nicht mehr, was Sie sagen. Wenn er sich Ihren Ärger wirklich zu Herzen nehmen soll, müssen Sie auch im Streit noch einigermaßen umsichtig vorgehen.

Streitrezept Nummer 9:
Verzeihen Sie

Wenn Sie neunmal über dasselbe Thema gestritten haben und er sich aufrichtig entschuldigt hat, müssen Sie es loslassen. Wir wissen, wie schwer das ist, aber an diesem Punkt ist Streiten irgendwann einfach nicht mehr konstruktiv. Wenn Sie das Bild seiner Ex-Frau nicht aus dem Kopf kriegen, sagen Sie es ihm und bitten Sie ihn um Hilfe, aber schreien Sie ihn nicht an, weil er von ihr erzählt hat, wenn er sich schon x-mal dafür entschuldigt hat. Dann werden Sie nur immer wieder wütend, und der Streit nimmt niemals ein Ende.

Streitrezept Nummer 10:
Suchen Sie sich gut aus, worüber Sie streiten

Wir könnten kein Kapitel über Streit in einer Beziehung schreiben, ohne Ihnen diesen Rat zu geben. Es ist nämlich ein guter Rat. Manchmal verzapft Ihr Liebster so richtigen Mist, und Sie denken sich: »Ist das jetzt überhaupt einen Streit wert?« Lautet die Antwort Nein, ignorieren Sie es einfach. Es ist sogar ein erhebendes Gefühl, wenn man sich dafür entscheidet, lieber einen gemütlichen, friedlichen Abend zu verbringen, statt einen Streit anzufangen. Also, versuchen Sie doch mal, sich für sein blödes Benehmen dadurch zu entschädigen, dass Sie *nicht* darüber streiten.

8. Kapitel:
Nach dem Fall

Trotz aller Ängste und Kämpfe – verliebt zu sein ist schon schön. Aber was kommt dann? Leider gibt es nur zwei Möglichkeiten, wie sich Ihre Beziehung in der Zukunft entwickeln kann. Entweder lieben Sie sich weiterhin, wachsen und bleiben für immer zusammen. Oder Sie leben sich auseinander und irgendwann gehen Sie dann auseinander. Oje. Wenn wir mit Männern ausgehen und nach dem Richtigen suchen, ist das leider unvermeidlich, und bedauerlicherweise kann man nie im Voraus sagen, wie die Sache ausgeht.

Eines kann man allerdings mit Sicherheit sagen: Es wird ein gutes Stück Arbeit, so oder so. Wenn Sie für immer zusammenbleiben, müssen Sie sich ein Leben lang anstrengen, damit immer wieder der Funke überspringt. Und wenn Sie sich trennen, müssen Sie sich anstrengen, darüber hinwegzukommen. Tja, wir können Ihnen zwar nicht garantieren, dass Ihre Liebe ewig halten wird, aber wir können Ihnen helfen, sich selbst kennenzulernen und zu lieben, sodass Sie sich auch am Ende einer gescheiterten Beziehung immer noch fühlen wie eine echte Traumfrau.

Trennungen sind ätzend

Auf der Suche nach der wahren Liebe sind ein paar Trennungen leider unumgänglich. Trennungen sind ungeachtet der Umstände grundsätzlich ätzend. Eine Trennung ist der Tod einer Beziehung, und sie kann einem genauso zu Herzen gehen wie der Tod eines nahestehenden Menschen. Doch trotz aller Schwierigkeiten ist es wichtig, dass Sie als Traumfrau eine gescheiterte oder scheiternde Beziehung beenden können. Manchmal ist es nötig, dass wir Schmerzen und Herzweh durchleiden, um zu lernen und zu wachsen und schließlich eine bessere, gesündere und erfüllendere Liebe zu finden.

Wir könnten wahrscheinlich ein ganzes Buch zum Thema Trennungen schreiben (vielleicht tun wir das eines Tages auch noch), aber hier wollen wir einfach nur kurz auf den Pausenknopf drücken und Ihnen beibringen, wie Sie mit einer Trennung umgehen sollten. Die vorgeschlagenen Gedanken und Strategien funktionieren sowohl, wenn *Sie* Schluss gemacht haben, als auch, wenn Sie die Verlassene sind, denn in beiden Fällen müssen Sie dieselben Prozesse durchlaufen. Ob Sie mit einem verlogenen, betrügerischen, gewalttätigen Vollidioten Schluss machen oder ob Sie von einem Engelchen verlassen werden, der Weg durch die Trauerphase bis zum Neuanfang ist fast identisch. Also atmen Sie tief durch und lesen Sie, wie Sie über ätzende Trennungen hinwegkommen.

1. Glauben Sie an sich selbst

Ja, auch an dieser Stelle möchten wir Sie wieder daran erinnern, dass Sie eine Traumfrau sind! Sie sind selbstbewusst und klug und verdienen die größte, wunderbarste Liebe der Welt! Wenn eine kleine Stimme in Ihrem Inneren Ihnen jetzt einflüstert, dass der Mann in Ihrem Leben Ihnen nicht die Liebe gibt, die Sie verdienen, dann ignorieren Sie sie nicht. Das ist nämlich Ihre Intuition, die da mit Ihnen spricht. Es ist ganz einfach – wenn Sie glauben, dass Sie vielleicht mit ihm Schluss machen sollten … dann sollten Sie definitiv mit ihm Schluss machen! Sie müssen daran glauben, dass Sie das schaffen und es die richtige Entscheidung ist. Wenn er Sie verlässt, dann müssen Sie daran glauben, dass Sie darüber hinwegkommen. Vergessen Sie nicht, dass alles, was geschieht, seinen Grund hat. Das Universum♥ würde nicht zulassen, dass Ihnen Ihr Seelenverwandter einfach entgleitet. Der Kerl, der Sie nicht zu schätzen wusste, macht Ihnen im Grunde ein großes Geschenk. Er gibt Sie frei für all die anderen Männer, die Sie lieben und alles an Ihnen mögen werden.

2. Belügen Sie sich nicht selbst

Viele Mädchen lügen sich in die eigene Tasche. Sie sind absolut unglücklich in ihren Beziehungen, finden aber immer wieder neue Entschuldigungen für ihren Partner. Bitte, meine Damen, ersparen Sie sich das doch! Seien Sie ehrlich mit sich selbst. Wenn Sie sich selbst Sachen sagen hören wie:

»Klar, er trinkt schon zwei Sixpacks jeden Abend, aber er ist echt kein Alkoholiker«, oder: »Er hat mir gesagt, dass er mich nicht liebt, aber ich weiß, dass er es nicht so meint«, dann hören Sie sich bitte mal wieder richtig zu und machen Sie sich klar, dass Sie jemanden verdient haben, für den Sie sich nicht ständig Rechtfertigungen ausdenken müssen.

3. Erklären Sie es ihm

Wir wissen, wie ekelhaft Trennungen sein können, aber es wäre schön, wenn Sie die Gelegenheit nutzen könnten, um der Menschheit ein bisschen weiterzuhelfen. Viele von den Männern, die so durch die Weltgeschichte laufen, haben keine Ahnung, wie man eine Frau behandelt, und werden es auch niemals wissen. Wenn Sie also so eine herzzerreißende Trennung durchleben, dann schimpfen Sie ihn nicht einfach ein Arschloch, und heulen Sie ihm auch nicht die Ohren voll, dass er doch bitte, bitte bei Ihnen bleiben soll. Nehmen Sie sich die Zeit, ihm zu erklären, warum Sie nicht mehr mit ihm zusammen sein wollen beziehungsweise warum Sie ihn immer noch lieben. Teilen Sie ihm Ihre Gefühle mit und erklären Sie ihm, dass Sie sich für Ihr Leben eine Liebe wünschen, die positiv und gesund ist und Ihnen Energie gibt. Vielleicht hört er nicht zu, dann können Sie ihm stattdessen einen Brief schicken, aber solange er irgendetwas aus Ihrer Trennung lernen kann (wie Sie ja auch), dann ist er bei der nächsten tollen Frau, mit der er ausgeht, vielleicht nicht mehr ganz so unsensibel.

4. Denken Sie über Ihr Leben nach

Schließen Sie sich mal eine Stunde ins stille Kämmerlein ein und denken Sie wirklich gründlich über Ihr Leben nach. Wie Sie sich mit diesem Mann fühlen, wie sehr Ihr Leben schon miteinander verflochten ist und wie Sie sich am schmerzlosesten von ihm trennen können. Haben Sie denselben Freundeskreis? Leben Sie zusammen? Haben Sie Kinder? Leider können Sie in den meisten Fällen nicht einfach davonlaufen. Trennungen erfordern auch ein bisschen Planung, also machen Sie eine Liste von den Hindernissen, die Sie davon abhalten, ihn sofort vor die Tür zu setzen, und dann überlegen Sie sich, wie Sie die Sache am besten anpacken.

Wenn er *Sie* verlässt, müssen Sie genauso nachdenken – Sie wollen ja herausfinden, wie Sie am schnellsten wieder Ihr Leben weiterleben können. Denken Sie darüber nach, wie Sie Ihr Leben organisieren werden, um den ersten Schmerz zu dämpfen. Vielleicht treffen Sie sich mit Freunden, meiden bestimmte Orte, an denen Sie ihm begegnen könnten, suchen sich eine neue Wohnung oder eine Untermieterin oder ziehen vielleicht sogar eine Weile zu Ihrer Mutter. Konzentrieren Sie sich auf die positiven Dinge in Ihrem Leben, und dann machen Sie sich bereit, wieder in die Welt hinauszuziehen und weiter Ihre Traumzeit♥ zu genießen.

5. Setzen Sie sich über Ihre Ängste hinweg

Sie haben nichts zu befürchten, liebe Traumfrau. Sie schaffen das! So schmerzhaft es jetzt auch sein mag, Sie werden darüber hinwegkommen, und eines Tages werden Sie auf diese Zeit zurückblicken und lächeln. Sie werden so stolz sein, dass Sie für sich selbst eingestanden sind und sich nicht davon haben fertigmachen lassen, dass er Sie verlassen hat. Machen Sie sich keine Sorgen, dass Sie jetzt für den Rest Ihres Lebens allein bleiben werden! Blättern Sie in diesem Buch zum Anfang zurück, fangen Sie einfach wieder von vorne an und vergnügen Sie sich als Single. Das ist doch gar nicht mehr so furchterregend, oder?

6. Spannen Sie Ihre Freunde ein

Aus zwei Gründen hat das Universum♥ Freundinnen erschaffen: zum Spaß und für Zeiten wie diese. Holen Sie sich Trost bei Ihren Freundinnen und hören Sie auf sie. Sie können Ihnen großartige Ratschläge geben, weil sie das alles selbst schon mal mitgemacht haben und Ihre Beziehung aus einer anderen Perspektive betrachten können. Gehen Sie mit ihnen zum Essen, zum Yoga, machen Sie einen Ausflug oder shoppen Sie gemeinsam (wir wollen hier nicht den Einzelhandel ankurbeln, aber trotzdem). Blicken Sie ruhig in die Zukunft, denn Sie haben eine ganze Schar von tollen Frauen um sich, die Sie lieben und Ihnen helfen möchten, diese ätzende Zeit zu überstehen – dieser Schar schließen wir uns übrigens auch an!

7. Planen Sie voraus

Ob Sie nun verlassen oder verlassen werden – es ist äußerst wichtig, dass Sie sich einen Zukunftsplan entwerfen. Hören Sie auf, ständig diese Beziehung wieder und wieder durchzukauen, alte Fotos anzusehen und in der Vergangenheit kleben zu bleiben. Sie müssen organisiert und überlegt die Zukunft anpacken, also machen Sie jetzt mal kurz eine Atempause und überlegen Sie sich, was Sie wollen. Wäre es vielleicht eine gute Idee, eine Weile Single zu bleiben und Ihre Wünsche neu zu überdenken, oder wollen Sie sofort nach der nächsten Beziehung Ausschau halten? Führen Sie sich vor Augen, was in Ihrer alten Beziehung schiefgelaufen ist, und wenn nötig, revidieren Sie Ihren zusammengebastelten Freund entsprechend. Freuen Sie sich ruhig darauf, Ihre nächste Zukunft zu planen, denn wenn Sie einfach nur ziellos durch die Gegend laufen, landen Sie am Ende wieder in der falschen Beziehung – oder gar in einer noch schlechteren.

8. Lassen Sie die Vergangenheit los

Wir können es nicht mehr hören, wenn uns Traumfrauen die Ohren volljammern, dass sie innerlich noch nicht völlig mit ihrer alten Beziehung abschließen konnten, weil zu viel offengeblieben ist. Verschwenden Sie Ihre Zeit bitte nicht mit solchem Quark, denn Sie werden niemals befriedigende Antworten auf all Ihre offengebliebenen Fragen bekommen oder bis ins letzte Detail ergründen können, was falsch gelaufen ist. Sie können Ihren Ex nicht dazu zwingen, aber dafür können Sie für Ihren Teil ja loslassen. Holen Sie sich Ihren Seelenfrieden, indem Sie alles, was Sie sagen müssen und was Sie fühlen, zu Papier bringen. Und sagen Sie sich, dass Sie hiermit mit ihm abgeschlossen haben, auch wenn er Ihnen die letzten Antworten schuldig geblieben ist.

9. Machen Sie die Tür hinter sich zu!

Machen Sie sie nicht bloß zu. Verriegeln und verrammeln Sie das Ding. Ganz im Ernst. Sie werden niemals weiterkommen, wenn Sie die Tür buchstäblich oder im übertragenen Sinne offen lassen, sodass Ihr Ex jederzeit wieder in Ihr Leben spazieren kann. Wenn Sie wirklich wieder zusammenkommen sollen, wird es von allein passieren. Aber zunächst müssen Sie jede Kommunikation unterbinden, damit Ihre Wunden heilen und Sie Ihr Leben wieder in den Griff bekommen können. Wenn Sie sich dann zufällig wieder über den Weg laufen und das Feuerwerk erneut losgeht, bitte sehr. Doch vorläufig gehen Sie nicht miteinander zum Kaffeetrinken oder Mittagessen und schauen auch nicht »mal kurz bei ihm vorbei«. Tür zu, Kette vor. Konzentrieren Sie sich auf Ihr Traumfrauenleben.

10. Unternehmen Sie etwas ganz Neues und Positives

Jedes Mal, wenn Sie eine schlechte Angewohnheit ablegen (Rauchen, Trinken, exzessives Online-Shopping), müssen Sie Ihre Zeit stattdessen mit etwas Harmlosem füllen. Wenn Sie sich also trennen, müssen Sie den Kerl durch etwas Positives ersetzen. Wir möchten Ihnen allerdings sehr ans Herz legen, ihn nicht durch irgendeinen beliebigen Penis zu ersetzen. Langfristig gesehen wäre es viel gesünder, wenn Sie so was wie Stricken oder Radfahren oder Ähnliches anfangen. Nichts gegen eine kleine schnelle Liebelei – manchmal tut das schon ganz gut, weil es einem bestätigt, dass man immer noch toll und begehrenswert ist. Aber Golfspielen oder Standardtanz sind doch auch gute Methoden, um sich mit gut aussehenden Jungs zu umgeben, während Ihr Herz ein bisschen Zeit zur Genesung bekommt.

11. Räumen Sie in Ihrem Leben auf

Sie bekommen hiermit die offizielle Erlaubnis, genau *eine* Kiste zu behalten. Mehr nicht. Laufen Sie nicht in seinem alten Iron-Maiden-T-Shirt durch die Wohnung. Nehmen Sie seine Fotos aus allen Bilderrahmen und von der Kühlschranktür. Werfen Sie seine Zahnbürste in den Mülleimer. Und seinen restlichen Kram geben Sie ihm zurück. Wir meinen damit nicht, dass Sie jedes Zeugnis Ihres Pärchendaseins vernichten sollen, aber einmal Großreinemachen ist gesünder. Sie sind jetzt eine Singletraumfrau und müssen Ihr Leben und Ihre Wohnung entsprechend anpassen. Und auch für Ihren Kopf wird es viel besser sein, wenn nicht überall, wo Sie hinsehen, Dinge stehen, die Sie an ihn erinnern.

12. Sorgen Sie dafür, dass Sie glücklich und beschäftigt sind

Seien Sie in dieser unschönen Zeit besonders nett zu sich. Wir erlauben Ihnen alles, was Ihnen Vergnügen bereitet. Versuchen Sie sich einen Ausgleich zu schaffen, indem Sie sich Dinge gönnen, von denen Sie sonst immer träumen. Egal was – Schokoladenkuchen zum Frühstück, Weggehen mit Freundinnen, eine Massage, ein neuer Lipgloss, ein paar Tage Blaumachen, eine völlig neue Garderobe, Blumen, Tangounterricht. Das mag sich oberflächlich anhören, aber wenn Sie sich jetzt so richtig verwöhnen, fühlen Sie sich auf jeden Fall besser.

Das Quiz zum Schlussmach-Dilemma

Oft ist nicht ganz klar, ob Sie eine Beziehung beenden sollten oder nicht. Wenn Sie schon darüber nachdenken, sollten Sie wahrscheinlich auf dieses Gefühl hören. Intuition ist alles, liebe Traumfrauen! Aber wie gesagt, manchmal ist der Unterschied zwischen Intuition und Ängsten nicht ganz deutlich. Dann lässt sich nicht so klar unterscheiden, was sich noch unter normalem Beziehungsärger verbuchen lässt und was schlicht und einfach respektlos ist. Außerdem fällt es uns einfach schwer, so eine bequeme, nette Beziehung fahren zu lassen, auch wenn sie nicht ganz das ist, was wir wollen. Sollten Sie in einer Beziehung stecken und nicht recht wissen, ob Sie bleiben oder gehen sollen, nehmen Sie jetzt bitte einen Stift zur Hand und machen Sie unser lustiges (aber ernst gemeintes) Schlussmach-Quiz. Es wird Ihnen helfen, zu einer klaren, selbstbewussten Entscheidung zu finden.

1. Wie oft macht Ihr Partner Ihnen ein Kompliment?

a) Ständig! Er gibt mir immer das Gefühl, dass ich sexy, klug und begehrenswert bin.

b) Nicht so oft, aber wenn, hört es sich aufrichtig an.

c) Nur zu besonderen Gelegenheiten, wenn ich mich für eine Party oder Ähnliches fertig mache.

d) Er hat mir noch nie ein richtiges Kompliment gemacht. Ich wünschte, er würde ab und zu sagen, dass er mich hübsch findet.

2. Haben Sie Spaß zusammen?

a) Wir amüsieren uns immer prächtig, auch wenn wir nur zu Hause sitzen und fernsehen.

b) Nicht jeden Tag, aber wenn wir zusammen ausgehen, ist es immer lustig.

c) Wir finden einfach verschiedene Dinge lustig. Wenn wir weggehen, dann meistens in einer größeren Gruppe. Wenn wir alleine losziehen, langweilt sich meistens einer von uns.

d) Spaß? Hatten wir schon lange nicht mehr. In letzter Zeit streiten wir uns eigentlich fast nur noch.

3. Wie oft streiten Sie sich?

a) Wir hatten ein-, zweimal Streit und ein paar kleine Kabbeleien, aber ansonsten verstehen wir uns richtig gut.

b) Es gibt ein paar Themen, über die wir uns ständig streiten, aber ansonsten verstehen wir uns gut.

c) Bei unseren großen Streitereien geht es heftig zur Sache, und ansonsten kabbeln wir uns relativ häufig.

d) Wir streiten über alles – sogar über unsere Art zu streiten! Wenn wir loslegen, beschimpfen wir uns und lassen die Teller fliegen. Ich könnte mich an keinen Tag erinnern, an dem wir nicht gestritten hätten.

4. Machen Sie ab und zu nette Kleinigkeiten für ihn?

a) Ja, ich koche gern für ihn oder überrasche ihn, indem ich ihm kleine Zettel in die Tasche stecke. Außerdem helfe ich ihm mit kleinen Dingen, wenn er viel um die Ohren hat – ich tanke das Auto auf oder gehe für ihn zur Post.

b) Ich hab selbst zu viel zu tun, aber ich plane zum Beispiel gern seine Geburtstagsparty.

c) Früher schon, aber da nie etwas zurückkam, habe ich irgendwann damit aufgehört.

d) Da plane ich lieber einen Abend mit meinen Freundinnen. Er würde es ja sowieso nicht zu schätzen wissen.

5. Wie ist Ihr Sexleben?

a) Super! Wir sind leidenschaftlich, ich fahre total auf seinen Körper ab und er auf meinen. Wir sind mal sehr zärtlich, mal pervers, und manchmal lachen wir einfach furchtbar viel im Bett.

b) Ich kann mich nicht beschweren. Es ist schön, es ist gut, und jeder kriegt, was er braucht.

c) Ich hatte schon mal ein besseres, aber es ginge auch schlechter. Vielleicht stimmt die Chemie zwischen uns nicht hundertprozentig, aber er versucht es zumindest.

d) Wir machen es nicht besonders oft, und ich habe das Gefühl, dass wir uns gegenseitig immer weniger attraktiv finden.

6. Tut er nette Dinge für Sie?

a) Jede Woche tut er mindestens eine Kleinigkeit, die mir das Gefühl gibt, geliebt und geschätzt zu werden.

b) Er vergisst gerne mal anzurufen, wenn er sich verspätet und so was, aber er macht es wieder gut, indem er mir eine nette Mail schickt oder mir was Süßes mitbringt.

c) Er ist so beschäftigt mit seinem eigenen Leben, da bleibt nicht viel Zeit für nette Kleinigkeiten. Ich brauche ja nicht viel, aber eine kleine Geste hie und da wäre manchmal schon schön.

d) Er ist geizig und faul und würde im Leben nicht auf die Idee verfallen, etwas Nettes für mich zu tun. Er hat mich eigentlich auch nie umworben, und im Allgemeinen nimmt er mich für selbstverständlich. Langsam hasse ich ihn dafür.

7. Was für ein Gefühl gibt er Ihnen im Allgemeinen?

a) Bei ihm fühle ich mich wie eine Diva! Ich weiß, dass er mich liebt und respektiert.

b) Er gibt mir zu verstehen, dass ich ihm wichtig bin, aber ich wünschte mir manchmal, er hätte mehr Zeit für mich.

c) Er sagt gemeine Dinge, sodass ich mich mies fühle, aber normalerweise nur im Streit.

d) Ehrlich gesagt macht er mich GSG♥. Ich glaube nicht, dass er mich besonders attraktiv findet oder mich wirklich respektiert, sonst würde er sich nicht so benehmen.

8. Was hört sich für Sie am besten an?

a) Nackt mit meinem Schatz im Bett liegen und ihn von oben bis unten abküssen.

b) Mit meinem Schatz auf dem Sofa liegen und *DSDS* angucken.

c) Mich schick machen und in einen Club gehen. Auch wenn ich mit ihm unterwegs bin, gefällt es mir, wenn mich andere Männer angucken.

d) Ein Mädelsabend, bei dem wir so richtig auf den Putz hauen! Ich hab nur wirklich Spaß, wenn er nicht in der Nähe ist.

9. Schaut er andere Frauen an?

a) Ab und zu sagt er, dass er eine Schauspielerin oder ein Model hübsch findet, aber normalerweise gibt er mir das Gefühl, dass ich der heißeste Feger weit und breit bin.

b) Er redet oft davon, wie sexy andere Frauen sind, fügt aber jedes Mal hinzu, dass ich noch sexier bin.

c) Seine Augen verfolgen jedes hübsche Mädchen, an dem wir vorübergehen, aber ich habe gelernt, damit zu leben.

d) Er guckt nicht nur, er vergleicht mich auch mit anderen Frauen, und manchmal kommt es mir so vor, als wäre er lieber mit einer anderen zusammen als mit mir.

10. Vervollständigen Sie diesen Satz: Mein Partner ist …

a) … die Liebe meines Lebens.

b) … mein bester Freund.

c) … ein guter Freund, um Beziehungen zu üben.

d) … eine Sucht.

Punkte:

Für jedes a gibt es 4 Punkte, 3 für b, 2 für c, 1 für d.

Auswertung:

31–40 Punkte: Warum haben Sie dieses Quiz überhaupt gemacht? Wir hoffen doch, Sie erkennen eine gute Beziehung, wenn Sie eine haben – hört sich nämlich ganz so an, als hätten Sie eine! Vielleicht ist sie nicht völlig perfekt, aber nichts auf Erden ist völlig perfekt. Es scheint, als wäre Ihre Verbindung vergnüglich und gesund, aber die Wahrheit können natürlich nur Sie kennen. Sie müssen übrigens auch nicht bei ihm bleiben, wenn Sie die volle Punktzahl haben. Sie dürfen durchaus weiterziehen, wenn Sie es nicht traumhaft♥ finden – aber wir haben den Eindruck, diese Beziehung dürfte sich schon ziemlich gut anfühlen.

21–30 Punkte: Ihre Beziehung kann in der einen oder anderen Hinsicht noch Verbesserungen gebrauchen, aber das ist okay! Wir finden, Sie sollten sich die Zeit nehmen, diese Punkte zu klären, denn es hört sich so an, als hätte diese Verbindung doch eine Menge Potenzial. Sollten Sie natürlich im Herzen wissen, dass es nicht sein soll, dann lassen Sie ihn ziehen und machen Sie selbst auch einen Schritt weiter! Wir sind allerdings der Meinung, dass Sie der Sache erst noch eine Chance geben sollten.

16–20 Punkte: Ach, Süße, Sie hätten doch wirklich was Besseres verdient. Für uns sieht es nicht so aus, als würde Ihnen diese Beziehung sonderlich guttun. Wenn Sie versuchen wollen, sie durch eine Paarberatung zu retten, probieren Sie es auf jeden Fall, aber wenn Sie von Herzen unglücklich sind, wird es Zeit, dass Sie ihn vor die Tür setzen! Stehen Sie für sich ein und arbeiten Sie daran, sich die Liebe zu holen, die Sie verdienen.

10–15 Punkte: Sie wissen wahrscheinlich, dass es höchste Zeit wird, Schluss zu machen. Das können Sie sich jetzt auch noch mal von uns bestätigen lassen. Tun Sie's. Sie haben unsere volle Unterstützung! Verlassen Sie ihn! Sie haben definitiv etwas Besseres verdient.

Ein Wort zum Thema Verzeihen

Nicht mal die besten Beziehungen sind perfekt, denn sowohl wir Traumfrauen als auch die Männer, die wir lieben, haben eben Fehler. Das bedeutet, dass eine erfolgreiche Beziehung immer ein gewisses Maß an Vergebung erfordert. Wenn wir jemanden lieben wollen, müssen wir bereit und fähig sein, ihm ab und zu von Herzen zu verzeihen. Wir glauben, dass es zwei Arten von Vergebung gibt – die schmerzlose und die schmerzhafte –, und beide sind gleich wichtig für den Erhalt Ihrer Liebe.

Beim schmerzlosen Verzeihen geht es um Kleinigkeiten wie Rülpsen oder schmutzige Unterwäsche. Von solchen Kinkerlitzchen sollten wir unsere Leidenschaft nicht bremsen lassen, die müssen einfach verziehen werden. Männer sind auch nur Menschen, und wenn wir sie ganz lieben wollen, müssen wir ihnen so etwas nachsehen können. Wir haben so oft erlebt, dass Frauen ihren Männern die albernsten Kleinigkeiten nachtragen, zum Beispiel dass sie noch einen zweiten Hotdog gegessen, nach dem dritten Bier lauter geredet oder ihr Hemd krumm und schief zum Trocknen aufgehängt haben. Solche Dinge können vielleicht mal ärgerlich sein, aber sie sind normal und harmlos, und das sind genau die, die man einfach verzeihen muss, wenn eine Beziehung funktionieren soll. Wenn Sie nicht in der Lage sind, hier schmerzlos zu vergeben, lieben Sie den Mann wahrscheinlich nicht aufrichtig.

Andererseits gibt es immer auch ein paar Themen in einer Beziehung, die mehr Sorgfalt und Arbeit bedeuten und die man auch nicht so einfach verzeihen kann. Manchmal kann das Verzeihen hier so wehtun wie eine eklige Trennung. Wenn Ihr Mann Sie anlügt, betrügt oder sich so benimmt, dass Ihre Beziehung daran Schaden nimmt (zum Beispiel durch exzessiven Pornokonsum oder Tablettensucht), dann wird es nicht so schmerzlos sein, ihm zu verzeihen. Gewissermaßen ist das auch ganz gut so. Wenn Sie nicht so leicht verzeihen können, bedeutet das, dass Sie sich überlegt haben, was für eine Liebe Sie verdienen, und es ist extrem wichtig für Sie, wenn solche Vorfälle die Beziehung erschüttern. Sie können die Angelegenheit nicht einfach unter den Teppich kehren und ihm verzeihen, wenn Ihr Partner respektlos, untreu oder ein Vollidiot ist. In manchen Fällen müssen Sie also darüber nachdenken, wie Sie sich dabei fühlen und ob Sie es vergeben können oder nicht.

Leider müssen Sie ganz allein entscheiden, ob Sie Ihrem Partner verzeihen oder nicht. Wir können Ihnen da keinen Rat geben, denn nur Sie wissen, ob Sie jemals in der Lage sein werden, ihm aufrichtig zu vergeben und die Sache hinter sich zu lassen – oder ob Sie ihn nicht insgeheim immer dafür hassen werden. Wir können Sie an dieser Stelle nur ermutigen, sich die Zeit zu nehmen, herauszufinden, was für Sie das Richtige ist. Ganz ehrlich, wir ziehen den Hut vor allen Traumfrauen, die richtig große verkorkste♥ Fehltritte verzeihen können. Wir wissen (leider aus eigener Erfahrung), wie schmerzhaft das ist und was es für eine Mühe kostet, von dort wieder zur bedingungslosen Liebe zurückzufinden. Sollten Sie sich jedoch außerstande sehen, einen richtig großen

Fauxpas zu vergeben, dann ist das auch in Ordnung. Manchmal ist der Schmerz den Preis einfach nicht wert. In vielen Fällen ist Vergebung eben nicht der richtige Weg für Ihre Beziehung. Und wenn Sie sich gut genug kennen, um hier die richtige Wahl zu treffen und sie mit allem Selbstrespekt durchzuziehen, haben Sie einen großen Schritt zur echten Traumfrau gemacht.

Sex in Beziehungen

Lassen Sie uns eines vorausschicken: Wenn Sie ein sexuell aktiver Erwachsener sind und offiziell einen Freund haben, sollten Sie mit dieser Person auch Sex haben. Wenn Sie dem Mann, mit dem Sie ausschließlich zusammen sind, Liebe oder Intimität vorenthalten, benehmen Sie sich nicht wie eine starke Frau. Wenn Sie als Kind missbraucht wurden oder ähnliche psychologische Probleme es Ihnen unmöglich machen, Sex wirklich zu genießen, sollten Sie auf direktem Wege zu einem Therapeuten gehen. Solange Sie Ihre Blockaden nicht überwunden haben, werden Sie niemals fähig sein, Liebe zu geben oder zu empfangen.

Mit einer Frau auszugehen, die ihnen Sex vorenthält, kann für Männer sehr hart sein. Wir kennen viele, die sich außerhalb ihrer Beziehung umsehen, weil ihre Freundin sie nie anfasst oder küsst oder mit ihnen spielt. Manche von Ihnen verdrehen jetzt vielleicht die Augen und rufen: »Ist doch nicht mein Job, wenn er sich abreagieren muss!« Da sind wir anderer Meinung. Wenn *Sie* mit ihm zusammen sind, wessen Job sollte es denn dann sonst sein? Als Freundin/Ehefrau/Was-auch-immer haben Sie die Aufgabe, Ihren Mann zu lieben und zu befriedigen, genauso wie es seine Aufgabe ist, Sie zu lieben und zu befriedigen. Für den Fall, dass Sie immer noch nicht kapiert haben, was wir meinen, haben wir fünf Tipps für Sie, die alle Traumfrauen in ihrer Beziehung beherzigen sollten.

Sextipp Nummer 1:
Betrachten Sie Sex nicht als Geschenk

Wir kennen viele Mädchen, die ihren Mann nur an seinem Geburtstag oder am Valentinstag ranlassen. Unserer Meinung nach ist das kein Traumfrauenbenehmen. Sex ist kein Geschenk. Sex ist etwas, was Sie gemeinsam tun und genießen sollten! Wenn Sie es nicht genießen, haben Sie ein Problem. Ja, Ihre Vagina ist was ganz Besonderes, aber sie ist nicht für die Tage reserviert, wenn der Weihnachtsmann an die Tür klopft oder Torten auf dem Tisch stehen. Kommen Sie runter von Ihrem hohen Ross und steigen Sie lieber auf Ihren Mann.

Sextipp Nummer 2:
Benutzen Sie Sex nicht als Waffe

Dieser Tipp ähnelt Nummer 1, verdient aber einen eigenen Abschnitt. Viele Frauen aus unserem Bekanntenkreis bestrafen ihre Männer, indem sie ihnen Sex vorenthalten – als wäre Sex ein Keks und ihre Jungs bettelnde Dreijährige. Wenn Sie wütend auf ihn sind, sagen Sie es ihm ganz ehrlich und klären Sie die Sache, aber fangen Sie bitte nicht damit an, dass er nicht mehr randarf, bevor er nicht sechs Dutzend Rosen gekauft und ihnen einen Monat lang jeden Morgen Frühstück ans Bett gebracht hat. Mag sich ja lustig anhören, klingt aber nicht nach einer gesunden Beziehung.

Sextipp Nummer 3:
Lassen Sie ihn nicht am langen Arm verhungern,
weil Sie einfach nicht so auf ihn stehen

Wir hassen diese Mädels, die mit einem Mann ausgehen, der sich prompt in sie verliebt, und dann enthalten sie ihm jegliche Intimitäten vor, weil sie darauf warten, dass doch noch was Besseres ihres Weges kommt. Nein, meine Damen, so was ist einfach verkorkst♥. Wenn Sie mit ihm ausgehen, weil Sie sich denken »besser einer als keiner«, sind Sie wahrscheinlich zu GSG♥, um als Single zu leben, und so führen Sie den armen Kerl an der Nase herum und vermeiden Situationen, in denen es intim werden könnte. Hören Sie auf mit den Spielchen, hören Sie auf, seine Zeit zu verschwenden, und tun Sie sich beiden einen Gefallen – entweder stehen Sie dazu, dass er der Mann Ihrer Wahl ist, oder Sie sehen zu, dass Sie jemanden finden, mit dem Sie wirklich Sex haben wollen. Sie haben doch beide etwas Besseres verdient!

Sextipp Nummer 4:
Behandeln Sie Ihren Freund nicht wie
einen Kumpel

Manche Frauen lernen einen tollen Typen kennen und amüsieren sich köstlich mit ihm, könnten sich aber nicht im Traum vorstellen, irgendwelche heißen Nummern mit ihm zu veranstalten. Nach einem lustigen Abendessen und einem Kinofilm denken sie sich irgendeine dämliche Ausrede aus, damit es ja nicht romantischer wird. Ätzend, so was. Kommt

Ihnen das bekannt vor? Finden Sie alles an ihm ganz super und gehen gern mit ihm aus, aber der Gedanke an Sex mit ihm stößt Sie einfach ab? Dann tut es uns leid, aber Sie benehmen sich nicht wie eine umwerfende Frau. Vergessen Sie nicht, dass Sie jemanden verdienen, mit dem Sie im Restaurant *und* im Bett Spaß haben können. Also amüsieren Sie sich nach Kräften mit Ihren Freundinnen, aber hören Sie auf, Zeit und Geld dieses armen Kerls zu verschwenden, indem Sie mit ihm rumspielen, obwohl Sie wissen, dass er mehr von Ihnen will.

Sextipp Nummer 5:
Enthalten Sie ihm nicht den Sex vor, weil Sie
GSG♥ sind

Ja, wir haben es schon mal gesagt, aber wir möchten es noch mal sagen. Wenn Sie mit einem Mann ausgehen, müssen Sie glauben, dass er Sie für schön, sexy und perfekt hält. Sie können Sex nicht ablehnen, weil Sie in der Arbeit ein Stück Kuchen gegessen haben und sicher sind, dass man es Ihnen schon an den Oberschenkeln ansieht. Und Sie sollten auch nicht vermeiden, ihn Ihren nackten Körper sehen zu lassen, indem Sie schnell das Licht ausknipsen oder nur Stellungen einnehmen, in denen Sie vorteilhaft aussehen. Sex wird einfach wesentlich besser, sobald Sie nicht mehr über solche Dinge nachdenken und sich gehen lassen. Sagen Sie sich einfach: »Ich bin eine Traumfrau, mit mir wackelt die Wand!« Und dann lassen Sie die Wand wackeln.

Üben Sie sich in Liebe

Wenn Sie sich verliebt haben (und wir können Ihnen garantieren, das wird passieren), sollen Sie es bitte auch bleiben. Verliebt zu bleiben braucht genauso viel Zeit, Sorgfalt und Energie wie eine Trennung, aber es macht natürlich wesentlich mehr Spaß. Wir sind nun noch nicht seit 30 Jahren verheiratet, also können wir nicht behaupten, das Geheimnis der perfekten Beziehung gelüftet zu haben, aber die Wahrheit lautet: Es gibt kein Geheimnis. Wie in allen anderen Bereichen Ihres Lebens, in denen Sie Erfolg haben wollen, müssen Sie auch in eine Beziehung Aufmerksamkeit, Mühe und liebevolle Sorgfalt stecken.

Verliebt bleiben ist wie Sport treiben. Wenn Sie sich im Fitnessstudio den Arsch abarbeiten (im wahrsten Sinne des Wortes), aber dann plötzlich nicht mehr hingehen, sondern sich mit Cheeseburgern vollstopfen, was passiert dann? Dann sieht Ihr Allerwertester schnell wieder so aus wie vorher, und meistens sogar noch breiter und schlimmer. Tja, dasselbe gilt für die Liebe. Wenn Sie sich den Arsch abarbeiten (im übertragenen Sinn), um eine schöne, liebevolle Beziehung zu finden, können Sie sich nach Erreichen des Ziels nicht einfach auf die faule Haut legen und aufhören, all die netten Sachen zu tun, die doch erst für die große Verliebtheit gesorgt haben. Wenn Sie hart gearbeitet haben, um diese Liebe zu finden, dann wäre es doch ein Jammer, sie durch Faulheit wieder zu verlieren. Sollten Sie das Glück gehabt haben, dass sie Ihnen mehr oder weniger in den Schoß gefallen ist, dann wäre es immer noch Verschwendung, wenn Sie das Ganze als Selbstverständlichkeit betrachten würden. Wir möchten, dass Sie Ihren Partner lieben und jeden schönen, traumhaften♥ Moment miteinander genießen. Also werden Sie nicht bequem und verkorkst♥, liebe Traumfrau. Machen Sie sich an die Arbeit und bringen Sie Ihre Liebe ins Fitnessstudio!

Liebestraining Nummer 1:
Kommunizieren Sie liebevoll miteinander

Offene Kommunikation ist wichtig, aber genauso wichtig ist es, rücksichtsvoll zu kommunizieren. Denken Sie daran, wie Sie in den ersten Tagen Ihrer Bekanntschaft miteinander gesprochen haben. Werden Sie bloß nicht selbstzufrieden oder fangen Sie an zu nörgeln – sprechen Sie weiterhin mit verliebter Stimme, wenn Sie mit ihm reden. Natürlich muss auch er respektvoll mit Ihnen umgehen, aber Sie können den Standard für Ihre positive und zärtliche Kommunikation setzen. Vergessen Sie nicht, dass auch Berührung eine Art der Kommunikation ist. Händchenhalten, Umarmungen, sein Gesicht völlig grundlos hundertmal abküssen – all das tut einer Beziehung unheimlich gut und hilft Ihnen, sich immer nahe zu bleiben.

Liebestraining Nummer 2:
Streiten Sie behutsam

Wir haben schon über Streit geredet, wollten Sie aber trotzdem noch einmal daran erinnern, dass Sie dabei immer Umsicht walten lassen sollten. Wir alle zanken uns manchmal, aber wenn Sie verliebt bleiben wollen, müssen Sie klug und behutsam streiten. Beißen Sie sich auf die Zunge, bevor Sie etwas sagen, was den Streit nur noch weiter anheizen würde. Worte sind mächtig, und wenn Sie sich Gemeinheiten sagen, wird es hinterher schwer, zu Vertrauen und Bewunderung zurückzufinden.

Liebestraining Nummer 3:
Machen Sie ihm häufig Komplimente

Wenn Sie für immer verliebt bleiben wollen, müssen Sie Ihrem Liebsten regelmäßig sagen, wie besonders, klug, heiß, sexy, lustig und nett er ist. Wir wiederholen uns ja ungern, aber das ist so wichtig! Je öfter Sie ihn aufbauen und sein Selbstbewusstsein mit Ihren aufmunternden, aufrichtigen Komplimenten aufmöbeln, umso besser wird er sich fühlen – und je besser er sich fühlt, umso mehr werden Sie sich von ihm geliebt fühlen. Und wenn Sie sich beide geliebt und selbstsicher fühlen, wenn Sie beisammen sind, haben Sie ziemlich gute Chancen, verliebt zu bleiben.

Liebestraining Nummer 4:
Lieben Sie sich leidenschaftlich

Wenn Sie schon eine Weile zusammen sind, sollten Sie auf keinen Fall den Fehler begehen, faul zu werden und im Schlafzimmer Langeweile aufkommen zu lassen! Legen Sie sich mal wieder ein bisschen ins Zeug. Denken Sie bitte nicht an Ihre Einkaufsliste, wenn Sie ihm einen blasen, und liegen sie nicht nur unter ihm, während Sie drauf warten, dass er endlich fertig wird. Wir wissen, wie hektisch und stressig das Leben sein kann, und manchmal klingt erholsamer Nachtschlaf viel verlockender als eine Runde heißer Sex, aber geben Sie sich einfach mal einen Ruck. Manchmal ist es genauso wie mit einem Lächeln – wenn man sich zwingt, ein Lächeln aufzusetzen, wird man traumhafterweise♥ tatsächlich fröhlicher. Wenn Sie sich ein paar leidenschaftliche Gesten abringen, könnten sich recht bald wirklich leidenschaftliche Gefühle einstellen.

Liebestraining Nummer 5:
Nehmen Sie sich regelmäßig Zeit füreinander

Wir wissen, dass es schwieriger wird, die Gegenwart des anderen zu genießen, wenn man schon lange zusammen ist. Sogar Abende, an denen man sich extra einen Babysitter nimmt, um mal wieder ungestört zusammen sein zu können, sind oft so stressig, dass es fast die Mühe nicht wert ist. Wir möchten Sie daher ausdrücklich dazu auffordern, sich trotz aller festgefügten Arbeitsabläufe immer wieder Zeit füreinander zu nehmen. Kochen Sie am Sonntagnachmittag etwas zusammen (oder bekochen Sie sich abwechselnd, wenn einer von Ihnen am Herd allzu leicht den Alpha-Küchenchef spielt). Oder veranstalten Sie etwas ganz Einfaches wie ein Käsebrot-Picknick auf dem Esszimmerboden, wenn die Kinder schlafen. Manchmal braucht es nur einen entspannten Abend in den eigenen vier Wänden, um die Liebe am Leben zu erhalten.

Liebestraining Nummer 6: Seien Sie spontan

Wenn Sie sich erst mal Ihren netten kleinen Alltag eingerichtet haben, kann es schwierig werden, die eingefahrenen Zeitpläne zu durchbrechen. Aber oft kommt eben Langeweile auf, also sorgen Sie dafür, dass die Spontaneität nicht ganz aus Ihrer Beziehung verschwindet. Wenn Ihre Arbeitsplätze nicht weit voneinander entfernt sind, überraschen Sie ihn, indem Sie ihn zur Mittagspause ausführen, oder treffen Sie sich ohne jeden Anlass nach der Arbeit auf einen Cocktail. Manchmal helfen solche kleinen Programmänderungen, aus langweiligen Gewohnheiten auszubrechen und sich wieder ein bisschen neu zu verlieben.

Liebestraining Nummer 7:
Ziehen Sie sich schick an

Wir können nur jede Frau ermutigen, ein bisschen Zeit und Geld auf gewisse Kleinigkeiten zu verwenden, in denen sie sich sexy fühlt. Im Kapitel über die Single-Erfahrungen haben wir dieses Thema schon einmal angesprochen, aber für die verliebten Traumfrauen unter Ihnen ist es genauso wichtig. Wenn Sie sich sexy Klamotten oder ein süßes Nachthemd anziehen, fühlen Sie sich gleich viel heißer, und wenn Sie sich heißer fühlen, werden Ihr Mann und Ihre Beziehung auch prompt ein bisschen heißer. Unsere Verlobten haben oft zu uns gesagt: »Tut mir leid, aber es turnt mich nicht an, dich in einem schlabberigen Bademantel mit einer Kaffeetasse zu sehen, während du auf deine Computertastatur einhämmerst.« (Autsch!) Tja, war nicht besonders angenehm, so was zu hören, aber kaum trugen wir unsere Kaffeetasse in einem sexy Panty von Victoria's Secret an ihnen vorbei, kam Leben in die Bude, und sie klatschten uns mit Vergnügen mal wieder auf den Hintern. Solche Kleinigkeiten – sich sexy fühlen und einen Klaps auf den Po kriegen – sorgen auch dafür, dass eine Beziehung funktioniert und stabil bleibt.

Erobern Sie sich die Liebe zurück

Wahre Liebe ist wie ein Lied. Es kann traurig sein, aber auch aufmunternd, tröstlich, belebend oder motivierend. Ein Lied kann Ihre Stimmung im Handumdrehen ändern, und genauso ist es mit der Liebe. Neben ihr kann einem der größte Stress plötzlich irrelevant erscheinen, und dann können Sie auch in den schlimmsten Momenten noch lächeln.

Eines unserer Lieblingsliebeslieder ist »You've Lost That Loving Feeling« von den Righteous Brothers, denn es endet doch ein bisschen aufbauend: Es erinnert uns daran, dass wir uns dieses Gefühl zurückholen können, auch wenn es verschwunden zu sein scheint. Es ist wahr. Wenn Sie das verliebte Gefühl verloren haben, möchten wir, dass Sie es sich zurückerobern. Es liegt in Ihrer Hand, ob Sie aus einer glanzlosen Geschichte wieder ein wunderschönes Gedicht machen. Es lohnt sich, um die Liebe zu kämpfen! So eine Liebe finden Sie nämlich nicht jeden Tag. Also nehmen Sie sich unseren Rat zu Herzen und lassen Sie sie sich nicht durch die Finger gleiten. (Wenn Sie keine Ahnung haben, von was für einem Song die Rede ist, dann denken Sie vielleicht einfach an »Bringing Sexy Back« von Justin Timberlake.)

Rückholschritt Nummer 1:
Sprechen Sie sich offen aus

Wenn Ihnen die Liebe zu entgleiten droht, Sie das Problem aber unter den Teppich gekehrt haben, weil Sie keine Lust hatten, sich damit auseinanderzusetzen, dann möchten wir Sie jetzt bitten, diesen schmutzigen Teppich ganz schnell zurückzuschlagen und mit dem Wischen und Bohnern anzufangen! Wenn Sie eine Traumfrau sind und sich ungeliebt oder lieblos vorkommen, dann müssen Sie die Dinge schleunigst in die Hand nehmen und sich die Liebe zurückholen. Setzen Sie sich mit Ihrem Liebsten zusammen und eröffnen Sie ihm, wie Sie sich fühlen. Vermitteln Sie ihm, wie wichtig Ihnen diese Liebe ist und dass Sie den Pep wieder zurückhaben wollen. Geben Sie ihm zu verstehen, dass Sie wieder hin und weg♥ von ihm sein wollen und dass Sie seine Mitarbeit brauchen, damit Ihre Liebe wieder Priorität bekommt.

Rückholschritt Nummer 2:
Kramen Sie gemeinsame Erinnerungen hervor

Können Sie sich noch an die Liebesbriefe und das Tagebuch erinnern, das wir Ihnen für die Zeit Ihrer ersten Verliebtheit empfohlen hatten? Tja, hier könnten sie wunderbar zum Einsatz kommen! Wenn Ihre Liebe ins Straucheln gerät, können Sie auf dem Dachboden wühlen, die alten Karten, Notizbücher und Fotoalben rauskramen und sich zu zweit mit diesen Erinnerungen vergnügen. Nehmen Sie sich einfach die Zeit, sich daran zu erinnern, wie und warum Sie sich verliebt

317

haben und wie es sich angefühlt hat. Manchmal reicht das schon, um die Dinge wieder in Gang zu bringen.

Rückholschritt Nummer 3:
Planen Sie einen kleinen Romantikurlaub

Zusammen zu verreisen, weit weg von Rechnungen und Kindern und schmutzigem Geschirr, kann viel dafür tun, dass das alte Funkeln sich wieder einstellt. Wir halten diese All-Inclusive-Pärchenwochenenden für eine tolle Idee, denn dort sind Sie von anderen Frischverliebten und Frischvermählten umgeben, die Ihnen wie in einem Spiegel zeigen, wie Ihre Liebe damals ausgesehen hat. Fahren Sie irgendwohin, wo es schön und ruhig und romantisch ist. Lassen Sie Ihre BlackBerrys zu Hause und seien Sie einfach nur zusammen. Vielleicht fällt es Ihnen am Anfang schwer oder Sie kommen sich ein bisschen blöd vor, aber geben Sie nicht auf. Konzentrieren Sie sich aufeinander, bis sich die liebevolle Kommunikation und die Berührungen wieder von selbst einstellen. Es ist wie Fahrrad fahren: Am Anfang sind Sie vielleicht ein bisschen wacklig und GSG♥, aber nach ein paar Kilometern geradeaus ist es einfach wieder lustig und befreiend.

Rückholschritt Nummer 4:
Suchen Sie sich ein neues Hobby

Wir möchten, dass Sie sich ein Hobby suchen, das Sie und Ihr Mann zusammen ausüben können! Wenn Sie sportlich sind, hören Sie auf, getrennt ins Fitnessstudio zu gehen, und schließen Sie sich einer gemischten Fußballmannschaft an. Oder wenn Sie ihn dazu überreden können, machen Sie einen Tanzkurs und gehen Sie dann wirklich zusammen tanzen. Wenn Ihnen Bewegung nicht so liegt, gibt es immer noch Kochkurse, Weinkurse oder den Buchclub. Es ist völlig egal, was es ist – Hauptsache, Sie suchen sich irgendetwas und holen sich Ihre Liebe durch etwas ganz Frisches, Neues zurück, das Sie verbindet.

Rückholschritt Nummer 5:
Gehen Sie zu einer Paarberatung

Wenn Ihre Lieblosigkeit bereits einen Punkt erreicht hat, an dem Urlaube und Hobbys nichts mehr retten können, möchten wir Sie dazu ermutigen, sich an eine Paarberatung zu wenden. Machen Sie einen Termin aus, fesseln Sie ihn mit Handschellen an sich und schleifen Sie ihn mit. Glauben Sie bitte nicht eine Sekunde lang, eine Therapie könnte »unter Ihrer Würde« sein. Wer eine Therapie macht, gesteht nicht sein Scheitern ein, ganz im Gegenteil: Man zeigt, dass man vor den Problemen nicht davonläuft und entschlossen ist, jeden Tag mit seinem Liebsten zur Traumzeit♥ zu machen. Und das macht Sie zu einer Traumfrau.

Außerdem finden wir, Sie sollten nicht jedes Mal spöttisch die Augen verdrehen, wenn Sie von Pärchenseminaren hören, obwohl die erst mal immer ein bisschen dämlich klingen. Aber es gibt Seminare für Verlobte und Ehepaare, und sie sind ihr Geld wirklich wert. Vor unserer Heirat haben wir auch so eines besucht. Es war schwierig und eine emotionale Achterbahn, und es hat uns ganz schön ausgelaugt, aber wir haben eine Menge dabei gelernt. Und was das Wichtigste war: Wir wurden daran erinnert, wie wichtig es ist, sich immer wieder für die Liebe zu entscheiden. Und genau davon reden wir hier auch. Sie können Ihre Probleme ignorieren und weiter so tun, als wären Sie glücklich damit, einfach so leidenschaftslos nebeneinanderher zu leben. Oder Sie können für die Liebe kämpfen, die Sie verdienen, und beschließen, alles in Ihrer Macht Stehende zu tun, um sie sich zurückzuholen.

Nachwort:
Wir lieben Sie!

Wir haben es Ihnen immer wieder gesagt, meine Damen, und wir werden es Ihnen auch noch einmal sagen: Wir wollen unbedingt, dass Sie losziehen und sich die Liebe holen, die Sie wirklich verdienen. Wir möchten, dass Ihnen vor lauter Liebe das Herz übergeht und Ihnen die Augen aus den Höhlen treten. Uns ist klar, dass es manchen von Ihnen im Moment unmöglich erscheint, sich jemals so zu fühlen, aber wenn Sie aus diesem Buch eines gelernt haben, dann hoffentlich, dass Sie es schaffen können und werden.

Es gibt viel zu viele gescheiterte Beziehungen. Zu viele Frauen geben sich mit weniger zufrieden, als sie verdient hätten, weil sie glauben, sie seien nicht cool oder hübsch genug, um jemals die wahre Liebe zu finden. Und wir kennen viel zu viele Frauen, die keinen Selbstrespekt besitzen und sich damit abfinden, unbefriedigt zu bleiben, beschimpft oder gar misshandelt zu werden, und die Beine für jeden Mann breitzumachen, der sie eines Blickes würdigt. Wenn Sie auch dazugehören, möchten wir Ihnen Folgendes sagen: Solange Sie sich in dieser finsteren, lieblosen, negativen Höhle verkriechen und Ihr GSG♥ ins Universum♥ ausstrahlen, werden Sie diesen Teufelskreis niemals durchbrechen. Sie werden niemals die wahre Liebe finden und Ihr schlechtes Urteilsvermögen an die nächste Generation von Traumfrauen weitergeben, die dann ebenfalls nie die Liebe kriegen, die sie verdient hätten.

Doch es liegt in Ihrer Macht, das jetzt zu ändern. Reißen Sie das Ruder herum und beschließen Sie, sich niemals mit weniger zufriedenzugeben als mit dem, was Sie sich gewünscht haben. Wir versprechen Ihnen, es existiert, also packen Sie es an und feiern Sie Ihre Traumzeit♥, in der es an Liebe nicht mangelt. Sie haben die Kraft dazu, und nach der Lektüre dieses Buches verfügen Sie auch über die Kenntnisse und die Werkzeuge, um die Geschichte Ihres Liebeslebens umzuschreiben.

Herzlichen Glückwunsch, liebe Traumfrauen! Sie haben alles, was Sie brauchen. Jetzt müssen Sie es nur noch in Ihrem Leben anwenden. Ob Sie Single oder gerade mit jemandem zusammen sind, ob verheiratet oder geschieden – der erste Schritt besteht immer darin, dass Sie Ihren süßen kleinen Hintern in Bewegung setzen und Ihr neues, aufregendes Liebesleben ausgelassen feiern. Wenn Sie Single sind, schnappen Sie sich eine Freundin oder gleich den ersten schnuckeligen Typen, der Ihnen über den Weg läuft, und wenn Sie in einer Beziehung leben, schnappen Sie sich eben Ihren Mann. Köpfen Sie eine Flasche Champagner, essen Sie ein Stück Schokoladenkuchen dazu, wenn Sie wollen, und feiern Sie die Tatsache, dass Sie eine umwerfende Frau sind und ganz bestimmt die tiefe, wunderbare,

reine, aufrichtige, leidenschaftliche Liebe bekommen werden, die Sie verdienen!

Viel Glück, Traumfrauen!

Wir lieben Euch!
Jodi und Cerina

Dank

Von uns beiden

Tausend Dank an Dan Mandel, den besten Agenten des Universums♥, der traumhafterweise♥ für uns arbeitet. Danke an unseren tollen Manager Brad Petrigala und unsere Filmagentin Sarah Self, dass ihr so an uns geglaubt habt. Wir sind auch Anne Cole, Mary Ellen O'Neill, Shelby Meizlik, Steve Ross und allen anderen bei Collins äußerst dankbar. Wir wissen, wie hart ihr alle gearbeitet habt, um dieses Projekt umzusetzen, und wissen das sehr zu schätzen.

Zwei besonderen Gruppen von Traumfrauen wollen wir unseren Dank aussprechen. Zum einen all unseren Freundinnen, die mit uns Herzschmerz, Trennungen, Verwirrung und Einsamkeit durchgestanden haben und uns im Grunde alles beigebracht haben, was wir in diesem Buch weitergeben. Außerdem bedanken wir uns bei sämtlichen Traumfrauen, die die *Diva-Diät* gelesen und uns gemailt haben, wie gut es ihnen getan hat, sowie bei allen, die sich unser neues Buch ausgesucht haben. Wir fühlen uns sehr geehrt, ein paar Augenblicke an Ihrem Leben teilnehmen und Sie daran erinnern zu können, wie besonders Sie sind und dass Sie alles Schöne dieser Welt verdienen. Vergessen Sie nie, wie toll Sie sind!

Von Jodi

Danke an meine Eltern, die mir gezeigt haben, wie Liebe, Ehe und eine gute Beziehung aussehen, und an den Rest meiner Familie für ihre Liebe. Ich hatte das Glück, in eine wundervolle Familie einzuheiraten, die mich mit offenen Armen aufgenommen hat. Dafür kann ich euch gar nicht genug danken. Herzlichen Dank auch an Robin Fineman, Kathleen Black und unsere geliebte, schmerzlich vermisste Sherie Beth Weinstein, dass sie mich bei diesem Buch inspiriert, mich auf meiner Suche nach Liebe unterstützt haben und/oder mir einfach nur großartige Freundinnen gewesen sind. Cerina, danke, dass du all die Dinge für mich getan hast, die dieses Buch hoffentlich für seine Leserinnen tun wird. Und zu guter Letzt: Lieber Dan, danke für deine Liebe.

Von Cerina

Mama, danke, dass du mir ein Beispiel bedingungsloser Liebe gegeben hast. Du bist eine echte Traumfrau, und ich hoffe, dass ich diese aufrichtige Zuwendung in meinem eigenen Leben weitergeben kann. Papa, danke, dass du mich so liebevoll ermutigt und mir immer wohlüberlegte Ratschläge für die Liebe gegeben hast – so bin ich eine bessere Partnerin geworden, und das ist mir unheimlich viel wert. Gino und Angela, danke, dass ihr mir gezeigt habt, wie das Band zwischen Geschwistern einfach eines der außergewöhnlichsten auf der Welt ist. Courtney und Karen, danke, dass ihr mich in meinen wankelmütigen Momenten unterstützt und mich daran erinnert habt, dass man manchmal »für die Liebe kämpfen« muss – ich bin euch auf ewig dankbar. Danke, Libby, dass du mir einen Crashkurs in der »Libby School« gegeben hast. Deine Worte haben mir einen ganz neuen, liebevolleren, selbstbewussteren Weg durchs Leben eröffnet. Danke, Jodi, du tollste Geschäftspartnerin des Universums♥. Es ist wirklich ein Segen, Deine liebevolle Freundschaft zu genießen und mit dir die Traumzeit♥ gefeiert zu haben, in der wir uns gegenseitig geführt haben, bis wir unsere große Liebe fanden. Und zuletzt ein Dankeschön an meinen Geliebten, meinen besten Freund, meinen Partner für alle Ewigkeit. Benjamin, mein Schatz, danke, dass du mich liebst und mich zu deiner Frau gemacht hast. Erst durch dich habe ich erfahren, was wahre Liebe ist.

Register

Ohne komplizierte Diätpläne, ohne verbotene Lebensmittel, ohne Verzicht!

240 Seiten
ISBN 978-3-442-17068-9

»Schokoladenkuchen zum Frühstück und ein Pfund Spinat zum Abendessen« lautet das Motto von Jodi Lipper und Cerina Vincent. Wer morgens schlemmt, tritt abends einfach kürzer. Mit Humor und Scharfsinn verraten die beiden ihre Tricks zur Überwindung kulinarischer Hürden, räumen mit verbreiteten Ernährungsirrtümern auf und ermutigen zu einem selbstbewussten und genussvollen Umgang mit sich selbst. Gut auszusehen und sich gut zu fühlen war noch nie so einfach – ganz ohne Schuldgefühle, aber mit viel Spaß!

Entdecken Sie Ihre Traumfrau!

320 Seiten
ISBN: 978-3-442-17166-8

In der Achterbahnfahrt des Datings stellen Frauen sich des Öfteren
unabsichtlich völlig falsch dar und ziehen damit die immer
gleichen falschen Typen an. Mit Michelle R. Callahans kluger
Beziehungstypologie können Frauen von der »Würgeschlange« oder
»der Nummer zwei« mühelos zur Traumfrau in sich finden –
damit der Start ins Glück zu zweit gelingt. Psychologisch fundiert,
entwaffnend ehrlich, unterhaltsam und witzig.

Wie Frauen richtig fischen und jagen

224 Seiten
ISBN 978-3-442-39127-1

400 Seiten
ISBN 978-3-442-17011-1

208 Seiten
ISBN 978-3-442-16898-9

272 Seiten
ISBN 978-3-442-16413-4

Mosaik bei GOLDMANN

Überall, wo es Bücher gibt und   unter www.mosaik-goldmann.de